**Theme Park Development
Cases of China**

主题公园发展
——中国案例

保继刚 梁增贤 ◎ 著

科学出版社

北京

内 容 简 介

中国主题公园的发展实践走过了30多年的历程。当前,中国主题公园产业发展进入一个新的时期,国际品牌纷纷进入,中国品牌也开始走向世界。重大主题公园项目的开发不仅受到企业的重视,也备受政府、业界、学界和民众关注。本书通过对过去30多年中国典型主题公园开发案例的深度剖析,对其开发、规划、经营管理进行理论解释,寻找适合中国国情,乃至适用全球情境的主题公园理论。本书中许多案例的数据资料罕见,分析深入,理论视角独特,所提供的系统解释和分析思路为未来中国主题公园走向理性发展提供了理论指导。

本书适合国内从事旅游研究、休闲研究、城市规划、公园管理研究的专家学者、高校教师、硕士研究生、博士研究生及高年级本科生,以及各级政府及旅游主管部门行政人员,从事主题公园规划、开发和主题公园运营管理的企业人士阅读参考。

图书在版编目(CIP)数据

主题公园发展:中国案例/保继刚,梁增贤著.—北京:科学出版社,2021.1

ISBN 978-7-03-066844-8

Ⅰ.①主⋯ Ⅱ.①保⋯ ②梁⋯ Ⅲ.①主题-公园-案例-中国 Ⅳ.① G246

中国版本图书馆CIP数据核字(2020)第221222号

责任编辑:王丹妮 / 责任校对:陶 璇
责任印制:霍 兵 / 封面设计:有道设计

科学出版社 出版
北京东黄城根北街16号
邮政编码:100717
http://www.sciencep.com

三河市春园印刷有限公司 印刷
科学出版社发行 各地新华书店经销

*

2021年1月第 一 版 开本:720×1000 1/16
2021年1月第一次印刷 印张:15 1/2
字数:310 000
定价:138.00元
(如有印装质量问题,我社负责调换)

序

　　1989年在深圳开业的主题公园锦绣中华一年多就收回了投资，神话般地开启了中国主题公园产业发展的历史。自此，主题公园在中国大地上如雨后春笋般涌现。然而，相当一部分主题公园只是昙花一现，能持续经营的寥寥无几。过去30多年，中国主题公园产业经历了几次发展浪潮。第一次浪潮是以1989年锦绣中华这样的微缩景区为代表的主题公园的快速发展。该类主题公园投资不大，也没有什么关键技术，主要是凭借浓郁的民族文化内涵，满足了境外游客了解中国境内大好河山的愿望，也满足了当时普通大众难以前往实地一睹真容的好奇心。最为关键的是，锦绣中华能够快速收回成本刺激了当时的许多投资者。然而，大量资本涌入后发现，主题公园投资和开发并非易事。与一般景区相比，主题公园需要更多的规划和开发知识，锦绣中华的成功具有太多特殊性。

　　随着1998年深圳欢乐谷一期正式开业，主题公园行业进入主题游乐阶段，这一时期投资规模大、技术含量高、主题化程度高，主题公园中的关键设备主要依靠进口。主题公园逐渐走向微利时代，投资回收期越来越长，甚至需要房地产项目的补贴，其间也出现了主题公园倒闭的浪潮，极大地浪费了资金、土地等资源，许多失败项目带来的后续影响至今难以消除。进入21世纪后，从香港迪士尼乐园的筹建开始，中国主题公园的发展进入全球化时代。目前，能够排进世界前十位的主题公园企业集团中，来自中国的就有华侨城集团有限公司（简称华侨城集团）、广东长隆集团有限公司（简称长隆集团）、华强方特文化科技集团股份有限公司（简称华强方特），该成绩即使是日本、韩国、新加坡等亚太地区最早发展主题公园的国家也没有做到。中国主题公园产业发展迎来了新一波浪潮。

　　每一次浪潮都积累了宝贵的经验。

　　第一条经验：凡是符合市场需求的主题公园，只要回归市场本身，投资合理、开发得当，就会发展起来。

中国过去几次主题公园开发的浪潮，既有资本冲动、文化自大、管理失当，也有其他产业发展和城市化建设的需要。最为典型的现象就是主题公园与房地产的综合开发。主题公园开发易受房地产开发"绑架"，打着"旅游地产"的旗号圈地开发，结果主题公园要么是"半拉子工程"，要么规划设计存在缺陷，要么经营缺乏可持续性。房地产项目是建好了，可能也卖得不错，但主题公园失败了。许多项目开发商把主题公园作为成本项，以主题公园名义圈地，靠地产销售赚钱。同时，一些国外的主题公园品牌，尤其是国际知名主题公园品牌易受地方政府和企业追捧，地方政府给予过高的土地、资金、经营等优惠，牺牲自身重大利益争取项目落户，无形中破坏了公平的投资环境。地方政府和国有企业可能因此承担巨大的投资风险和债务。这些年主题公园的繁荣吸引了大量的企业，不仅许多毫无主题公园开发经验的传统旅游企业，甚至连旅游项目开发经验都没有的房地产企业也争相涉足主题公园开发，造成一批投资不当、规划设计不合理、运营管理不善的主题公园出现。

上述种种现象，看似主题公园遍地开花，实则破坏了中国主题公园产业的可持续发展。因此，2018年3月，国家发展和改革委员会联合国土资源部、环境保护部、住房和城乡建设部及国家旅游局，出台了《关于规范主题公园建设发展的指导意见》，要求全面推进中国主题公园产业的规范、健康和可持续发展，遏制主题公园地产化、借城市娱乐综合体概念大肆圈地的倾向。该指导意见的发布恰逢其时，对中国主题公园产业回归理性发展的轨道起到积极作用。其中，许多具体的要求一针见血。例如，该指导意见明确指出，"省级政府要根据本地区经济社会发展情况、区域人口规模、城市化程度和旅游市场条件等因素，严格科学论证，统筹研究本区域主题公园项目的数量和布局""要防止一哄而起、盲目发展、重复模仿、同质化竞争，防范地方债务、社会、金融等风险"。当前，为了鼓励国内外品牌主题公园项目的落地，不少地方政府相继出台一系列涉及土地、资金、经营的优惠政策，存在一哄而起、盲目发展的问题。在拥有良好潜在市场的区域内，相邻的地市可能为争夺某品牌主题公园落户而竞争，给出超过合理水平的优惠条件，甚至一些地方政府安排国有企业参与投资，从而导致国有企业背负沉重的债务，增加了其投资风险。

第二条经验：不能照抄、照搬欧美国家主题公园的开发经验，也不能将其规划建设理论直接拿来中国使用。

中国的国情与美国有很大的不同，坐在私家汽车轮子上的美国市场，跟坐在公共交通工具上的中国市场遵循的是不同的出游规律和消费习惯，这直接导致中美主题公园在规划、选址、布局、结构、功能上存在巨大差异。中国人口多，东部地区人口密集，如果参照美国主题公园市场选址的标准，中国不仅一线城市，二线、三线城市甚至部分四线城市都达到了开发大型主题公园的标准。然而，与美国相比，中国主题公园的门票价格占月收入的比例要高很多倍，主题公园的市场渗透率较低，相同人口规模的城市，中国主题公园潜在市场远比美国少得多。中国主题公园的开发规律还需要从我国最基本的人口、交通、城市形象和社会经济等因素出发来进行系统研究。过去30年，我和我的团队一直致力于主题公园基础理论和开发经验的总结和研究。2015年出版的《主题公园研究》一书，系统地总结了我们这些年的研究成果。

国际品牌主题公园的引进也是如此，既要学习欧美主题公园在开发和管理上的成功经验，又要客观地分析和评估引进的可行性，不可盲目相信它们的可行性报告和技术参数。事实上，我们在国内的许多基础研究已经表明，中国和欧美国家在许多主题公园开发的基础技术参数上存在巨大差别。这一点，许多地方政府和投资者一开始并没有重视，或者根本没有意识到。

从2000年开始，我国一线城市就争相引进迪士尼乐园和环球影城这类国际知名品牌主题公园。北京和上海是行动最早、最积极，政府给予支持力度最大的两个城市；广州则动作迟缓，政府也没有动力和计划花巨资引进国际品牌。2003年3月，上海和北京同时在论证引进环球影城，天津在论证引进影视派拉蒙主题公园。上海此前与香港同时争相引进迪士尼项目的过程中，因不可抗拒因素转而将绣球抛给环球影城，但上海爱的始终是迪士尼乐园。2005年，香港迪士尼乐园开业之后，上海又向迪士尼乐园伸出橄榄枝。2009年，上海如愿以高规格、高花费迎来了米老鼠。2014年，北京也将环球影城揽入怀中。至此，全球排名第一和第二的主题公园品牌都落户中国内地。

中国是世界经济增长最快的地区之一，人口快速向城市集聚，城市休闲娱乐需求激增。只要投资合理，开发得当，在经济相对发达的城市，主题公园就能获得较好的效益，这既是对国外主题公园开发规律的借鉴，也是中国主题公园产业30多年来理性开发经验积累的共识。事实上，今日中国主题公园市场足以吸引所有国际品牌的目光，不需要过多的投资优惠拉动，仅凭市场的推力就能够把它们吸引进来。作为全球主题公园的领导品牌，无论是迪士尼乐园还是环球影城都不会错过快速增长的中国市场，但我们可能付出了过多的"礼金"。

2005年，投资141亿港元的香港迪士尼乐园一期开业，其中香港特别行政区政府（简称香港特区政府）注资57亿港元，借款61亿港元，还额外投资136亿港元建设包括外联道路、码头、港铁等基础设施，但只占57%的股份；而华特迪士尼公司仅负担23亿港元商业借款即占43%的股份，并且香港迪士尼度假区的管理权和专营权属于华特迪士尼公司。初始投资过大导致巨额折旧和摊销费用，成本控制不当又引发过高的经营成本及费用，加上游客量远低于预期，香港迪士尼乐园直到2012年才首次实现盈亏平衡，但是好景不长，过了几年其又因游客量达不到预期继续亏损。

2009年，上海市人民政府宣布上海迪士尼项目获批，当时预计总投资约244亿元，其中上海申迪（集团）有限公司拥有57%的股权，华特迪士尼公司拥有43%的股权，但并未公布上海申迪（集团）有限公司和华特迪士尼公司各投入了多少资金。根据华特迪士尼公布的2014年度财政报告，上海迪士尼度假区的总投资将上升至340亿元人民币（上海欢乐谷的投资约30亿元，仅约为上海迪士尼项目的1/11），上海迪士尼项目的投资额竟是香港迪士尼项目的3倍（按汇率折算后）。

香港迪士尼乐园2012年达到盈亏平衡的成人单日票是399港元（约合320元人民币），游客量是670万人次。试问上海迪士尼乐园预期是能够实现3倍于香港迪士尼乐园的门票单价，还是能够实现3倍于香港迪士尼乐园的游客量呢？显然，上海迪士尼乐园开业至今也没有3倍于香港迪士尼乐园的游客量。

那么，这样一个可能给合作方带来亏损的项目，地方政府为什么还选择推动呢？可能的解释是，地方政府能够从中获得外部效益，即所谓"堤内损失堤外补"。2009年11月4日，就在上海公布迪士尼乐园获批消息后的一个半小时，紧邻迪士尼项目规划用地的浦东新区川沙新市镇A08-03地块进行了拍卖。仅仅15分钟，这块被业界视为"迪士尼概念"用地的地块，就以11.9亿元的总价"一锤定音"，溢价率高达260.61%，超过当年上海溢价率最高的"地王"——赵巷10号地块，折合楼面价格为14 024元/米^2。

显然，上海迪士尼乐园的落户，确实给上海政府带来了巨额的土地溢价回报。但是，我们真的需要以这种方式吸引迪士尼乐园进入中国吗？

北京环球影城又是一项重要的主题公园投资。北京市发展和改革委员会于2014年10月宣布，环球主题公园已经正式确定落户北京，建设地点位于通州文化旅游区，规划占地120公顷，总投资超过200亿元，预计2019年建成营业（实际可能要推迟到2021年）。显然，这个具有全国乃至世界吸引力的环球影城落户北京，必然在很大程度上为本地居民提供旅游体验，同时能够吸引大规模的外来旅游者。近年来，北京城市功能过载，正在通过"禁、关、控、转、调"五种方式，把非首都功能向周边省市纾解。

那么，北京环球影城这一大型主题公园会不会增加首都的拥堵呢？主题公园分为目的地级、区域级、城市级和社区级。迪士尼乐园、环球影城属于目的地级主题公园，占地规模大，项目活动丰富，市场吸引半径大，能够吸引大规模中远程游客。以香港迪士尼乐园为例，根据公园官方公布的《香港迪士尼乐园2018财年业绩概要》，在670万人次游客中，中国内地游客占34%，外国游客占26%，香港本地游客占40%。从这个意义上说，目的地级主题公园的开发，并不能缓解本地居民旅游供需不足的矛盾，反而会因为吸引大规模中远程游客，使得本来已经交通拥挤的城市雪上加霜。

粗略计算一下，参考香港迪士尼乐园和新加坡环球影城的经营数据，如果成人单日门票定为 400 元（2020 年新加坡环球影城一日门票价格为 81 新加坡元，约合 405 元），那么北京环球影城要达到盈亏平衡的门槛游客量至少为每年 1 000 万人次。这是非常高的经营门槛，当然也是一个较为乐观的估计。

假设北京环球影城游客量有幸达到 1 000 万人次，按照香港迪士尼乐园外地游客 60% 的比例，那么环球影城每年将吸引 600 万人次的外地游客到访北京。即使这 600 万人次中有一部分不是专程游玩环球影城的外地游客，但这部分顺便游玩的游客至少也要在北京多停留一天。这将带来庞大的接待需求，环球影城给首都增加拥堵是必然的！

中国主题公园的开发需要回归理性。中国主题公园发展 30 多年来，积累了很多经验、教训，也总结了一些规律，这应该成为指导中国主题公园理性发展的基石。要避免香港将本来不得已而为之的"堤内损失堤外补"变成一种普遍的开发策略，也要认真反思我们的城市需要怎样的主题公园，千万不要给城市再增加拥堵了！

2005 年，我在《中国主题公园的发展反思及国际主题公园进入中国的透视》一文中指出，国际主题公园拟进入中国的模式基本都与香港迪士尼乐园相同，即中外合作，主要的现金投入由中方出，并且中方还要负责基础设施投资。外方只提供品牌和部分现金投入，还要收取特许费和管理费。可以得出的结论是，如果这样的超大型主题公园能像美国迪士尼乐园一样有几十年的生命周期，那么可以出现中外投资方双赢的局面；如果生命周期较短，外方通过建设期的收益和开业前几年火爆期的特许费、管理费和股份分红即可收回投资，中方则将承担几乎所有的风险。从这个意义上讲，我们一定需要"迪士尼"吗？没有石油我们就不能发展，故一定要进口石油；但没有"迪士尼"，中国也能够获得发展，我们何必给出太多的优惠条件把它引进来！总之，近 30 年来，中国主题公园经历了从无到有、从少到多的发展阶段。这期间的成长与探索，也为本土主题公园提供了一些可以借鉴的经验和能够汲取的教训。为了让中国的主题公园能够更健康地发展，我们有必要进行深刻反思，使政界、商界和学界都能够持有高度的理性来把握它的未来走向。

15 年前的思考，放在今天仍未过时！可喜，还是可悲？！

本书构思已久，断断续续写了 5 年。一方面，许多早期案例的资料和数据比较庞杂零散，多年来也没有系统整理，收集起来后又发现不足，查缺补漏需要时间。我和梁增贤博士开展了一系列补充调研，进行了实地考察，访问了当年的亲历者。另一方面，我们也缺乏近年来新出现的一些主题公园的详细数据，为获得第一手数据也需要开展调研。过去 30 多年，中国游乐园和主题公园的案例不仅于此，我们进行了遴选，选择标准如下：①我和团队亲历和熟知的；②案例数据资料允许公开的；③我们认为案例及其背后的经验教训值得借鉴的。本书得益于近30年的一系列科研项目的资助，是一项长期而持续的工作。这些已完成的科研项目包括：国家自然科学基金面上项目（49271032，1993~1995；40171027，2002~2004）、教育部科学技术研究重点项目（00101，2001~2003）、国家教委留学回国人员科研启动基金（1998~1999）、美国美中学术交流委员会项目（1996.3~1996.8），香港理工大学（The Hong Kong Polytechnic University）合作基金项目（与John Ap教授合作）。本书的成文，还要感谢黄锋博士，以及硕士研究生李凯、辛晓东、陈宇斌、陈求隆、黄晓萍、刘晨希、罗卉、张若曦等在资料收集、数据分析和文献整理上提供的帮助。

保继刚
广州中山大学康乐园
2020年夏

目录

第 1 章
中国游乐园的生与死

1.1　从游乐园到主题公园　/ 3

1.2　中国游乐园的发展　/ 5

1.3　早期游乐园开发的可行性评估　/ 9

第 2 章
锦绣中华·民俗村的神话

2.1　锦绣中华的诞生　/ 17

2.2　中国民俗文化村的开发　/ 20

2.3　两园合并并未摆脱困境　/ 22

2.4　走出去的尝试：美国锦绣中华的经验　/ 26

第3章
福禄贝尔科幻乐园的悲剧

    3.1   悲剧中的福禄贝尔科幻乐园　/ 31

    3.2   中国的迪士尼梦　/ 32

    3.3   梦碎开业季　/ 34

    3.4   反思欧美经验　/ 35

第4章
广州的"造月工程"

    4.1   "满天星斗"与"造月工程"　/ 39

    4.2   番禺飞龙世界游乐城　/ 39

    4.3   番禺森美反斗乐园　/ 41

    4.4   世界大观　/ 43

    4.5   东方乐园　/ 45

    4.6   航天奇观　/ 47

    4.7   没有月亮,只有流星闪过　/ 49

第5章
深圳的突飞猛进

    5.1   华侨城的示范效应　/ 55

    5.2   深圳小梅沙海洋世界　/ 58

    5.3   东方神曲游乐园　/ 60

    5.4   深圳野生动物园　/ 62

    5.5   为什么深圳主题公园存活的多　/ 64

目 录

第 6 章
珠海的"大跟风"

6.1 珠海旅游业发展的迷茫 / 69

6.2 珍珠乐园 / 71

6.3 圆明新园 / 72

6.4 珠海海泉湾度假区 / 74

6.5 珠海城市旅游的增长极限 / 81

第 7 章
世界之窗的探索与转型

7.1 深圳世界之窗的最初设计与市场表现 / 89

7.2 主题公园生命周期与深圳世界之窗的实践 / 90

7.3 新的旅游吸引物的重构 / 93

7.4 长沙世界之窗 / 96

第 8 章
清明上河园的生存之道

8.1 清明上河园的开业 / 101

8.2 清明上河园的经营 / 102

8.3 生存发展之道 / 104

第 9 章
苏州乐园的主题游乐园试验

9.1　苏州乐园应时而生　/ 113

9.2　苏州乐园的经营绩效　/ 117

9.3　苏州乐园的产品调整　/ 120

9.4　从狮子山到大阳山　/ 122

第 10 章
没有建成的武汉长江乐园

10.1　中国主题公园研讨会　/ 127

10.2　武汉长江乐园的可行性论证　/ 129

10.3　长江乐园为什么最终没有建成　/ 139

第 11 章
欢乐谷布局区域中心城市

11.1　深圳欢乐谷的产品培育　/ 143

11.2　走向全国的欢乐谷　/ 150

11.3　欢乐谷的启示录　/ 160

第 12 章
华强方特瞄准二三线城市

12.1　华强收购深圳远望城　/ 169

12.2　从卖设备到卖游乐园　/ 170

12.3　从企业转向与政府合作　/ 176

12.4　华强方特文化与科技互补　/ 178

第 13 章
海昌从沿海走向内陆城市

13.1　海昌上市　/ 185

13.2　走向内陆　/ 186

13.3　核心优势　/ 190

第 14 章
长隆的广州和珠海双城记

14.1　广州长隆的成长记　/ 195

14.2　珠海长隆的跃进史　/ 199

14.3　长隆发展的启示　/ 206

第 15 章
引进国际品牌主题公园的评审

15.1　上海环球影城主题公园　/ 211

15.2　北京环球影城主题公园　/ 214

15.3　天津影视派拉蒙主题公园　/ 220

15.4　中国主题公园的引进来与走出去　/ 226

参考文献

主题公园发展
——中国案例

第 1 章 中国游乐园的生与死

今天，大多数社会公众谈论更多的是主题公园而不是游乐园，对于旅游投资商和开发商而言，主题公园似乎比游乐园更"高大上"，上得了台面，能构成营销噱头；对于政府而言，主题公园似乎成为一个城市现代化的标配，无论是一二线城市，甚至三四线城市都追求建设主题公园（梁增贤，2019）。追溯文献，你会看到很多关于游乐园衰亡、消失、不适应时代、被淘汰的论调。同时，你又会发现中国在不断新建许多游乐园，当然它们大多数被谬称为主题公园，或称为主题乐园、主题游乐园。中国游乐园的生与死，深刻地反映着中国快速发展的时代背景和地区社会经济发展不平衡的地理背景。自然地，判断一个地区、一个城市是开发主题公园还是建设游乐园，应该以所处的时代和地区社会经济条件而定。

1.1 从游乐园到主题公园

主题公园的出现不一定给游乐园画句号，但至少说明一个时代的到来。主题公园并非横空出世，它是从游乐园演化而来的，也吸收了世界博览会娱乐区设置和电影工厂设计的经验，反映了人类社会经济从农业社会、工业社会到现代社会的需求发展（保继刚，2015）。

游乐园是工业社会的产物。20世纪的前20年，美国游乐园发展到高峰，以科尼岛（Coney Island）为典型。第二次世界大战后，一方面，随着经济的快速发展，一些大城市开始转型为后工业社会，人们的文化需求和生活方式发生很大改变；另一方面，传统的游乐园很难创造差异，普遍存在着卫生、安全和管理问题。游乐园产业进入快速衰退期，主题公园的时代到来。

主题公园与游乐园的区别在于主题体验。主题公园的核心吸引力是主题体验，而游乐园的核心吸引力是乘骑器械（ride）等一个个具体的项目（梁增贤，2018）。除了本质概念上的差异，两者在表现形式上也有所不同。相比游乐园将大量的景点集中在一个相对较小的区域内展示，并且每一个景点都需要独立的门票，主题公园是将少数景点放在一个大规模的、不产生直接收益的景观环境内，以套票或全包价的方式运营的。与游乐园相比，主题公园会花更多的钱在那些似乎不会产生直接经济效益的主题景观和文化要素的建设上，通过精心处理和节奏安排，为游客营造一种特殊的主题体验感。从运营和设计层面上看，主题公园的独特之处还在于它的管理、叙事和战略整合是与其他传播媒介、娱乐交通方式同源的。主题公园在运营管理上的每一个细节，都是为了营造一种具有主题体验的时空场景，同时，它还是一个被精心设计且高度协调的消费空间。主题公园运营管理的关键不仅仅是游乐项目，还包括有主题包装的相关商品（食物和纪念品）和体验（建筑、游客项目和表演）的销售。因此，主题公园的内部管理是整个主题体验链条。

举例来说，如果你去美国奥兰多的魔幻王国（Magic Kingdom），你会发现公园为了营造良好的主题氛围，打造主题体验，会投入大量的资金用于巨型魔幻景观的塑造，并在许多细节上尽可能做到极致。魔幻王国的游乐项目不多，刚开业的时候只有23个游乐项目，后来扩大分区后，实际供游客玩的项目不到30个，大多数是演出、景观、装置艺术、巡演、街头互动。魔幻王国主题化做得非常到位，游客就算没有乘坐任何乘骑器械，只是排队与卡通人物照相，看几场热门的表演，欣赏细节做到极致的景观（图1-1），到主题餐厅吃饭，也绝对会体验满满。即使是传统的乘骑器械，也会尽可能进行主题化包装和体验设计，用看似最简单的技术设备营造出非常好的体验。因此，魔幻王国一直是全球游客量最多的主题公园之一，2018年接待游客高达2 085.9万人次（TEA/AECOM，2019）。

（a）　　　　　　　　　　　　　　（b）

图1-1　魔幻王国阿凡达景观和小品细节
资料来源：作者拍摄

相比之下，游乐园的吸引力就是一个个具体的游乐项目，缺乏主题化包装，一般不具有主题体验。为了增加吸引力，游乐园通常采取三种策略。第一，丰富项目量，扩大游乐园的容量，提供足够多的选择。因此，许多游乐园的项目很多，少则四五十个，多则上百个。第二，追求乘骑器械的高技术指标，如最快的过山车、垂直落差最大的跳楼机、翻转次数最多的黑暗乘骑（dark ride）。有多少人敢坐暂且不说，"全球第一"或者"亚洲第一"的技术称号，也是一种营销噱头。第三，加快游乐园项目的更新速度。基本上小型项目一年一改，中型项目两三年一换，大型项目五年一变，使游乐园保持持续的吸引力。

尽管近年来游乐园也有主题化的趋势，学习迪士尼乐园的做法开发了主题故事线，进行了主题化包装，个别项目也具有很好的主题体验，但毕竟整个乐园不是以主题体验为主。游乐园的模式有着深刻的弊端。例如，毫无主题包装的游乐项目人们很容易玩腻，重游率普遍不高；没有故事情节的冰冷器械缺乏体验的延展性，与商品和游客参与难以形成关联；高技术指标重刺激体验的乘骑器械看的人多、坐的人少，且受众市场更为狭小；大规模游乐项目布局沉淀巨额重资产，容易积重难返；等等。更为重要的是，当大都市进入后工业时代，主流消费群体更强调符号消费时，注重产品功能消费的游乐园就逐渐让位于强调符号价值消费的主题公园（梁增贤，2016）。但是，主题公园的投资比游乐园要大得多。理解主题公园和游乐园的差异，我们就会清楚为什么在大都市主题公园替代游乐园是一个趋势，也会明白为什么游乐园在二三线城市仍然拥有足够的市场。

主题公园并不一定比游乐园更好,两种类型乐园可以同时存在,这取决于所在城市和所面临的市场。一方面,将有限的投资大量用于不会产生直接经济效益的主题景观去构建一个虚无缥缈的主题体验是有巨大风险的,早期这样的失败例子并不鲜见。另一方面,主题公园也存在管理不善、卫生恶劣的问题,这不是只有游乐园才有。美国加利福尼亚州迪士尼乐园开张的首日其实是个灾难日:过量游客没有被妥善调控;公园最初的 11 个过山车中有多个不能安全运行;训练不足的员工尚不能足够周到地接待游客;等等(梁增贤,2018)。

1.2　中国游乐园的发展

中国从 20 世纪 80 年代开始,各种形式的游乐园开发一直持续至今。20 世纪 80 年代初期,中国游乐园首先出现在一些老重工业城市和新兴加工工业城市,如吉林的大庆市和广东的中山市等。

一类出现在中国传统的老工业城市,主要是重工业和矿业城市或能源城市。改革开放前,中国的十大工业城市是上海、沈阳、哈尔滨、长春、武汉、天津、唐山、重庆、大连、洛阳,形成了辽中南工业基地、京津唐工业基地和沪宁杭工业基地。上述大型工业城市集聚了大量的城市工人阶层,在城市内建设游乐园,要么在原有的人民公园或中山公园内增设游乐设施,要么完全新建游乐园。这些游乐园基本是项目独票制(每个项目单独售票),可能由不同的承包商运营(类似于联产承包责任制),没有主题包装,没有主题体验,运营管理水平和设施设备的维护情况完全取决于承包商个人。

另一类产生于 1978 年改革开放引发的新一轮工业化,当时资源配置方式开始脱离计划经济轨道,进入市场机制。这一时期政府积极引进"三来一补"等合资经济,轻工业首先在珠江三角洲等地区"先试先行"。1978 年 7 月,当时的东莞县①第二轻工业局设在虎门的太平服装厂与港商合作创办了全国第一家来料加工企业——太平手袋厂。短短 30 多年,这个面积不足全国陆地版图万分之三的农业大县东莞,迅速成为世界制造业名城。同时,放宽的劳动力转移政策使得 20 世纪 80 年代初的中国呈现出"孔雀东南飞"的局面。于是,一场快速工业化在我国东南沿海城市展开,伴随而来的是人口的快速集聚和大刀阔斧的城市化进程,一些城市"真正"进入工业社会。这与美国 20 世纪 60 年代之前的情况极为相像。因此,在人口快速集聚的珠江三角洲地区城市,休闲娱乐就显得供不应求,大量

---

① 现东莞市。

的产业工人和新城市移民没有足够的休闲空间。在土地经济和寸土寸金的背景下，城市也不可能无条件地让渡土地用以开发公园。这就要求城市公园本身应该有一套自主营利的模式，而不是单纯地依靠财政投入。

1983年7月15日，规模巨大、设施先进的中山长江乐园开业，并取得良好的效益，被誉为中国（不含港澳台地区）第一个大型器械游乐园。随后几年，全国各地争相效仿，或新建，或在原有市政公园基础上增加游乐设施，一时间全国主要城市都拥有了各种类型的游乐园。其中，比较著名的有北京的石景山游乐园（1986年开业）、上海的锦江乐园（1985年开业）、广州的东方乐园（1985年开业）、珠海的珍珠乐园（1985年开业）、深圳的深圳湾游乐场（1984年开业）和香蜜湖中国娱乐城（1985年开业）。游乐园的开发反映的是市场的客观需求，但"一窝蜂"的浪潮式推进，又反映了游乐园供给的盲目与非理性。事实上，这一时期，大量的开发商并没有开发经验，更没有管理运营能力。部分开发商从国外游览回来后心血来潮，便投入开发，非理性的冲动较多，理性的开发又缺乏足够的理论指导（梁增贤，2018）。

中山长江乐园由中山市和香港合资建设，占地4万平方米，投资3000万元，1983年7月开业，门票20元，当年接待游客77万人次，第2年接待游客121万人次。当年的中山市交通条件相对较差，能年接待超过100万人次的游客得益于中山长江乐园是"中国内地第一"的宣传。可惜好景不长，1985年游客量下降到56万人次，1986年继续下降到52万人次，1987年为49万人次，1988年下降得更加厉害，只有21万人次。中山长江乐园1983~1996年游客量见表1-1。

表1-1　中山长江乐园1983~1996年游客量　　　单位：万人次

年份	1983	1984	1985	1986	1987	1988	1989	1990	1991	1992	1993	1994	1995	1996
游客量	77	121	56	52	49	21	21.5	21	22.5	23.5	24	22	20	17

资料来源：1998年广东旅游发展战略研究调查资料

中山长江乐园开业两年游客量就开始下降，除了中山市的区位条件不太有利外，最重要的是1985年珠海的珍珠乐园、广州的东方乐园和深圳的香蜜湖中国娱乐城开业导致的游客分流。珍珠乐园是中日合作项目（图1-2），占地40万平方米，投资5000多万元人民币，于1985年5月开业，当年接待游客40.30万人次，1986年上升到76.15万人次，1987年开始下滑，接待游客共61.23万人次。珍珠乐园1985~1997年的游客量见表1-2。

图1-2 珍珠乐园（1997年）
资料来源：作者拍摄

表1-2 珍珠乐园1985~1997年游客量　　单位：万人次

年份	1985	1986	1987	1988	1989	1990	1991	1992	1993	1994	1995	1996	1997
游客量	40.30	76.15	61.23	42.54	22.12	22.51	30.17	34.67	40.00	42.00	42.00	43.00	52.05

资料来源：1998年广东旅游发展战略研究调查资料

广州的东方乐园由广州国企东方宾馆投资1亿元开发，占地24万平方米，1985年7月开业，1986年接待游客216.6万人次，1990年达到196.9万人次。东方乐园1986~1997年游客量、营业收入和利润见表1-3。东方乐园2004年歇业，后改建成广州白云国际会议中心。

表1-3 东方乐园1986~1997年游客量、营业收入和利润

项目	1986年	1987年	1988年	1989年	1990年	1991年	1992年	1993年	1994年	1995年	1996年	1997年
游客量/万人次	216.6	189.9	195.2	144.4	196.9	186.3	158.3	129.5	141.7	125.8	79.8	109.3
营业收入/万元	1 665	1 515	1 758	1 623	1 953	2 146	2 452	2 651	3 614	4 484	4 455	7 620
利润/万元	−278.2	−513.8	−795.8	−427.0	−475.8	−301.3	44.0	−723.5	26.4	21.1	−17.9	−384.6

资料来源：1998年广东旅游发展战略研究调查资料

深圳的香蜜湖中国娱乐城建成于 1985 年，投资额达 1.8 亿港元，占地 100 万平方米，从日本、意大利引进了当时最先进的 30 多个游乐项目，如全长 2 000 米、高出水面 36 米的当时世界上最长、最高的水上过山车，两个 360 度大回转的双环过山车，4 000 米长的单轨高空火车，以及冲水木筏、海盗船、摩天轮、小型赛车、自驾快艇、八爪鱼、流星车、鬼屋等 30 多项水陆项目。虽然受资金等问题影响远没有达到预期设计的上百个游乐项目的规模，但上述 30 多个游乐项目，加上整个度假村富有民族特色的九曲回廊式的园林宾馆和洋溢贵族气息的法式花街等不同凡响的配套设施，足以吸引眼球。香蜜湖中国娱乐城开业的前几年曾风靡深圳、香港、澳门三地，成为 20 世纪 80 年代深圳人的集体记忆，其经济效益也不错，见表 1-4。

表 1-4　香蜜湖中国娱乐城历年游客量及收入（1987~1993 年）

项目	1987年	1988年	1989年	1990年	1991年	1992年	1993年	合计	年平均值
游客量/万人次	69.43	89.21	66.43	76.50	75.36	76.80	75.36	529.09	75.58
收入/万港元	2 060.88	2 067.76	1 287.80	1 551.91	1 657.760	1 680.00	1 700.00	12 006.11	1 715.16

资料来源：香蜜湖中国娱乐城办公室

1987~1993 年，香蜜湖中国娱乐城共接待游客 529.09 万人次，平均每年 75.58 万人次，最高年份是 1988 年，达 89.21 万人次，总收入约 1.2 亿港元，平均每年 1 715.16 万港元。然而，香蜜湖中国娱乐城无论是游客量还是收入都随着锦绣中华、中国民俗文化村等一批新型主题公园的开业而逐渐减少。1994 年 1~10 月，香蜜湖中国娱乐城游客仅为 42 万人次，收入也只能维持基本运营，无力还本付息（保继刚，1996）。

图 1-3 为拍摄于 1990 年的香蜜湖中国娱乐城。

（a）　　　　　　　　　　　　　　（b）

图 1-3　香蜜湖中国娱乐城（1990 年）
资料来源：作者拍摄

今天，游乐园在许多城市仍然存在，一些不仅经营得很好，还有一些在不断新建。由于区域发展不平衡，城市间差异巨大，决定了游乐园、微缩景观和主题公园在不同的城市仍能找到适宜生存的土壤（梁增贤，2016）。除了少数一线大城市，广阔的二三线城市仍主要是工业城市。尽管消费的符号化趋势明显，但是这些城市消费主体仍注重功能消费。有一定主题包装的游乐园，以主题公园的名义宣传，仍能吸引大量游客。由于中国地区发展不平衡的问题在短期内难以消除，这种主题公园与游乐园并存的局面仍将持续很长一段时间。

1.3　早期游乐园开发的可行性评估

中山长江乐园成功之后，广东省在短期内共建造了19个游乐园，其中广州3个、深圳2个，像韶关市这样客源市场相对不足的城市也由政府贷款投资建造了一个芙蓉乐园。1995年，由作者牵头完成的韶关市旅游发展规划专门对韶关市的大型旅游项目（游乐园和主题公园）做了一个专题评估研究（保继刚和彭华，1996）。该研究所指的大型旅游项目是投资较大的人造旅游项目，具体到韶关市，主要有已建成多年的芙蓉乐园和已立项的华夏名人故居集瞻。本节将先对芙蓉乐园进行经验总结，然后以大型旅游项目布局理论为指导，对华夏名人故居集瞻进行评估。

1.3.1　芙蓉乐园的经验总结

芙蓉乐园是韶关市旅游重点项目之一，另一个项目是碧湖山庄。根据当时韶关市旅游局提供的资料，芙蓉乐园于1984年6月开始建设，共投资227.35万美元和250万元人民币，于1985年9月开业，共有18个娱乐项目。

如表1-5所示，芙蓉乐园开业后，1985年9~12月接待游客8.24万人次，1986年达到最高峰15.42万人次，随后游客量几乎是逐年下降，到1993年只有6.00万人次。1985~1993年近9年的时间，共接待游客84.63万人次。芙蓉乐园的营业收入也很低，1985年的营业收入为38.6万元；1986年达到74.0万元，为最高值；1992年营业收入仅27.4万元，为最低值；其他年份每年营业收入都在40万~50万元。

表 1-5 芙蓉乐园 1985~1993 年游客量及营业收入

年份	游客量/万人次	营业收入/万元
1985（9~12月）	8.24	38.6
1986	15.42	74.0
1987	9.95	47.8
1988	10.90	53.3
1989	10.78	43.6
1990	9.52	42.9
1991	7.47	39.8
1992	6.35	27.4
1993	6.00	48.6
合计	84.63	416.0

资料来源：韶关市旅游局提供

由于经营状况不好，1988年后，韶关市人民政府平均每年给芙蓉乐园补贴约200万元。即便如此，加上游乐和门票收入，芙蓉乐园仍然连利息也偿还不清，更无力更新改造，甚至连购置零部件和正常的维修都缺乏资金，开业时投入的18个娱乐项目，到1994年只剩下12个。

芙蓉乐园是80年代中期广东省游乐建设热潮中的产物，广东省共建设19个游乐园，除了广州的东方乐园勉强维持收支平衡之外，其余18个游乐园都亏本。究其原因，有以下几点。

第一，项目独特性不高，吸引范围小。

游乐园是一种共性大、独特性小的旅游项目，它的吸引范围一般较小，绝大部分游客是本地游客，以青少年游客为主。如表1-6、表1-7所示，1994年5月8日（星期天），作者对芙蓉乐园的游客进行了抽样调查，结果表明，到芙蓉乐园的游客，从年龄段分析，20岁及以下的占39.23%，21~35岁的占46.92%，两者之和高达86.15%，36~50岁的占13.08%，50岁以上的只占0.77%；从客源地分析，来自韶关市的占93.08%，来自广州市的占4.62%，还有极少量来自东莞市、清远市等地。

表 1-6 芙蓉乐园游客年龄分析

项目	总数	20岁及以下	21~35岁	36~50岁	50岁以上
抽样调查人数/人	130	51	61	17	1
比例	100%	39.23%	46.92%	13.08%	0.77%

注：调查时间为1994年5月8日

表 1-7　芙蓉乐园游客地区分布

项目	总数	韶关市	广州市	东莞市	清远市	浙江省
抽样调查人数/人	130	121	6	1	1	1
比例	100%	93.08%	4.62%	0.77%	0.77%	0.77%

注：调查时间为 1994 年 5 月 8 日；由于舍入修约，数据有偏差

第二，项目投资大，受汇率变化负面影响大。

芙蓉乐园总投资为 227.35 万美元和 250 万元人民币，每年还本付息负担很重，加之受到人民币汇率变化的冲击，1984 年借款美元与人民币汇率为 1∶2.8，1994 年汇率为 1∶8.72，汇率差达 1 300 多万元。

第三，区位差，区域经济不发达。

适宜的区位是大型旅游项目成功的关键因素，它包括宏观区位和微观区位两个方面。宏观区位指大型旅游项目要求选址在经济发达、流动人口多的大城市和特大城市。据美国华盛顿的城市土地研究所（Urban Land Institute）的研究，一个大型旅游项目的一级客源市场至少需要有 200 万人口，二级客源市场也要有 200 万人口，三级客源市场不可过分依赖。对应于国内现状，这里所指的一级客源市场范围即市区，二级客源市场即市域范围，三级客源市场即流动人口。

如表 1-8 所示，1992 年末，韶关市总人口仅为 287.27 万人，其中非农业人口 91.84 万人，而对芙蓉乐园客源影响较大的市区和韶关市曲江县[①]人口分别为 43.80 万人和 37.33 万人，其中非农业人口分别为 37.40 万人和 9.16 万人。

表 1-8　韶关市 1992 年末人口情况　　　　　单位：万人

项目	市区	曲江	仁化	乳源	南雄	始兴	乐昌	翁源	新丰
年末总人口	43.80	37.33	17.58	18.77	44.33	22.86	46.77	34.01	21.82
其中的非农业人口	37.40	9.16	5.82	3.17	7.27	4.10	15.72	5.47	3.73

资料来源：韶关市统计局提供

从表 1-8 可以看出，芙蓉乐园的一级客源市场和二级客源市场都比较差，同时韶关市区域经济相对不发达，本市居民消费能力低，这是芙蓉乐园失败的关键所在。也就是说，韶关市当时还不具备投巨资搞大型旅游项目的条件。芙蓉乐园的微观区位也较差，微观区位指项目在城市内部的选址，芙蓉乐园面对的绝大部分游客是韶关市区的青少年，且选址在市郊，交通不便，很少或没有公共交通，影响了散客前来游玩。

---

① 现韶关市曲江区。

第四，企业的经营管理不完善。

企业的经营管理不完善也是芙蓉乐园失败的原因之一。从表1-5可以看出，1992年到乐园的游客（6.35万人次）比1991年7.47万人次减少了14.99%，收入却从39.8万元减少到27.4万元，减幅达31.16%。一般来讲，人均游乐消费应该一年比一年高，而芙蓉乐园1992年与1991年相比正好相反，1991年人均消费5.33元，1992年却下降为4.31元。1993年，芙蓉乐园加强了管理，虽然游客仍然下降为6.00万人次，收入却提高到48.6万元，人均消费提高到8.10元。

鉴于当时对芙蓉乐园的评估结果，作者负责的专家组向地方政府和企业提供了未来的发展建议。芙蓉乐园是当时韶关市旅游重点项目的一部分，另一部分碧湖山庄也亏损巨大，整个旅游中心包袱沉重，债台高筑，举步维艰。根据韶关市旅游局提供的数据，韶关市旅游中心从开业至1993年底，累计亏损2 043万元（不含潜亏）。当时之前的近10年中，尽管已偿还496万美元外债，仍欠567.6万美元和1 622万元的债务，如果营业水平仍是1994年的水平，则偿还本息遥遥无期，甚至有可能越还债务越高（如人民币贬值加上罚息）。

鉴于当时韶关市旅游中心大部分资产已被广东国投公司查封，情况十分严峻，为寻找出路，韶关市旅游局提出四条建议：第一，分而治之；第二，转让产权；第三，成立韶关市旅游娱乐城开发区；第四，申请破产。从广东省其他18个游乐项目的经营来看，当时要从游乐项目本身赚钱还债几乎不可能，比较好的出路是结合房地产开发，以旅游开发使房地产增值的收入来弥补游乐园的亏损，但当时的韶关市房地产业也不乐观。因此，作者负责的专家组从减少亏损的角度倾向对韶关市旅游中心进行资产及占地价值全面评估，在此基础上，通过招标、拍卖或转让，以摆脱困境。

1.3.2 华夏名人故居集瞻项目评估

华夏名人故居集瞻是当时韶关市旅游景观策划咨询公司提出的一个大型旅游项目。该项目模仿深圳市的锦绣中华，选择华夏五千年来各类名人故居128座，按原故居1∶1仿建，故居内仿制其主要实物摆设，故居四周地形山脉按1∶100微缩仿制。该项目当时选址在韶关市南郊乡人民政府的东面山坡地，占地1 050亩[①]，预计投资总额为1.005亿元。投资规模与深圳市的锦绣中华相当。

韶关市计划委员会1993年10月批准了华夏名人故居集瞻大型旅游项目的立项。随即，韶关市旅游景观策划咨询公司与韶关市南郊乡合作，由南郊乡人

---

① 1亩≈666.7平方米。

民政府划定 1 050 亩土地，以 6 万元/亩作价入股，由工程队带资进场后，项目开始启动。然而，由于该公司资金不到位，工程队启动后就停工观望。

受韶关市人民政府委托，作者和专家组对韶关市旅游景观策划咨询公司向韶关市计划委员会提交的《华夏名人故居集瞻项目建议书》的第三章"市场预测"和第五章"投资偿还期及经济效益评估"进行评估，评估结果表明，该项目建议书与实际出入较大，过于乐观。

该项目建议书称南华寺 1993 年游客已达 100 人万次。因此，华夏名人故居集瞻大型旅游项目的参观人数每年按 100 万人次计算，门票 20 元一张，其他消费按 30 元/人计算，每年可有 2 600 万元纯利润，2 年可全部偿还投资成本。

事实上，韶关市各主要景区（点）游客量并不高，南华寺 1992 年共接待 51.6 万人次游客，丹霞山 1993 年接待游客 19 万人次，古佛岩接待游客 5.1 万人次，芙蓉乐园接待游客 6 万人次。南华寺之所以游客达 50 万人次左右，主要是因为南华寺作为一个宗教旅游胜地，游客重游率高，客源市场稳定。然而，作为一个高投入、高门票的大型旅游项目，游客的重游率很低，生命周期不长，以外地游客为主。比照芙蓉乐园失败的经验教训，从区位条件、区域经济等方面来考察，作者和专家组认为在当时的社会经济发展条件下，华夏名人故居集瞻大型旅游项目不宜兴建。

鉴于对以上两个旅游项目的评估，作者和专家组对韶关市当时建设大型主题公园给出了如下基本意见。

深圳市的锦绣中华开发成功后，全国各地产生了一个大型主题公园的建设热潮。全国已建和在建的主题公园达 100 多处，并且各地在做可行性研究报告时，不去研究锦绣中华成功的影响因素和条件，只引用每年接待游客多少万人次、收入多少万元这样一些不可比的数字。深圳市是一个客源型的旅游地，区域经济发达，投资能力强，区位条件优越，高消费流动人口多，旅游需求很大，旅游资源相对贫乏，在这样的地方适时兴建主题公园，成功的机会很大。而在其他地方布局，则要慎重。

韶关市是一个以资源型为主的旅游地。资源型旅游地往往依赖于大自然的鬼斧神工或民族风情，或文化遗产古迹，其旅游资源对旅游者吸引力较大，但距经济发达的大城市和客源市场较远，加上该地区经济发展水平较低，旅游需求较小。这样的地区进行旅游开发应充分利用已有旅游资源，少投入、快启动、滚动发展。

因此，当时的韶关市不宜建造大型主题公园。大型主题公园投资大（1 亿元以上）、占地大、门票贵，需依靠大量高消费旅游者来维持。根据韶关市当时的经济发展水平、区位条件、旅游需求状况，我们认为，在当时的规划期内，韶关市不宜投巨资建造大型主题公园。

近年来，作者和团队也一直在论证其他游乐园开发的可行性，积累了大量的最新案例，但限于资料数据的保密协议，在此不便展示。本节全文转录1995年完成的《韶关市旅游发展规划》中的"韶关市大型旅游项目评估"专题报告，以及公布1997~1998年在做《广东省旅游发展战略》时调研到的广东省部分游乐园的游客量等资料，一方面，游乐园的可行性论证已有一套专业的技术方案，尽管多年来已经有所发展和精进，但当时的思路至今仍可借鉴；另一方面意在说明不同时期专家冷静的思考和研究是有助于政府和企业决策的。更为重要的是，专家要基于科学理性，敢于说"不"。

回顾当时广东游乐园的发展，中山长江乐园的成功是因为"第一"而得到超额效益。广州的东方乐园是有机会不断更新发展的，却被拆除建造为白云国际会议中心，十分可惜！东方乐园的拆除，或许在某种意义上让两年后开业的长隆欢乐世界少了一个竞争对手。在游乐园阶段，出现了各地一窝蜂上游乐园项目并大量亏损的状况，本应该汲取教训，避免类似的事件再次发生。但是1989年深圳的锦绣中华开启了新主题公园开发浪潮之后，各地政府或企业似乎将游乐园投资血本无归、惨不忍睹的窘况忘得一干二净，又重蹈覆辙。

这是为什么呢？

- 主题公园发展
- ——中国案例

第 2 章

锦绣中华·民俗村的神话

锦绣中华创造了很多神话。它被誉为中国现代主题公园产业的开端，创造了 9 个月回收主题公园投资的奇迹。它奠定了华侨城集团在中国主题公园产业的地位，成功地将中国传统文化和建筑景观应用于主题公园营造，至今仍是典范。它是中国第一家连锁扩张的大型主题公园，也是第一个走出国门投资海外的民族主题公园品牌。它开业 30 多年至今仍然营业，是中国为数不多的"长寿"主题公园。今天，我们复盘锦绣中华，以现代的眼光进行评判，可圈可点之处甚多。许多经验和教训值得今天的后来者学习，而先行者的勇气和智慧，更值得感慨。

第 2 章 / 锦绣中华·民俗村的神话

2.1 锦绣中华的诞生

　　锦绣中华是一个时代的神话,被誉为中国主题公园产业发展的里程碑。主题公园是舶来品,是一种人造旅游资源,它着重于特别的构想,围绕着一个或几个主题创造一系列有特别的环境和气氛的项目吸引旅游者(保继刚,1994a)。主题公园及其早期的游乐园形态在大规模进入中国市场之前,已经在欧美国家发展了几十年。如果追溯更为早期的主题公园物质和文化原型——欧洲市集(fairs)娱乐,那么,主题公园在欧美国家的孕育、形成到发展,包括从产品形态和市场发育,就有几个世纪的历史(梁增贤,2019)。实际上,主题公园产品的发展、演化,直到今天的形态,包括主题公园市场的发育和成熟与其所在欧美国家社会经济环境及其变迁密切相关。Botterill(1997)认为游乐区(amusement scape)从市集到游乐园再到主题公园的演化历程,实际上反映了欧美社会从农业社会、工业社会到后工业社会的变迁。不断革新的技术、持续重构的社会结构、变化的城市娱乐消费需求,使得主题公园也在适应市场,并调整其在具体国家或地区的发展模式和产品形态。

2.1.1 一块不被看好的土地

　　锦绣中华的开发理念是马志民先生从欧洲习得的。马志民先生是广东台山人,生于 1932 年,大学肄业,1949 年 6 月参加工作,1949 年 8 月参加新民主主义青年团,1952 年 2 月加入中国共产党,1950~1978 年先后从事经济、侨务、旅游、开发建设等工作。1979 年起,他在香港中国旅行社集团(现为中国旅游集团)工作,曾任香港中旅集团常务副董事长兼总经理,香港中旅集团总经理、董事长,香港中旅国际投资有限公司董事局主席。1985 年,经国务院批准,由香港中旅集团参照招商局集团开发蛇口的模式投资开发兴建华侨城。马志民被任命为华侨城建设指挥部主任。他第一次带领集团的一些中高层干部来到占地近 500 万平方米、原是一片不毛之地的华侨城地块考察。那时候,大家对这块土地的开发普遍缺乏信心,甚至一些广东省的领导认为这对马志民而言可能是一个包袱。

　　这是一个不被看好的地方,当时的深圳,东有罗湖、西有蛇口,都是开发热土,蛇口还创造了"蛇口模式"。两块热土之间是一条由 107 国道刚刚扩建而来的深南路(深南大道的前身)。华侨城介于两者之间,属于城乡接合部,距离机场、港口和口岸都比较远,交通并不方便,土地经济价值较低,潜在租金水平和实际租金水平都很低。华侨城的地块,北有山坡,中间是丘陵,南部是滨海滩涂(图2-1),按照当时蛇口工业区开发的经验,进行"三通一平"的投入也不小。以当时的眼光,这确实不是一块理想的开发用地。

(a)

(b)

图2-1 20世纪80年代初期的深圳华侨城

资料来源:(a)来自前瞻网《八十年代深圳老照片 还原不一样的深圳》,拍摄者不详;
(b)来自江式高(1998)

2.1.2 一个不被看好的产业

20世纪80年代中后期,中国旅游产业刚刚经历了一次"游乐园"浪潮,正处于衰退期，全国各地经营不景气甚至倒闭的游乐园很多。广东省这一时期建设的19个游乐园或微缩景观有18个亏损，只有1个勉强经营（保继刚，1994b）。这是一个不被看好的产业。当时国人对主题公园的理解还停留在"游乐园"的概念，毫无主题体验，乐园普遍模仿，缺乏创意，服务和管理都很差，整个游乐园产业都处于一个衰退期。今天的情况也说明这个问题，那个时期建设的游乐园能够留存到今天的屈指可数，不被看好是必然的。

2.1.3　在不被看好中创造神话

在一片不被看好的土地上，做一个不被看好的产业，谁都很难理解马志民先生。当时的深圳，最好赚钱的是房地产开发，华侨城集团也开发了一部分房地产，但房地产是一次性买卖，没有可持续性。香港中旅集团的主业是旅游业，马志民先生也有很深的旅游情结。在主持华侨城开发之前，1983年香港中旅集团在中国香港、菲律宾、澳大利亚等地举办了反映中国自然风光和历史文化的摄影展，万人空巷的情景总在马志民先生的脑海里挥之不去。他在想有什么办法可以将流动的平面照片三维固定化，让中华五千年文明和其丰富的旅游资源浓缩于一园，让中外游客在短时间内领略中华民族的博大精深。1985年，马志民先生带队到欧洲考察，在荷兰参观了马都拉丹公园（Madurodam，又称马都拉丹小人国）后大受启发。马都拉丹公园于1952年开业，早于迪士尼乐园，位于荷兰海牙的Scheveningen区。今天看来，这家开业于20世纪50年代的乐园，其开发理念在当时并不是最新的，对马志民先生而言却是最合适的。马都拉丹公园按照1∶25的比例，微缩了当时荷兰的主要地标景观、历史城市和大型开发项目，如阿克马乳酪市场、海牙和平宫、阿姆斯特丹水坝广场的王宫、乌特勒支圆顶大教堂、阿姆斯特丹运河房屋和荷兰三角洲工程，是一个纯静态观光型的主题公园。马都拉丹公园占地很大，面积为177万平方米，可供观赏景观有120多个（1952年开业时为48个），一天中开园的时间也不长（旺季09∶00~20∶00，淡季11∶00~17∶00），并不处于欧洲游客量最大的主题公园行列，但能够经营到今天实属不易。1972年，马都拉丹被"荷兰城市联盟"接纳为正式会员，成为世界上最小的城市。根据马都拉丹公园公布的数据，2012年马都拉丹公园开业60周年，当年的游客量为74万人次。

1986年，在马志民先生的主持下，锦绣中华主题公园的规划和设计工作有序开展。为了真实再现经典景观的风格、结构和艺术价值，锦绣中华的所有景观均邀请原物所在地的文物研究部门和古建筑施工单位联合建造。锦绣中华的规划、设计和建设集结了当时上百名中国一流的古建筑学专家、雕塑艺术家、园林工艺专家。全国20多个省（区、市），2 000多名技术工程人员千里迢迢，专程赶赴现场（唐军，1989）。这样的号召力和资源整合能力，也只有那个时代、那个深圳和那个马志民先生才能做到。锦绣中华于1987年12月破土动工，1989年建成，81个景点均按中国版图位置分布，比例大部分按1∶15复制。锦绣中华建成时的总投资为1亿港元，于1989年9月正式开放，当年便接待游客91万人次。1990年，锦绣中华的纯利润达到5 600万元，接待游客超310万人次，开业一年多就收回了全部投资。1992年，邓小平同志也参观了锦绣中华，并对锦绣中华的开发给予高度评价。这一事件不仅坚定和鼓舞了马志民先生和华侨城集团工作人员继续开发主题公园的信心，也刺激了全国一轮大规模的锦绣中华考察热潮。1992年，锦绣中华的游客量达到了历史上的最高峰——325万人次。锦绣中华开业的前5年（1989~1994年）共接待游客1 465.02万人次，其中国内游客1 224.79万人次，境外游客240.23万人次，1990~1993年4个完整财政年度的营业收入共计3.93亿元（保继刚，1996）。从投入产出的角度看，这在当时的主题公园产业，乃至世界主题公园产业都是一个神话。

2.2　中国民俗文化村的开发

中国民俗文化村建设在锦绣中华尚未开业之时就已经在讨论。中国的文化元素博大精深，可用于开发文化景观的资源很多。基于锦绣中华的开发经验，华侨城集团迅速积累了许多主题公园开发资源，并培育出一大批人才，其中的许多人仍是当前中国主题公园开发的中坚人物。有了对锦绣中华的摸索，中国民俗文化村的开发变得相对容易。

2.2.1　深圳湾游乐场腾地

锦绣中华开业后的火爆场面令人意外，旺季密集的游客流使得华侨城集团迫切希望开发第二个主题公园。锦绣中华建成后，华侨城集团有了现成的施工团队和开发经验，并且锦绣中华尚未使用的大量中国文化元素可供利用，许多没有在锦绣中华实现的设想，可以选择在另一个空间大显身手。中国民俗文化村的构思由此展开，紧靠锦绣中华的深圳湾游乐场提供了这样的空间契机。由广东省沙河华侨企业公司与外商合资经营的深圳湾游乐场，投资6 000万港元，占地20万平方米，1984年6月12日正式开业，它是深圳市当时最大型的现代化游乐场。游乐场项目全部从日本引进,建有疯狂过山车、太空穿梭机、八爪鱼等19个游乐项目。如前文所述,20世纪80年代上半期建设的主要是没有主题包装的游乐园,同质化竞争激烈,建成不久大都迅速衰退。深圳湾游乐场就是这样的典型,开业不久便陷入困境,加之经营不善,亏损加剧。1990年,深圳湾游乐场以300万元的价格拆除转卖,给中国民俗文化村建设腾出土地。

2.2.2 中国民俗文化村的建设

中国民俗文化村于1990年开工建设,1991年10月1日正式开园。该项目总投资1.1亿港元,占地20万平方米,是一个集各民族民间艺术、民俗风情和民居建筑于一园的大型文化游览区。开业初期的门票为25~30元(国内游客,25元为平日价格,30元为周末节假日价格,后同)和100~120港元(境外游客)。全部按照1∶1的比例修建的25个村寨给人以身临其境的感觉。这里有汉族的牌坊群、北京的四合院等。各少数民族村寨更具特色,苗族、侗族、瑶族、佤族、黎族、景颇族、白族、藏族、纳西族、朝鲜族、高山族的民居建筑风格各异,还有布依族的石头寨、摩梭人的木楞房、哈尼族的蘑菇房、傣族的竹楼、哈萨克族的毡房、土家族的水上街市、蒙古族的蒙古包、彝族的"土掌房""一颗印"等,各具特色,吸引无数游客入园参观,了解中国各民族的风土人情。

更为吸引人的是,中国民俗文化村所有景点的节目,全部邀请当地民族演员表演。中国民俗文化村内每月举行一次像火把节、泼水节一类的大型民间节庆活动。在这个民居荟萃的大观园中,黎族的船形屋和佤族的杆栏式草楼相映成趣,再现了人类古老的建筑文化;白族雕刻精美的"三房一照壁"和汉族的四合院,则表现了高水准的中国传统民居建筑设计工艺。即使是手工艺品制作,邀请的也是中华老字号,如天津的泥人张等。

显然,与锦绣中华不同,中国民俗文化村已经超越了一般微缩景观的简单参观,第一次有了真正的文化体验和互动表演。在改革开放初期,全国交通不便利,旅游尚未常态化,在中国民俗文化村一地便可领略华夏大地的人文艺术,不得不说是一个创举。华侨城集团无可比拟的号召力和文化资源的整合能力,为这个创举提供了有力支持。

2.2.3 锦绣中华和中国民俗文化村的经营

中国民俗文化村的经营也像一个神话。中国民俗文化村于1991年10月1日开业，当年 10~12 月接待游客就高达 109.26 万人次，其中国内游客 95.57 万人次，境外游客 13.69 万人次。1992 年首期效应持续，加之年初邓小平同志参观锦绣中华的影响，中国民俗文化村游客量大幅上升，1992 年全年共接待游客 421.18 万人次，其中国内游客 347.72 万人次，境外游客 73.46 万人次（保继刚，1996）。中国民俗文化村基本在两年内收回初始投资，成为主题公园投资的典范。然而，无论是锦绣中华还是中国民俗文化村，在经历了 1992 年的游客量高峰后，游客量基本呈逐年下降趋势（图 2-2）。

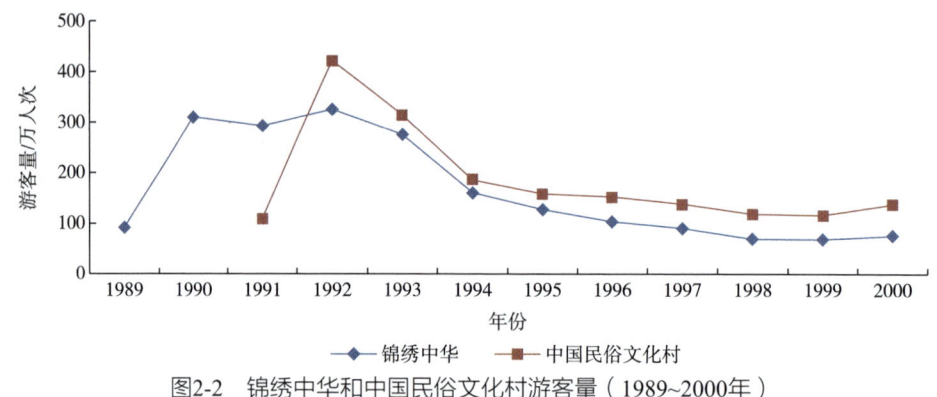

图2-2　锦绣中华和中国民俗文化村游客量（1989~2000年）
资料来源：深圳锦绣中华发展有限公司提供

如图 2-2 所示，锦绣中华在经历了 1990~1992 年的游客量高峰后，游客量逐渐下降，从 1992 年的 325 万人次，下降到 2000 年的 75 万人次。中国民俗文化村下降更为迅速，在经历了短暂的 1992 年游客量高峰后，游客量迅速下降，从 1992 年的 421 万人次下降到 2000 年的 137 万人次。游客量的迅速下降导致其收入下降、效益降低。

2.3　两园合并并未摆脱困境

2.3.1　香港中旅与华侨城"分家"

说是"分家"，当时的香港中旅集团与华侨城集团其实本来就是两家公司，这件事情得从马志民先生说起。1979 年，马志民调至国务院侨务办公室工作，并被派往香港任中国旅行社经理襄理,1983年任副总经理。1985~1995年,马志民任香港中旅集团常务副董事长兼总经理。1985年,经国务院批准,国务院侨务办公室决定投资开发占地480万平方米的深圳华侨城,马志民被任命为华侨城建设指挥部主任和华侨城经济发展总公司(华侨城集团的前身)总经理。因此,马志民一人担任香港中旅集团和华侨城集团两家国有企业的总经理。1993年,任克雷调任华侨城集团公司建设指挥部主任、党委书记、集团公司总经理,并兼任康佳集团董事局主席,接替了马志民在华侨城集团的职务。1996年,马志民到龄退休,2006年离世。由于锦绣中华开创了中国(不含港澳台地区)主题公园之先河,马志民被公认为"中国主题公园之父"。

上述历程不仅说明了香港中旅集团和华侨城集团的渊源,更点明了锦绣中华和中国民俗文化村经营管理的关键所在。事实上,早期华侨城主题公园的开发得益于香港中旅集团的投资,其经营更是得益于香港中旅集团的经验、人才和渠道,没有马志民的一人两任,这样的合作投资并不容易实现。因此,这就产生一个关键的问题,表面上锦绣中华和中国民俗文化村都坐落于深圳华侨城内,外界民众都认为是华侨城集团的项目,实际上,香港中旅集团占有这两个公园各51%的股份,具有最终的决策权和管理权,而华侨城集团占49%的股份,是第二大股东。股权结构决定了管理结构,也决定了经营结果,尤其是当两个集团对待主题公园的发展态度和理念不一致时,问题尤为突出。

2.3.2 锦绣中华与中国民俗文化村合并

由于锦绣中华和中国民俗文化村在本质上就是中国文化主题公园,在经营管理上有许多共通之处,人员和其他资源也经常共享,加之两个园区本就相邻,这实际上为两园合并管理奠定了基础。经过2002年的论证、协调,2003年元旦,锦绣中华和中国民俗文化村正式合并,管理团队也进行重组,合并为一家公司。游客只需购买一张门票就可以游览两个园区。两个景区的合并客观上降低了管理成本,但主题公园面临的核心问题并未解决。

合并后的锦绣中华民俗村并未能够阻止游客量的进一步下降(图2-3)。2003年,锦绣中华民俗村接待游客93.2万人次,考虑到2003年"非典"因素的影响,2004年游客量也仅为123.2万人次,显著低于2002年两园合并之前锦绣中华和中国民俗文化村163.4万人次的游客量总和。近年来,锦绣中华民俗村的游客量基本维持在150万人次上下,风光不再。

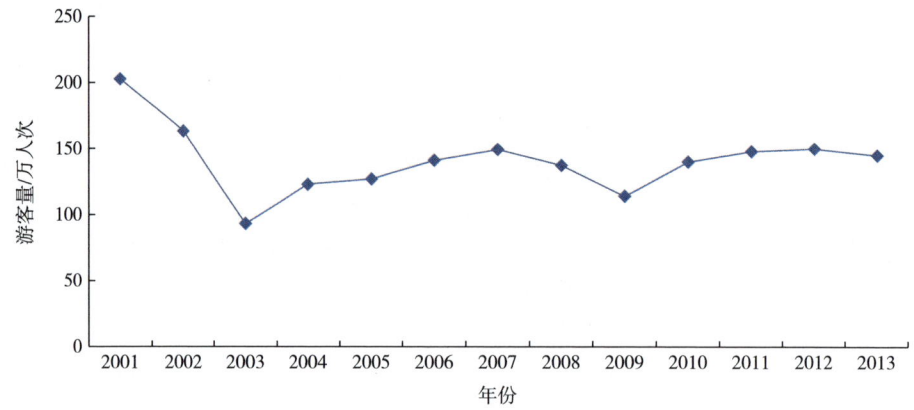

图2-3 锦绣中华民俗村游客量（2001~2013年）
资料来源：深圳锦绣中华发展有限公司提供，2001年和2002年数据为锦绣中华和中国民俗文化村游客量合计

2.3.3 锦绣中华、中国民俗文化村的曾经辉煌是特殊案例

锦绣中华、中国民俗文化村等主题公园无疑是成功的，但这超常规的成功背后有很多特殊因素，不了解这些特殊因素，将特殊当一般，正是此后该类主题公园投资失败的原因之一。以锦绣中华为例，下列七大因素对其成功非常重要。

1. 产品因素：第一效应

无论做什么事，做第一次的时候都会产生一个轰动效应，即产生第一效应。当锦绣中华开业时，国人还没有听说过 theme park 这个词（这个词过了好几年才引入中国并被翻译为"主题公园"），还没有见过微缩景观，对它充满了新奇感，这种第一效应对产品最初的宣传和推介具有很强的扩散力。

2. 市场因素：填补需求空白

随着深圳的经济建设发展，深圳的旅游需求和宾馆接待能力在不断增加。1989年深圳便接待了香港、澳门、台湾、华侨过夜游客94.8万人次，外国游客5.78万人次，境内游客331万人次，酒店、宾馆1989年已拥有客房15 985间，床位34 506张。锦绣中华就是在这样一个背景下出现的，填补了需求空档，在一个完全没有竞争的空间里一炮走红，从而开创了深圳旅游业的主题公园纪元。

3. 主题因素：根植于民族文化的主题，精益求精的制作

锦绣中华拥有一个明确的主题——展示中华传统与民族文化。

外国人对中国最感兴趣的是华夏5 000年的文明历史和绚丽多彩的民族文化。

这种具有民族特色的文化本身就是一种丰富的旅游资源，它对外国游客具有强烈的感染力和吸引力，这是中国旅游业发展的独特优势。另外，中国幅员辽阔，民族众多，环境差异巨大。因此，锦绣中华（包括后来的中国民俗文化村）在一定程度上将中华民族灿烂的文化精粹汇集在一起，并加以提炼和再创造，使游客能在有限的时间内，对中国的历史文化和旅游资源有一个概况性的了解，不仅对海外游客具有吸引力，对国内游客同样具有巨大的吸引力。

锦绣中华的每一个景点不仅是按原景观的某种比例的缩小，还是一种再创造，建设者对每一个景点的建设都是虔诚的。以"万里长城"为例，它蜿蜒起伏在景区内几个山岭上，长达1 000多米，镶嵌在长城上的小砖，严格按照长城真砖1∶10的比例仿制而成，共达600多万块，如果说古长城由古代劳动人民的血汗筑成，那么，这座小长城又凝结着多少长城专家和工程技术人员的智慧和心血啊！可以说，锦绣中华在汇集中华民族灿烂文化的同时，也在创造一种文化。

4. 政治因素：教育题材，对外窗口

锦绣中华以民族文化为主的特征及对不同年龄、不同层次游客需求的普遍适宜性，特别是其强有力的爱国主义主题教育作用，为其带来不少殊荣。

（1）平均每隔10天，锦绣中华就接待一名党和国家领导人、外国政要或社会名流。江泽民等党政和国家领导人，美国前总统尼克松、布什等外国元首，著名物理学家杨振宁博士等知名人士都参观过锦绣中华。

（2）1991年3月26日，深圳举行了"锦绣中华星"命名大会。国际编号3088的小行星是中国科学院紫金山天文台1981年10月24日发现的。中国科学院紫金山天文台原台长张和淇教授在命名仪式上说："用锦绣中华来命名3088号小行星，是因为锦绣中华是中华民族智慧的结晶，并以它灿烂的艺术的美丽和独特风姿，吸引着世界各地游客。这样一个对人类艺术宝库做出贡献的景区，是完全有理由享受这一荣誉的。"

锦绣中华开业以后获得各方面的荣誉过百项，不胜枚举。所有这些殊荣，极大地提高了锦绣中华的知名度，树立了良好的企业形象，特殊的广告效应带来了滚滚客源。

5. 成本因素：土地由政府划拨、投资控制得当

华侨城480万平方米的土地是由深圳市人民政府整体划拨的，这减轻了投资压力。同时，身为国有景区的锦绣中华投资控制得当，这也是锦绣中华成功的一个重要因素。

6. 经营因素：国内、境外两种票价

锦绣中华初期的门票为内地游客平时票价20元，周末、节假日票价25元；香港地区及海外游客平时票价80港元，周末、节假日票价100港元。这种差别使得只占总游客量15%~20%的海外游客带来了50%左右的经营收入。

7. 区位因素：深圳

锦绣中华、中国民俗文化村、深圳世界之窗一直经营不错，还有一个更重要的因素——区位因素。如果这些主题公园不在深圳，可能开业前一两年会轰动，后面就会衰落。区位因素不仅仅是位置要素，还与深圳经济的高速发展有关。深圳作为一个移民城市，每年接纳的各地探亲游客非常多，深圳居民有实力承担亲属的这种消费。深圳不断增长的人均收入与门票的比值有一定的合理性，这种特有的区位因素是其他地区难以具备的。

2.4 走出去的尝试：美国锦绣中华的经验

2.4.1 走出国门的冲动

1989年锦绣中华的成功及1991年中国民俗文化村开业所带来的可观的市场收益，使香港中旅集团和华侨城集团产生了走出国门的冲动。说是冲动，实际上其当时也经过了十分缜密的分析，具有一定的理性基础，只是今天看来，这样的理性基础既不够系统，也不到位，主要基于以下几点判断。

第一，对中国微缩景观主题公园国际市场乐观估计。锦绣中华和中国民俗文化村是两个典型的以中国传统文化为主题的微缩景观主题公园。这两个主题公园的开业，不仅受到内地市场的广泛欢迎，更吸引了较大规模的境外游客。1989~1994年，锦绣中华、内地民俗文化村两个主题公园都以内地游客为主，但境外游客占有较大比例，高于同期许多著名景区。锦绣中华开业5年（1989~1994年）来，内地游客占83.6%，境外游客占16.4%。中国民俗文化村开业3年多来，内地游客占83.59%，境外游客占16.41%（保继刚，1996）。

上述数据已清楚地说明，锦绣中华和中国民俗文化村的主题市场是内地，而不是境外。马志民先生1994年7月曾对作者说过，锦绣中华决策的市场依据是"2个600万，600万香港居民和600万访问香港的外国游客"。显然，早期投资决策的市场研究是不系统的、片面的，结论也存在问题，但歪打正着，没被看好的内地市场掩盖了决策的问题。还有，香港中旅集团和华侨城集团进一步针对境外人士（主要是到访深圳的游客，特别是深圳锦绣中华和民俗村的游客）的调查发现，大多数游客对锦绣中华这类微缩文化景观主题公园表示满意，这更加强化了其到美国投资的信心。

第二，对中国传统文化资源整合与输出能力的自信。香港中旅集团和华侨城集团都是国务院国有资产监督管理委员会下属的中央企业,在全国范围内具有非常强的旅游文化资源整合能力。经过锦绣中华和中国民俗文化村的开发,这种整合能力及主题公园的综合运营能力得到体现和提升。加之,锦绣中华和中国民俗文化村开业后,各级、各地方领导纷纷参观考察并表示支持。在中国急于向世界展示和世界急于了解中国的大背景下,利用锦绣中华品牌,把中国传统文化向外输出不仅成为企业的战略选择,更成为政治外交布局的一个推手。

第三,基于锦绣中华和中国民俗文化村成功的经验。锦绣中华和中国民俗文化村的成功开发,集团不仅培育了品牌,整合了资源,也培养了一批开发与管理人才,在主题公园规划、开发和管理运营上,逐步摸索出一套成型的方案。

在这样的推理基础上,"美国锦绣中华"选址于美国佛罗里达州奥兰多市,是当时国家支持的最大涉外文化产业。该项目于1993年12月18日开业,最初投资1亿美元,占地76英亩①,拥有缩微的故宫、长城、颐和园等60余处景点,与中国深圳的锦绣中华一脉相承。1993年开业当期,时任国家主席江泽民、国务院总理李鹏、国务院副总理兼外交部长钱其琛、国家旅游局局长刘毅、美国前总统尼克松、美国佛罗里达州州长罗顿·查尔斯、著名美籍华人陈香梅等纷纷题词祝贺。美国锦绣中华网罗了美国各地,中国内地、香港地区和澳门地区各界名流30多人组成"开幕庆典名誉委员会",其中包括美国前总统尼克松、美国前国务卿黑格及知名人士丁肇中、杨振宁、李政道、陈香梅等。开业当日,美国锦绣中华邀请了2 000多位中美政要、企业人士和社会名流出席,盛况空前。

图2-4为拍摄于1996年7月的美国锦绣中华。

2.4.2 走出去的步子迈大了

美国锦绣中华于2003年结束经营。美国锦绣中华从1993年底开业,整整十年,中国中旅集团前后累计投资1.5亿美元。事实上,美国锦绣中华开业后的首期效应就低于预期,重游率很低,游客量一直走低。根据《奥兰多先锋报》"商业周刊"的报道,美国锦绣中华游客量从开业初期的每日平均3 000余人次迅速下降,到1997年仅为每日两三百人次(叶萌,2004)。锦绣中华的官方停业声明称,"由于该地区旅游业持续下滑,尽管多年来公司一直努力经营,但公司认为已经无力继续承担巨大的损失"。声明最后指出,"对于我们的朋友和支持者,我们对这个已趋必然的行动深表歉意"。然而,事实上,奥兰多在美国锦绣中华关闭的前几年,

---

① 1英亩≈4 046.86平方米。

主题公园发展——中国案例

图2-4　美国锦绣中华（1996年7月）
资料来源：作者拍摄

主题公园市场呈现快速增长，周边大多数主题公园，如迪士尼乐园、环球影城、海洋世界等都得到了更多的市场份额，有的门票甚至还涨了价，唯独美国锦绣中华票价一路走低，情况好的时候，锦绣中华每天能接待400余名游客，而平常的日子也只有200多名游客（吴伟农，2004）。

1996年7月的一天，作者在美国访学期间，曾专程去奥兰多考察美国锦绣中华，那天恰逢美国锦绣中华中国城开业，有机会拍下了一张"全家福"（图2-4）。当时的总经理告诉我，美国锦绣中华每天亏损3万多美元，当时每月国家仅给国内一名高级访问学者800美元生活费，作者还感叹，这可以养活多少访问学者了！

主题公园的成功，除了区位条件之外，文化背景也是很重要的。锦绣中华在深圳可以成功，在美国却很难。一方面，美国的大众游客对中国文化的了解还很少；另一方面，锦绣中华的主题展示方式以静态为主，很难吸引美国的青年一代游客。受多方面因素的影响，美国锦绣中华游客量少也在情理之中。

作为这么大的跨国投资，可行性研究非常重要，或许花点钱，请咨询公司做可行性研究，可以避免不少失误。

- 主题公园发展
- ——中国案例

第 3 章 福禄贝尔科幻乐园的悲剧

今天，提起福禄贝尔科幻乐园，除了部分资深旅游者外，可能已经很少有人知道了。福禄贝尔科幻乐园可以算得上中国主题公园史上最悲壮的一个。福禄贝尔科幻乐园投资高，立意新，规划设计颇为用心，技术设备选的也是当时最先进的，甚至连员工的培训也比当时国内的主题公园更费时、更专业。然而，该乐园于1996年8月开业，不到1年便倒闭，并且是以员工和债权人对园区的哄抢为标志破产的。

第 3 章 / 福禄贝尔科幻乐园的悲剧

3.1　悲剧中的福禄贝尔科幻乐园

　　1998年9月，作者应江苏省旅游局邀请参加环太湖旅游考察研讨会，研讨会结束后，作者租车从苏州高新技术产业开发区去福禄贝尔科幻乐园现场。从苏州高新技术产业开发区到吴江市芦墟镇汾湖度假区福禄贝尔科幻乐园所在地，共70千米，当时没有高速公路，需要1.5小时。由于哄抢事件影响很大，园区内有人把守不让参观，也不让拍照，作者只留下几张园区外围照片，如图3-1~图3-3所示。到了现场，作者立即得出结论，选址错误是福禄贝尔科幻乐园悲剧的最主要因素。

图3-1　福禄贝尔科幻乐园的交通指示牌（1998年）
资料来源：作者拍摄

图3-2　福禄贝尔科幻乐园的卡通形象（1998年）
资料来源：作者拍摄

31

主题公园发展——中国案例

图3-3　福禄贝尔科幻乐园的正门（1998年）
资料来源：作者拍摄

3.2　中国的迪士尼梦

　　主题公园进入中国并没有现成的经验和理论指导，更谈不上前期的学术研究，最开始主要是国内旅游开发商的模仿。一部分开发商本身是"海归"，在欧美生活过，了解主题公园，可能自身也参加过欧美主题公园的开发和管理，故直接照搬欧美经验和技术。一部分开发商聘请欧美主题公园开发咨询机构，帮助其规划、设计，甚至管理。还有一部分开发商自己摸索，许多人也出国考察，借鉴欧美现成的经验。显然，这种直接模仿、照搬照抄、脱离中国实际情况的"拿来主义"塑造了许多失败项目。福禄贝尔科幻乐园以惨烈的悲剧结束说明了照搬欧美理论和经验、忽略中国国情盲目开发主题公园可能带来巨大失败。

　　有行业观察家认为，福禄贝尔科幻乐园对中国主题公园的尝试在许多方面无疑是具有开创性的。福禄贝尔科幻乐园于1996年8月18日开业，为台商独资企业，乐园引进或借鉴了美国、日本、德国、意大利、澳大利亚等国家规划、设计及游乐技术，占地57万平方米，当时宣称投资1.1亿美元，最终投资10亿元，号称中国第一个大型科幻主题公园，硬件设施达到了当时的世界一流水平。

　　福禄贝尔科幻乐园是我国台湾商人刘京华先生在我国大陆投资的第一个乐园。刘京华在我国台湾以"福禄贝尔"为品牌创办儿童补习班起家，逐渐在台湾建立起连锁幼儿园，20世纪90年代初进入我国大陆发展。刘京华先生对美国主题公园的开发较为熟悉，有深刻的体会，看到我国大陆地区，尤其是长江三角洲地区的经济腾飞，人民收入水平的提高，消费能力的增强，以及汽车时代可能的到来，预判长江三角洲地区主题公园市场将有较大的发展。于是，刘京华先生投入巨资，按照美国主题公园的选址模式，将乐园布局在吴江市芦墟镇汾湖度假区内，当时距离上海 2 小时车程，距离苏州 1.5 小时车程，距离嘉兴也就 1.2 小时车程，距离几个主要的区域客源城市都在 2 小时车程范围内。福禄贝尔科幻乐园在主题化包装上也用尽心思，在设备的选择上也不惜血本，水平超过当时绝大多数主题公园，并引用了许多当时国际上高科技产品及娱乐设施，形成了科幻城市、欢乐世界、梦幻风情、宇宙嘉年华和奇幻世界 5 个主题分区。福禄贝尔科幻乐园除了有高空跳台、冲天飞车、摩天轮、星际大转盘等 100 多项乘骑器械外，还建设了太空隧道、水幕激光电影、太空表演、好莱坞特效等 8 个主题演出馆，并且花巨资邀请国内外演出团体到园内演出。刘京华先生有过连锁企业的管理经验，也不惜重金引进管理人才，员工培训也投入巨大。每名员工在上岗前需接受 3~4 个月的岗前基础礼仪、细致经营及专业训练等培训，使员工有着良好的素质。该乐园在开业时曾雇用员工达 2 000 多人（陈仲达，1998）。

让刘京华先生下决心开发如此大的项目，引进如此先进的设备，在人力资源和组织管理上如此大手笔的原因主要有三个。

第一，长江三角洲地区经济快速发展带来的旅游需求。20 世纪 90 年代初期的上海，经济发展步入快车道。1990 年 4 月，国务院做出了开发浦东新区的重大决策。按照"一个龙头，三个中心"（以浦东新区开发为龙头，把上海建设成为国际经济、金融和贸易三个中心）的战略思想，上海在 20 世纪 90 年代初期经济发展、城市建设、社会事业和人民生活等方面有了显著的提高，带动了周边城市群的快速发展，由此引发了区域旅游市场的快速增长。然而，当时整个长江三角洲地区旅游产品缺乏，类型单一，主题公园是比较好的选择。

第二，上海等一线沿海城市开始步入汽车时代。1986 年，中国出现了第一批私家车。20 世纪 90 年代的上海经济发达，在中国率先进入汽车时代。根据上海市统计局的数据，上海民用汽车拥有量从 1986 年的 10.93 万辆上升到 1996 年（福禄贝尔科幻乐园开业）的 34.28 万辆，到 2000 年已经达到了 49.19 万辆。以上海为代表的长江三角洲地区城市居民的出游范围不断扩大，流动性增强，极大地推动了旅游增长。

第三，投资者个人建设中国迪士尼乐园的"梦想"。美国的迪士尼乐园是第二次世界大战后的产物，而中国的"迪士尼乐园"也许是改革开放后的产物。改革开放后，中国的一线城市逐步进入后工业社会，潜在的市场客观存在，好的主题公园一定有生命力。刘京华先生希望通过在上海周边建设一个大型精致的主题公园，建立中国主题公园的第一品牌，从而像迪士尼乐园那样走向全球。

3.3 梦碎开业季

福禄贝尔科幻乐园于1996年8月18日开业，正值暑假末期，这本应是主题公园市场的旺季。开业前几天确实收到良好的效果，游人如织。福禄贝尔科幻乐园曾经通过渠道组织上海中小学生集体游览，最高日游客量达八万人次。即便如此，总体游客量还是没有达到预期。开业几个月后，情况进一步恶化，主题公园开业的首期效应迅速结束，游客量急转直下，该乐园从此一蹶不振。开业时该乐园定价为180元一张的门票，后来半价出售，甚至到最后仅售10元。最低谷的时候，一天没有一名游客。该乐园的资金链迅速断裂，供应商欠款索要无门，员工欠薪严重，故两次哄抢乐园设备。福禄贝尔科幻乐园最后在职工的一片哄抢中宣告破产。刘京华先生无力挽救该乐园，据说他于1997年7月到美国躲债，从此失踪。他在我国台湾的福禄贝尔连锁幼儿园也受到连累。福禄贝尔科幻乐园从此倒闭，一千多名员工拿不到工资，创下当时苏州市历史上最大规模的劳动纠纷纪录。

福禄贝尔科幻乐园的结局称得上惨烈，但反思其开发决策、规划选址到设计运营，事实上这样的结局在所难免。刘京华先生照搬照抄美国主题公园布局和规划模式，没有好好研究中国的实际国情，显然脱离现实。今天看来，有几点是需要反思的。

第一，选址脱离中国实际，进入汽车时代并不意味着进入自驾车时代。事实表明，长江三角洲地区的自驾车时代是2000年以后的事情。按照美国主题公园的规划布局方式，福禄贝尔科幻乐园的选择基本属于"美国教科书式"选址——布局在大城市郊区2小时车程范围内。然而，当时上海及周边城市的情况是，居民出游主要依赖于城市公共交通，旅游包车还不盛行，租车出游更谈不上，拥有私家车毕竟是少数。福禄贝尔科幻乐园位于3个大城市之间，没有任何城市的公共交通到达，跟旅行社和旅游包车公司也没有建立合作关系，满足自驾车出游的高速公路体系和配套设施并不完善，那么，游客如何到达乐园呢？

第二，主题公园无论是当时还是现在，对城市居民而言都是一种相对昂贵的休闲娱乐消费，而在美国，主题公园消费已经成为日常生活的一部分。福禄贝尔科幻乐园开业时的门票高达180元，以当时上海、苏州等地居民的消费水平而言，是相当昂贵的。1998年开业的深圳欢乐谷一期布局在深圳市中心，门票仅为90元，即便如此，深圳欢乐谷一期的市场反应也比较冷淡。可想而知，如此昂贵的门票价格，何人买单？

第三，投资过高导致折旧、摊销过重，员工工资和设备维护等运营成本过高，抬高了公园的经营门槛。主题公园投资是大手笔的，大量游乐设备从国外全套引进，需要更为专业的维护，许多零件和技术都还需要依赖国外，成本很高。2 000多名员工，再加上境外演出团队，员工的工资开销就非常巨大。据统计，福禄贝尔科幻乐园当时拖欠工程款达2 000多万元，拖欠员工工资400多万元，而当时每月的门票收入不到300万元（陈仲达，1998）。

3.4 反思欧美经验

福禄贝尔科幻乐园的失败，表面上是一系列技术原因导致的，实际上是因为过分相信欧美经验、欧美技术参数，而忽略了中国的实际国情。从这个案例开始，中国的学术界和实践界开始重新审视欧美经验和技术参数。作者团队也开始认真从中国基本国情出发，建立一套真正适应中国的基础参数。适宜的区位是大型主题公园成功的关键因素，它包括宏观区位和微观区位两个方面（保继刚，1997a）。宏观区位指大型主题公园要求选址在经济发达、流动人口多的大城市和特大城市。据美国华盛顿的城市土地研究所研究，一个大型主题公园一级客源市场至少需要有200万人口，二级客源市场也要有200万人口以上，三级客源也很有帮助，但由于三级客源市场的交通费用太高，不能过分依赖、期望三级客源市场。这里所指的一级客源市场范围在80千米或1小时车程距离内；二级客源市场范围在240千米或3小时车程距离内，以便旅游者在一日内往返；二级客源市场之外及流动人口属于三级客源市场，但不能过分依赖（保继刚，1994a）。据估计，美国主题公园75%的游客是240千米半径范围内产生的（保继刚，1994b）。从微观区位的选择看，大型主题公园一般在大城市边缘区选址。在城市的边缘区选址是因为主题公园占地面积大，城市边缘用地限制较小，地价相对便宜。微观区位还包括选址在主要公路干道旁，第一是节省道路投资，第二是主要公路干道视野开阔，主题公园可以向经过公路干道的游客展示标志景点，不断强化旅游形象，吸引游客。上述美国经验和选址理论恐怕对于许多规划咨询机构和开发商而言都耳熟能详，但这些国际规律在中国应用时，需要因地制宜，有两点需要注意。

第一，美国的经验和规律是建立在美国庞大、成熟的自驾车旅游群体和系统的高速交通基础上的。美国家庭的流动性之高，中国无法在短期内比拟。美国许多大型主题公园可以完全不依赖城市公共交通，就能够实现大规模游客流。然而，中国的自驾车旅游十几年前才刚刚起步，最近正在成熟，无论是出游的方式、出游的半径都与美国有很大差异。对于大多数中国主题公园而言，大规模游客流仍主要依赖于城市公共交通运输，而远离城市公共交通的主题公园，很难实现大规模游客流。

  第二，许多固化的思维严重制约了中国主题公园的微观区位选址。主题公园的微观区位主要在土地成本、交通便捷度、景观效果和开发成本之间权衡。然而，在实际选址中，许多企业过于看重廉价的土地成本，而忽视了其他因素，导致出现严重的选址问题。同时，一些固有的思维方式深刻地影响了中国主题公园开发商的选址，如"海洋公园就一定布局在海边""主题公园就要选址在风景秀丽、生态环境优越的地方"，其实不然，主题公园本来就是人造景区。既然是人造景区，为什么要选址在本来就优美的生态环境？既然是人造景区，海洋公园可以建造在任何城市，甚至沙漠地区，只要其他条件符合要求。

- 主题公园发展
- ——中国案例

第4章 广州的"造月工程"

20世纪八九十年代的广州景区呈现"散小弱"的局面。景区多以历史文化遗迹和红色革命圣地为主,对外来游客具有一定的吸引力,但对于本地和周边地区城市生活的居民而言,广州景区似乎缺乏现代性、娱乐性和互动性,对年轻人的吸引力不强。广州"满天星斗",却缺乏现代化的大型旅游项目,显然与省城的地位不符。于是,广州就开启了轰轰烈烈的"造月工程"。这个工程最后被证明是失败的。月亮没造成,流星闪过若干。然而,这并没有影响广州快速成长为中国最重要的旅游目的地城市之一。广州作为中国的一线大都市,旅游业的发展并不主要依赖于核心景区的建设,而是依赖于城市功能和地位。广州的文化、商务、经贸、会展、体育、医疗、交通等城市功能每年带来的旅游流不亚于旅游景区。有月亮,那是锦上添花;没月亮,只要广州城市功能和地位继续提升,广州的旅游前景也会一片光明。

4.1　"满天星斗"与"造月工程"

广州旅游资源丰富多样,其在近代历史上的特殊地位又造就了一批历史遗迹。清末的康有为和梁启超,推翻封建帝制的民主革命先行者孙中山,中华人民共和国的主要缔造者毛泽东、周恩来等均在广州留下革命足迹,黄花岗七十二烈士墓、国共两党所办的黄埔军校、农民运动讲习所等不少革命遗址都在广州。同时,陈家祠、白云山、沙面等也都是广州重要的旅游景点。然而,随着广州周边区域旅游的快速发展,20世纪80年代开始,不少政府领导和学者认为,广州旅游"满天星斗,没有月亮"(即小景点多,但能够留住游客的大景点不多)。

1989年9月锦绣中华和1991年中国民俗文化村的成功开业,改变了广州城市旅游发展战略的思路。面对深圳主题公园成功的压力,面对国际旅游者在广州停留时间缩短的严峻形势,面对广州原有旅游景点规模小、特色不明显、知名度相对低、点少而分散的"满天星斗"状况,广州旅游景点"造月工程"的战略拉开了序幕。世界大观、飞龙世界游乐城、航天奇观、森美反斗乐园(原飞图梦幻影城)、东方乐园(1993年始从游乐园向主题游乐园转变)、香江野生动物世界、长隆夜间动物园……广州的主题公园如雨后春笋般涌现(保继刚,2005a)。浩浩荡荡的"造月工程"不仅吸引了来自政府、国有企业、外商投资企业和民营企业的多方资源,还使得珠江三角洲地区成为中国主题公园产业发展的热土。

4.2　番禺飞龙世界游乐城

广州作为广东省人民政府所在地,具有集政治、经济、文化、交通等于一体的旅游优势。改革开放后,广州旅游业依靠珠江三角洲及整个华南大地生机勃勃的经济发展,借助商贸、金融、通信、交通、科技中心等功能,开发城市整体旅游(朱竑和保继刚,1999)。

香港飞龙生物集团国际有限公司董事长、"蛇王"钱龙飞先生认为,客观时势已经孕育了广州兴建大型游乐园的"天时地利"。钱龙飞1942年出生于浙江省金华市永康县[①]。1983年创办全国第一个出口产品股份有限公司——浙江德清蛇场。

---

① 现永康市。

通过养蛇加工、出口副产品，他完成了原始资本积累。1992年1月，钱龙飞在番禺大石镇市广公路飘峰路段买地。游乐城园区距广州新城中心区约10千米，位于105国道旁，建于飘峰山10个平缓起伏的山岗上。他在10个月时间里完成了8个企业的搬迁、3个自然村的划界、18座坟墓的迁移。同年10月，飞龙世界游乐城正式破土动工，不到两年的时间，建起了第一期共8万多平方米不同景观的建筑。飞龙世界游乐城号称总投资6亿元，建有268个以蛇文化为中心、民俗文化为基础的景观和表演场所。当时的报道称其为一个"科学开发蛇资源，集饮食、游乐、观赏、科技、文化、商务、疗养保健、产品进口于一体的大型游乐城"（韩秀琪和王云峰，1995）。

1995年1月18日，飞龙世界游乐城建成开业。刺激的表演及丰富的项目设计令飞龙世界游乐城名声大噪。游乐园内设计了千猴活动的花果山水帘洞；供3 800人同时进餐、亚洲最大的蛇餐馆——飞龙大酒楼；在飘峰山兴建了专供百岁老人疗养的寿星园。1995年11月1日，飞龙世界游乐城创下了"与蛇同居288小时"纪录。两名女模特与666条眼镜蛇、222条五毒蛇一起昼夜生活了12天，打破了吉尼斯世界纪录（韩秀琪和王云峰，1995）。

图4-1为拍摄于1997年的番禺飞龙世界游乐城。

（a）

（b）

图4-1　番禺飞龙世界游乐城（1997年）
资料来源：作者拍摄

1995年，飞龙世界游乐城在最高峰期共有员工过千人，第一年（1995年）接待游客将近100万人次。表4-1为番禺飞龙世界游乐城1996~1999年游客数量统计。飞龙世界游乐城的这些成就，一度被众多传媒誉为"中国最具特色的蛇文化大观园"，上海大世界吉尼斯总部授予其"世界最大蛇园"称号，1995年全国明星企业暨名牌产品展示会授予其"中国明星企业"。1996年，飞龙世界游乐城连续获得"96创建'中国优秀旅游城市'活动"的"优秀企业""为广东旅游增光"奖项，并入选"广州十大旅游美景";在1997年广州花车巡游中,一举摘取"最佳花车奖"和"最佳组织奖",并代表广州赴香港参加国际旅游花车巡游。飞龙世界游乐城的这些辉煌曾引起中央和省级有关部门重视,钱其琛、李铁映、王光英、王丙乾、李德生等高层领导先后前来视察并题词鼓励(韩秀琪和王云峰,1995)。

表4-1　番禺飞龙世界游乐城1996~1999年游客数量统计　　　单位:人次

项目	1996年	1997年	1998年	1999年(1~6月)
内地游客	794 000	319 169	144 161	
境外游客	96 500	46 691	2 711	
总计	890 500	365 860	146 872	2 280

资料来源:徐君亮和梁明珠(2001)

然而,好景不长。红极一时的飞龙世界游乐城由于投资不当、经营管理不善等,于1998年12月停业,当时离开业仅仅3年。飞龙世界游乐城于2000年10月23日在白云宾馆第一次拍卖,起拍价为1.43亿元。飞龙世界游乐城前后共经历了5次拍卖,都难寻买主。2005年8月,飞龙世界游乐城起拍价已降至8 808万元,最终因欠费、债务问题停拍。

反思番禺飞龙世界游乐城的失败,一些学者认为,不少景点建设背离主题,贪大求全,加大了资金投入;市场定位盲目乐观,导致大量设施空置,经营收入每况愈下;在经营上没有发挥自身优势,蛇产品未能适销对路进入国内外市场;在投资机制上靠贷款建设,经营严重亏损,资不抵债(徐君亮和梁明珠,2001)。飞龙世界游乐城在经营管理上也出现了比较大的失误。其门票分为两种,一种是不看表演的参观票,另一种是看表演的包价票。大部分游客都只买参观票,在第一年游客吸引力最大时没有实现利益最大化。全球主题公园经营都是包价票,让游客尽量得到全面的体验。同时,在景区生命周期衰退规律及新景区分流客源的双重挑战下,飞龙世界游乐城回收投资无望(保继刚,2005a)。再者,飞龙世界游乐城在初见成效后,不保蓄资金为优化长期运营做铺垫,反而在北京、韶关等地的相关公司也遍地开花,摊子铺得太大,使得资金周转困难。何况,飞龙世界游乐城的巨额投资,主要不是自有资金,它是靠地价挂账,项目建设资金有相当部分依靠货款。当经营增长势头减弱时,债务压力便异常大,失败在所难免。

4.3　番禺森美反斗乐园

1994年,广州市南村镇人民政府引进了当时广东省最早的外资游乐场项目之一——飞图梦幻影城（后改名为森美反斗乐园）。1995年，南村镇经济发展总公司和梦幻影城有限公司共同投资合作经营企业。番禺森美反斗乐园坐落在广珠快速公路的番禺区南村镇迎宾路旁，距广州市区不到10千米。从深圳、珠海等城市到森美反斗乐园也极其方便。开业初期，香港每天有往返巴士直达该乐园。该乐园占地面积近40万平方米，融合现代科技、现代娱乐及奇异的外域风情，形成集游乐、观光、购物、餐饮、休闲度假于一体的旅游景区。

森美反斗乐园从外形装饰设计到园内布局都别出心裁，拥有众多的游乐项目，意识超前，能让游客感受到奇幻、刺激、好玩。乐园内水陆游乐各具特色："海盗世界"是一个几千平方米的大型室内水上探险游乐区，它场面逼真，运用声、光、电及各种形态影像人物造型，让游客在紧张刺激的水上探险之余体味到乐趣；"猛鬼街"则运用各种电子影像造型，游客在怪异的音乐和明灭不定的灯光烘托下，"机关"不时冒出一些怪异人形，把游客带进一个超现实的迷离境界；"恐龙公园"里栩栩如生的机械恐龙，令游客仿佛置身于原始世界中。森美反斗乐园里的各项游艺都会使人感到乐趣无穷："阿拉丁飞毯""时光水道""动感电影""宇宙飞车""太空飞旋""迷你过山车""四驱越野车""方程式赛车""八爪鱼""海盗船""森美列车"等，都令游客玩得尽兴。乐园还有为策骑爱好者而设的马术俱乐部。休闲项目有钓鱼、高尔夫球练习场、情侣单车、绿岛烧烤、儿童天地、有奖嘉年华及水上活动中心等。

图4-2为拍摄于1997年的飞图梦幻影城（森美反斗乐园）。

图4-2　飞图梦幻影城（森美反斗乐园）（1997年）
资料来源：作者拍摄

尽管具备一定的发展潜力，但森美反斗乐园一直债务缠身。1995~1997年，

20多家承建商带资为飞图梦幻影城修建了道路、护坡、人工湖、山头土地、园林、部分房屋等工程设施，然而，工程完工后，飞图梦幻影城却一直拖欠承建商工程款2 600多万元（商琦和吕新，2004）。1997年，16家债权人联名向番禺区人民法院起诉索债。直到2004年，7年时间内，他们只收回了20%的欠款。

当年飞图梦幻影城建成之初，就与南村镇人民政府签订租地合同，其中规定：如欠租3个月，南村镇人民政府可以无偿收回土地。实际上，飞图梦幻影城因经营不善，共拖欠南村镇人民政府2 000多万元地租。因此，南村镇人民政府多次到法院起诉，最后通过法律途径终止其租赁合同。2004年4月，森美反斗乐园因欠南村镇人民政府土地租金、承建商工程款被法院判决撤场，土地归还番禺南村镇人民政府。南村镇人民政府以每亩近40万元的价格将森美反斗乐园内500亩土地转让给房地产开发商。森美反斗乐园终以悲剧收场。

4.4 世界大观

20世纪90年代，国内旅游者较难一睹异域风采。锦绣中华满足了国内游的需求，海外游是否可以如法炮制呢？全国一下子冒出很多以世界风光风情微缩景观为主题的主题公园，如北京世界公园（1993年开业）、无锡世界奇观欧洲城（1993年）、深圳世界之窗（1994年开业）。北京世界公园的设计和建设质量尽管无法与深圳世界之窗相比，但凭借着北京巨大的游客市场，开业后也取得了良好的经济效益。1994年开业的深圳世界之窗，以微缩形式再现了118个世界著名景观，集世界奇观、自然风光、民俗风情、民间歌舞于一园，满足了国内大众对世界级景观的渴求，取得了巨大的商业成就。然而，微缩的哪及真实尺度震撼？基于此大胆的追问，广州世界大观股份有限公司大胆提出在广州打造1∶1的大型综合旅游景区。

1995年10月18日，广州世界大观开业。广州世界大观坐落在广州市天河区东圃镇，北近广（州）深（圳）高速公路，南接广州中山大道，占地48万平方米，汇集了世界上100多个国家著名的建筑雕塑、地貌奇观和园林艺术。广州世界大观主要有时代广场、巴黎歌剧院、古希腊剧场、阿拉伯剧场、英国剧场、日本剧场六大项目及飞机舰船表演、综合游乐场、水上运动场、美国娱乐等四大游乐区。园中风味餐饮和节庆活动涉及98个国家，游乐和表演项目每天长达12小时，呈现出"世界在这里狂欢"的非凡气势。1996年，广州世界大观的门票月收入达两三千万元，每月平均客流量超过10万人次。世界大观的门票从60元一路卖到90元一张，那个时候东方乐园的门票也不过30元一张。该园还被誉为广州旅游业的"月亮工程"和"羊城十大美景"之一（李雯洁，2015）。

1997年，广州世界大观开始走下坡路，最终被迫取消所有节目表演，陷入债务泥潭。2003~2004年，广州世界大观两次"发包"给想进入景区经营的管理公司"委托经营"，收效均不理想。2005年，债主要求将广州世界大观拍卖清偿债务。3月18日，广州世界大观园发展有限公司72.22%股权及收益进行首次拍卖，但因无人参与而流拍（蓝澜，2005），而后第二次拍卖也惨遭流拍。之后，据广州世界大观负责人描述，债主采用暴力手段冲击广州世界大观，要求还债。最终，2009年8月10日起，广州世界大观无限期停业。

姑且不讨论大多主题公园的通病——债台高筑，广州世界大观的主题理念也存在不合理之处。广州世界大观选择世界文化为主题应该说没有错，但是策划者创意时要搞1∶1的世界景观，微缩放在沙盘上非常激动人心，但实际做出来，效果很差，世界大观变成了缺乏主题的公园，对游客不能产生足够的吸引力。事实上，我们几乎不可能做1∶1的世界景观，试想，我们能做1∶1的黄石公园吗（保继刚，2005a）？曾经辉煌一时，1996年门票收入曾经月入二三千万元的广州世界大观如今已经大门紧锁。留空的园区内，建筑依旧，杂草丛生（图4-3）。

（a） （b）

图4-3 广州世界大观（2015年）

资料来源：大涛叔叔. 2015-03-29. 没落的广州世界大观. http://www.mafengwo.cn/i/3324264.html

广州世界大观是比较典型的企业头脑发热而建的主题公园项目。投资企业对主题公园毫无经验，只看到深圳华侨城赚钱，而对其为何赚钱毫不知情。广州世界大观的总策划师曾经参与过华侨城主题公园建设，其策划的广州世界大观理念是要跳出华侨城微缩景观的模式，做1∶1实景。投资企业的董事长告诉作者，看到沙盘时非常激动，立即决定投资。实际上，看到的沙盘还是微缩景观，怎么可能将世界上最优秀的建筑和自然景观1∶1复制到一个占地不到千亩的公园？

1994年，广州市召开旅游发展大会，时任市长以极富感染力的讲话宣布广州世界大观将于1995年开业，每天游客预计6万人次，将给广州市旅游业带来巨大变化。要求各部门，特别是交通部门要尽快扩宽道路，迎接广州世界大观开业。

4.5 东方乐园

东方乐园坐落在广州市白云山麓的大金钟水库之畔，于1985年7月开业，占地24万平方米，场内建有大中小型游乐项目50多个。开业当年即创下一天10万人次的游客量，这一纪录20年来国内没有一家游乐园能突破。1987年，东方乐园成功举办了"广东省首届民间艺术欢乐节"，为期10天，接待游客40余万人次，营业收入达800多万元。东方乐园具有浓郁的地方特色和民族风采，并以先进科技手法表现华夏文化，是当时国内第一个大型现代游乐场所，同时也是国际游乐场协会的第一个中国会员，后来还成为中国制定游乐设施检测标准的参照。

东方乐园有双环过山车、摩天轮、森林狩猎等惊险刺激的现代机械游乐项目；有由人造海浪、彩虹飞渡、长河游、儿童泳池四部分组成的水上世界和旱冰场等健身娱乐项目；有赛车、电子射击等竞技性娱乐项目；有中国历史人物塑像馆、欢乐中华、环幕电影、东方之旅等观赏性娱乐项目，以及金钟小镇等民族风情模拟再现项目等。游客不仅可以观赏到瑶族、苗族、壮族、藏族、彝族、黎族、哈尼族、维吾尔族等少数民族的表演和各地民间艺术，还可以和穿着民族盛装的各族演员一起参加傣族"泼水节"、彝族"火把节"、瑶族婚礼等，并品尝各地风味小吃。

1992年，当时广州市旅游局属下的东方宾馆计划与美国佛罗里达州拉高房地产公司合作，在东方乐园附近用地102.3万平方米兴建"东方迪士尼世界"项目。同年，计划首期投资10亿美元把东方乐园建成"东方游乐城"的项目开始招商引资。1992年10月，国务院正式批复，同意建立广州南湖国家旅游度假区（曾义，2004）。

20世纪90年代中期，中国国有企业迎来体制改革的浪潮。在这个大环境下，又承"南湖国家旅游度假区"建设契机，东方乐园开展了"国有转制合作"的产权调整尝试。1994年3月，内地和香港合作的广州新穗旅游中心有限公司成立。

该公司合作港方为香港某大财团属下的新中粤投资有限公司，合作内地一方由广州服务旅游发展公司、广州原能发展公司、广州白云山管理处及东方酒店集团公司等四方组成，并由广州服务旅游发展公司作为内地一方代表与港方签约，签约期限50年。广州新穗旅游中心有限公司缘起占地约1000亩的"东方游乐城"项目，计划逐步推进南湖国家旅游度假区的开发建设。合作方式为内地一方出地（除游乐园用地外，争取了集贤庄拨出约1585亩土地兴建商品房，作为投资补偿），港方出资。但内地一方依约提供了东方乐园等全部项目和356亩土地使用权，港方并未按合同约定足额投入所需资金，而是将主力资金注入集贤庄房地产开发项目。"东方游乐城"项目因资金不到位而停滞不前，导致"东方游乐城"的规划用地被有关政府部门收回（詹雨鑫，2004）。另外，广州新穗旅游中心有限公司的董事会形同虚设、合作公司港方高层管理人员更换频繁、合作公司总经理与东方乐园总经理职责不清等问题使东方乐园管理混乱。

随着广州市的经济和城市建设的发展，东方乐园周边发生了很大变化，旅游业的热点也发生了转移。按照当时广州市人民政府和白云区的规划方案，东方乐园的位置恰好属于现在白云新城商业旅游休闲带，且处于白云山公园西侧第二期、第三期生态环境休闲风景区的规划范围内。因此，东方乐园地块的建设和规划融入了这两大整体规划当中，不再具备游乐场的功能（黄海云，2004）。南湖旅游度假区的用地状况早已发生重大变化，合作合同签订时所依据的外部条件已改变，合作宗旨已无法实现，继续履行合同已没有现实意义。内地一方最终提出双方提前终止合作。2004年9月6日，经营东方乐园的广州新穗旅游中心有限公司合作双方签订有关协议，双方结束合作经营。自此，东方乐园正式"歇业调整"。

一场前景无限的合作，因何终成闹剧？合作十年，回看合作方各项决策，答案可能在港方的真实合作意图。港方对主力资金的配置方向——投于高收益短周期的房地产开发；董事会的长期缺席；高层管理的频繁调换……或许，"醉翁之意不在酒"，港方的核心目标是看中了集贤庄房地产开发项目？或许，港方的投资行为是在内地招商引资潮流下的一次制度性机会主义行为（保继刚和左冰，2008）。

从东方乐园的发展历程看，我们可以得出以下看法。

第一，东方乐园开业的时机很好（天时），位置也很好（地利），在广州几乎没有竞争对手，广州市场巨大，集中了所有的成功因素。从表1-3的东方乐园1986~1997年的经营状况也可以证明这一点。

第二，有扩张用地，项目的腹地预留较大，而被港方用作房地产开发的约1585亩土地，足够建设类似迪士尼乐园这种超大型项目。

第三，白云机场搬迁后，本有更好的机会（用地、公共空间、交通），但改变用途建白云国际会议中心。白云国际会议中心的位置并不是一个非常好的会议中心位置。目前其经营较差的窘况充分说明了这一点。作者曾建议，在流花地区的中国进出口商品交易会（广州交易会）原展馆搬到新址海珠区的琶洲后，可以将原展馆部分改成纯粹的会议中心，而周围的中国大酒店、东方宾馆等酒店群可以提供住宿，这样既填补了中国进出口商品交易会（广州交易会）展馆搬走之后的市场空白，又盘活了旧展馆，也不用建白云会议中心造成浪费。

4.6 航天奇观

航天奇观最大的特点是由当地农民自行集资兴建。

航天奇观于1997年开业，位于广州市天河区东圃镇大观路，毗邻广东奥林匹克体育中心，首期占地20多万平方米，总投资2.5亿元。这里有航天科技馆、火箭发射指挥中心、升空馆、太空站、月球馆、太空遨游、星球历险、火山地震馆、360度影视厅等10多个旅游场馆，有水上世界、傲视蓝天、星座广场、卡通剧场、欢乐天地、荔香苑、战鹰雄姿、友谊营地、音乐喷泉等娱乐场所，还有中国"长征三号乙"运载火箭实物和广州第一家汽车电影场、英语乐园等（图4-4~图4-6）。

图4-4 广州航天奇观（1998年）
资料来源：作者拍摄

图4-5　美国休斯敦宇航控制中心的登月火箭实物（1996年）
资料来源：作者拍摄

图4-6　广州航天奇观"长征三号乙"运载火箭实物（1998年）
资料来源：作者拍摄

　　航天奇观紧扣科普主题，科普理念的提出丰富了航天奇观的客源结构——可以名正言顺地与教育部门合作，组织学生入园。1998年6月，航天奇观被广东省科学技术协会列为"广东省航空航天科普教育基地"，1999年12月被中国科学技术协会列为"全国科普教育基地"，被中共中央宣传部、教育部、科技部、中国科学技术协会评为"全国青少年科技教育基地"。此外，航天奇观还与广州市学生联合会、广州市科学技术协会普及部一起主办了"2000年广州科技夏令营"活动等。

后来，航天奇观因经营问题导致不少场馆设施缺乏维护，日渐衰落，最终于2011年停业，用地也被纳入政府土地储备，曾成为驾校的练习场。在2011年通过的广东奥林匹克体育中心周边地区规划中，该地块已经被调整为文化创意产业用地。

农民集资投资有其自身的弱点。首先，决策层对资本运营缺乏经验，后继改造资金难以跟进，限制了企业的发展；其次，主题选择仍是重要问题。随着航天科技的发展和大众传媒的普及，人们能通过各种渠道接触到航空航天的相关信息，昔日的飞船、火箭已不再新鲜。科技发展日新月异，航天奇观早期巨额投资的产品却难以更新改造，这必然跟不上大众对太空的幻想，夏令营等科普活动也会因此而减少，其发展自然走向没落。

航天主题的主题公园，如果是追求航天体验，如迪士尼乐园的太空山（space mountain），用惊险刺激虚拟在太空中旅行；如果是追求科普，一般是以国家发射中心或控制中心为依托，参观实物、学习航天知识，如美国奥兰多的肯尼迪发射中心和休斯敦的宇航控制中心，它们的门票都很低，并且是国家行为，不计其实物的成本。从这两方面看，航天奇观从诞生起就注定要失败。

4.7 没有月亮，只有流星闪过

20世纪90年代，广州浩浩荡荡的"造月工程"非但没有造出月亮，连星星也没有，有的只是匆匆闪过的"流星"。表4-2展示了广州"造月工程"时期建设的主题公园及其最终结局。

表4-2　广州"造月工程"时期建设的主题公园及其最终结局

主题公园	开业时间	关闭（拍卖）时间	经营时长
番禺飞龙世界游乐城	1994年	1999年	5年
番禺森美反斗乐园	1997年	2002年	7年
世界大观	1995年	2005年	10年
东方乐园	1985年	2004年	19年

资料来源：日京（2015）。

广州这一阶段主题公园的失败，可以从城市旅游形象感知和投资者决策行为两个层面进行分析（保继刚，2005a）。从影响主题公园布局的主要因素来看，广州具有发展主题公园良好的客源市场和交通条件，具备发达的区域经济发展水平，是主题公园选址的好地方。但是，投资者忽略了一点，广州的城市旅游形象感知对主题公园的限制作用很大。城市旅游形象感知是一个综合概念，它反映的是整个城市作为旅游产品的特色和综合质量等级。一般来讲，每一个城市对旅游者来说都有一个趋于一致的旅游形象感知，这种形象感知是城市在其形成和发展过程中，通过人类行为和自然相互作用所形成的城市自身职能和性质相关的城市外部形象和内在特征相统一的独特风格。深圳是一个"不夜城"，城市建设速度快，城市形象尚未成型，城市旅游形象不像北京、杭州、广州等历史悠久的城市早已在旅游者心中根深蒂固，而是处于发展中。20世纪80年代，深圳的城市形象是特区城市、新兴城市，城市的旅游形象标志是沙头角中英街、国贸大厦高层建筑，城市风光和香蜜湖中国娱乐城。20世纪90年代开始，深圳城市旅游形象标志转换为锦绣中华、中国民俗文化村和深圳世界之窗。

广州则不同，广州的城市形象是"商业大都市"。提起广州，旅游者首先想到的是一条条商业街和现代化城市建设景观，北京路、上下九路、天河城往往是旅游者的必去之地，而陈家祠、光孝寺、越秀公园只能退居其次。新建如广州世界大观般的主题公园难以形成轰动效应，也不易成为广州旅游的新形象，对于大尺度空间行为的旅游者尤其是初次抵埠者的吸引力不大，其客源市场主要是本地及周边城市的旅游者。根据作者当时的调查，以广州世界大观为例，其客源的地区结构为，广州占32%，珠江三角洲其他地区占28%，广东省内其他地区占13%，港澳地区占12%，国内其他地区占15%。很明显，主要的客源地是以广州为核心的珠江三角洲地区。从时间序列看，来自广州的游客在客源中所占的比例最为稳定，波动较小，说明广州是广州世界大观最为稳定的客源市场。广州其他主题公园也存在类似的情况。可见，广州地区的各个主题公园，其客源吸引范围主要局限在近地域内，即广州市及邻近珠江三角洲市县。从深圳的情况看，华侨城三景区的全国指向性较强，其游客中近30%来自广东省外的其他地区，15%来自港澳地区（保继刚，2005a）。

从投资者决策行为看，投资者通过三方面的决策行为影响主题公园的发展。首先是区位选择。区位涉及宏观、微观区位两个层面。广东主题公园主要选址于深圳、广州，是投资者考虑宏观区位的必然选择。就微观区位而言，主题公园莫不选址于用地和交通条件良好的城市边缘。广州世界大观毗邻广州东西大动脉中山大道和环城高速公路、飞龙世界游乐城选址番禺大石镇都是不错的选址。其次是投资规模。投资规模直接与主题选择及经营效益相关。广州有的主题公园投资计划过于庞大，经营成本高昂。据调查，东方乐园一年的经营成本为5 000万元，广州世界大观每日需要1 500名游客才能维持经营。对市场估计过高，以致背上沉重的债务包袱，使得主题公园陷入经营困境。例如，飞龙世界游乐城投资6亿元、广州世界大观投资6.8亿元，在景区生命周期衰退规律及新景区分流客源的双重挑战下，回收投资无望。最后是主题选择。在相同的客源市场、交通条件、区域经济发展水平的情况下，成功与否，关键在于主题的选择。广州世界大观选择世界文化为主题应该说没有错，但是策划者要做1∶1的世界景观，微缩放在沙盘上时非常激动人心，但实际做出来，效果很差，世界大观变成了缺乏主题的公园，对游客不能产生足够的吸引力。

然而，这并不意味着广州不适合做主题公园。这需要城市经济的进一步发展和市民休闲娱乐需求的进一步增长。广州周边区域市场完全能够支撑一个目的地级的主题公园群落。当然，时机很快就到来了，进入21世纪，广州长隆旅游度假区成功了。

- 主题公园发展
- ——中国案例

第 5 章

深圳的突飞猛进

深圳是一个新兴城市,从一个小渔村通过快速城市化发展起来。深圳既没有广州那样丰富的历史遗迹,也没有广阔的土地建设大型景区。深圳的旅游发展既要吸引外来旅游者,打造对外形象窗口,又要满足快速增长的城市居民需求。从这个意义上说,发展主题公园是深圳旅游的最佳选择。锦绣中华的成功,使得深圳主题公园的开发突飞猛进,短短 10 年,深圳建设了一大批主题公园或者类似主题公园的景区,包括中国民俗文化村、深圳野生动物园、深圳世界之窗、深圳欢乐谷、深圳小梅沙海洋世界、东方神曲等,见表 5-1。

表 5-1 深圳主题公园发展一览表（1989~1999 年）

公园名称	位置	主题	投资	面积/亩	开业时间	性质
锦绣中华	深圳	中华名胜微缩景观	1.0亿港元	450	1989年	国营
中国民俗文化村	深圳	中国民俗风情	1.1亿港元	360	1991年	国营
深圳野生动物园	深圳	动物园	2.0亿元	1 800	1993年	国营
深圳世界之窗	深圳	世界名胜集锦	8.0亿元	720	1994年	国营
深圳欢乐谷	深圳	主题游乐园	3.0亿元	255	1998年	国营
深圳小梅沙海洋世界	深圳	海洋公园	3.0亿元	297	1999年	国营
东方神曲	深圳	中国神话	0.2亿元	45	未知	未知

注：本表为 2000 年作者的调研数据，后续新增投资或扩充面积并未计入

主题公园开发的突飞猛进时期深圳建设的主题公园要比广州"造月工程"时期建设的主题公园"存活率"高。时至今日，锦绣中华、中国民俗文化村、深圳世界之窗、深圳欢乐谷等还经营良好。其中的缘由值得思考，这得先从深圳华侨城的成功说起。

5.1　华侨城的示范效应

1989年锦绣中华的成功令人意外，甚至可以说是一个神话。

锦绣中华的成功使得华侨城成为中国主题公园产业的领跑者，主题公园也是华侨城集团唯一能够取得全国第一的产业①。1991年10月1日，毗邻锦绣中华，华侨城集团在原来深圳湾游乐场建成了总投资为1.1亿港元的中国民俗文化村，开业一年多便收回投资。1994年，华侨城集团和香港中旅集团又以8亿元的巨资开发深圳世界之窗（图5-1和图5-2）。深圳世界之窗开业后，业绩表现一直很好。华侨城经过5年的发展，形成我国第一个主题公园集聚区。图5-3反映了华侨城早期3个主题公园的入园情况。

图5-1　马志民先生与开业初期的深圳世界之窗（1994年）
资料来源：作者拍摄

---

① 锦绣中华、中国民俗文化村和深圳世界之窗都是华侨城集团与香港中旅集团合作开发的，1994年以前，双方都在马志民先生领导下，股权分配不清晰，一般外界将3个公园的成功归功于华侨城集团。

图5-2 开业初期的深圳世界之窗(1994年)
资料来源:作者拍摄

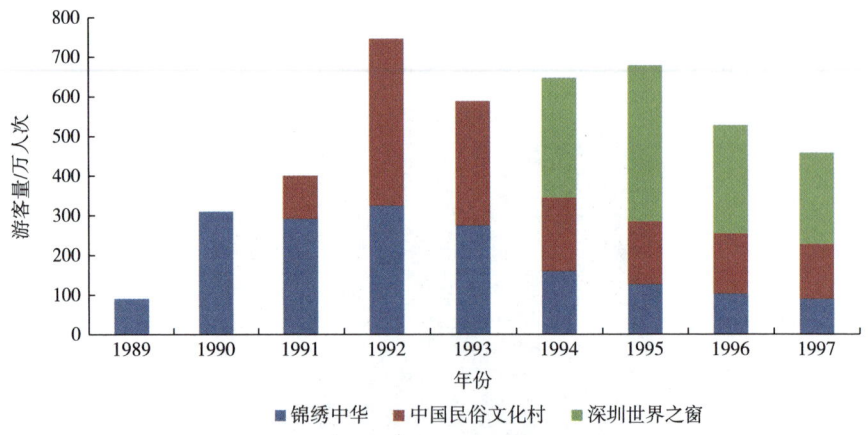

图5-3 华侨城主题公园群游客量情况(1989~1997年)
资料来源:华侨城集团旅游部提供

主题公园能够产生一系列就业机会(梁增贤和保继刚,2012b,2014),围绕主题公园,华侨城集团相继新建和提升了深圳湾大酒店(1985年开业,1998年翻新)、海景酒店(1992年建成,2003年翻新)、华侨城医院(1990年建成)、何香凝美术馆(1997年开馆)、中旅学院、华夏艺术中心(1991年建成)、燕晗山郊野公园等配套设施,促进了相关产业的发展。1990年11月,华侨城集团又开发了海景花园。海景花园作为华侨城集团开发的第一个高尚住宅区①,是华侨城集团首次开发高层建筑,该楼盘很快售罄,受到市场热捧。随后,华侨城集团又开发了建筑风格基本类似,设施配套更加齐全的桂花苑②(1993年开始入住)、湖滨花园(1994年8月29日竣工)、中旅广场(1996年开始入住)、汇文·荔海(1997年9月竣工)等小区。

这一时期,华侨城的主题公园主要布局在深南大道以南,主题公园开发后营造的良好形象和氛围大大提升了周边房地产的价值。保继刚(1995)证明了华侨城主题公园对周边房地产的增值作用:在1988年,即锦绣中华开业之前,华侨城的房价是深圳关内最低的,每平方米均价为2 015港元,低于南山区的均价2 300港元,更低于罗湖区的3 061港元和福田区的3 078港元。在锦绣中华和中国民俗文化村建成后的1992年,华侨城每平方米房价飙升至7 556港元,高于福田区和南山区的平均水平。旅游业的发展带来了游客流,激活了华侨城的商业,带动了城区的配套发展,形成一个适宜居住的环境,这有别于蛇口模式下形成的大量不太宜居的工业区。时任香港中旅集团总经理的马志民先生对此结论给予高度肯定,解决了华侨城集团由来已久的主题公园与房地产的关系问题,特别邀请作者考察交流(图5-4)。

图5-4 马志民先生与作者合影(1995年)
资料来源:作者提供

---

① 海景花园周边配套有银行、证券交易部、新华书店、健康广场、中英文俱乐部、水疗温泉、中型超市;小区建有双层停车场,建筑面积10 670平方米,有357个停车位;小区附近有幼儿园、小学、中学、大学、体育中心、文化艺术中心等。这些配套设施完全不同于普通社区,更加高档。

② 桂花苑在香港、深圳以"高尚住宅"的名义同时发售,1993年在香港《文汇报》刊登广告,以1平方英尺(0.092 9平方米)451港元的价格销售。该小区有草坪、专用网球场和游泳池,还配备大型停车场。

华侨城模式不仅是主题公园开发的成功,也是围绕主题公园及其配套设施开发所营造的地产开发的成功。华侨城模式不仅可以为开发商带来巨额的回报,也能极大地改善城市形象,成为许多地方政府和企业模仿的对象。

5.2 深圳小梅沙海洋世界

大小梅沙是深圳的著名海滨旅游景区,又称"梅沙踏浪",位于深圳市盐田区,是"鹏城十景"之一,向来是深圳市民和游客周末休闲观光的好去处。小梅沙是深圳东部开发最早的旅游景区,其以优质的沙滩、宜人的风景和免费开发的游憩空间,吸引了来自深圳及周边地区,甚至港澳地区的游客。深圳经济特区成立以来,小梅沙一直是深圳市民滨海休闲度假的首选,本身就拥有较大规模的游客流。1999年6月25日,由深圳市特发集团有限公司投资开发的深圳小梅沙海洋世界开业。深圳小梅沙海洋世界就选址在小梅沙,当时项目地距离深圳市区28千米,东距惠州港40千米,距离大亚湾26千米。开业初期还设有往返深圳市区的穿梭巴士,甚至有经沙头角口岸的香港直通巴士。

深圳小梅沙海洋世界首期规划用地19.8万平方米,计划投资3.6亿元,聘请了当时国际一流主题公园规划设计企业做规划咨询。当时的用地条件并不乐观。尽管小梅沙东、西、北三面环山,南面面海,有优质沙滩1 000米,海岸线也长达3 500米,拥有海域超过130万平方米,但是,小梅沙平地部分剩余可供开发土地有限,除了当时的人工湖区域,没有更多的选择。更为严重的是,这个人工湖区域又被穿过的南西过境公路隔断成内湖、外湖两个独立区域。最初的规划以"九馆三园"16套水中特色节目为展示主体,同时包括海洋乐园、海洋广场、海底隧道、触摸池、海龟岛、钓虾池、情侣廊和内湖等景观。最终形成七大海洋主题展馆(水族馆、幻游海洋馆、鲸鲨馆、鲨鱼馆、海贝馆、科普馆、航模馆),有多种大鲨鱼、海底珊瑚、各色海洋鱼类等,还有海豚、海狮、海豹及《人鱼之恋》海底情景剧、极限高空跳水、动感水上芭蕾等海洋综艺演出。

然而,开业后的深圳小梅沙海洋世界,在经营上并不尽如人意,不仅绩效上低于同一时期开业的深圳欢乐谷,而且游客量远远达不到当时国际咨询公司预计的规模。较低的经营绩效直接影响了深圳小梅沙海洋世界的进一步建设和完善,还导致了许多海洋动物无法为继,更新维护和日常管理也难以到位,对游客的吸引力持续下降。更为严重的是,深圳小梅沙海洋世界由于占用了深圳市民公共游憩空间进行旅游开发,备受部分市民的诟病,严重影响了景区的形象。同时,与深圳小梅沙海洋世界紧邻的香港海洋公园，在产品类型和项目内容上，与之有较大的相似度，在某种程度上也影响了景区的游客量。总体而言，当时的深圳小梅沙海洋世界存在以下几个问题，是盲目照搬照抄国际经验的结果。

第一，开发决策有问题。小梅沙是广东最早开发的滨海度假区之一，广东亚热带的气候条件决定了一年中冬天是旅游淡季。为了实现"淡季不淡，旺季更旺"的理想状态，深圳市特发集团有限公司决策者受华侨城主题公园效益良好示范效应的启发，决定在小梅沙投资建设深圳小梅沙海洋世界。实际上，小梅沙夏季（旺季）的游客主要是深圳市的游客，如果要去深圳小梅沙海洋世界不见得年年都去，深圳小梅沙海洋世界冬天的游客也不会成为滨海度假的游客。可以认为，滨海度假（主要是玩海）的游客与深圳小梅沙海洋世界的游客绝大部分没有互补关系。因此，要用投资深圳小梅沙海洋世界与小梅沙滨海度假互相支撑、相辅相成，这样的出发点本身就是错误的。将小梅沙沙滩接待的游客与深圳小梅沙海洋世界第一年接待的游客进行对比可以发现，小梅沙沙滩 1996~1999 年接待游客量分别为 72 万人次、62 万人次、87 万人次和 84 万人次，而深圳小梅沙海洋世界自 1999 年 6 月 25 日开业到 2000 年 6 月 19 日共接待游客 40.52 万人次，这说明玩海游客与深圳小梅沙海洋世界游客不存在明显的互补关系。

第二，区位选址有问题。深圳小梅沙海洋世界远离深圳市中心，城市公共交通无法到达，尽管当时的深圳私家车已有一定保有量，但自驾车旅游尚未形成规模，而小梅沙因建设深圳小梅沙海洋世界后，停车场紧缺，也无法满足大规模旅游巴士的需求。因此，尽管深圳小梅沙海洋世界满足了美国主题公园的选址标准，但当时的交通条件和市场出游方式制约了大规模客流的到达。景区依赖于穿梭巴士不仅无法实现大规模游客流，而且增加了企业的经营成本。

1997 年底，作者任"广东省旅游发展战略研究"专家组组长，带队考察正在建设中的深圳小梅沙海洋世界，作者在座谈会上指出，深圳小梅沙海洋世界选址不合适，海洋世界主题公园与海滩共享游客市场达到 1+1 大于 2 的设想是一个伪命题，并且现有用地局促，没有扩展空间，与香港海洋公园相比竞争力不强，其已投资 1.7 亿元，如果停工不建，直接损失 1.7 亿元，继续往下建，还要继续投入 2 亿元，开业之后可能还有经营性亏损，损失更大。作为国有企业，工程建设进行到一半时喊停是非常困难的，继续投资说不定还有成功的机会。从开业后的经营业绩来看，作者的预测是正确的。开业不到 1 年，投资 3.7 亿元的深圳小梅沙海洋世界作价 1.7 亿元寻求合作者。

近年来，随着深圳的东扩，城市公共交通的延伸，自驾车旅游市场的成熟及小梅沙周边旅游景区、景点的兴起，加之自身配套的成熟，深圳小梅沙海洋世界无论是在区位条件还是在市场条件上，都有了极大的改善。沉寂十多年后，深圳市特发集团有限公司开启了新一轮旅游投资开发。2011 年，投资近亿元的深圳小梅沙海洋世界二期——极地动物馆开馆，成为当时华南地区唯一的大型极地世界。2012年，深圳市特发集团有限公司又投资近千万元，建设当时国内最大、品种最多的水母馆——梦幻水母馆。近年来，深圳小梅沙海洋世界市场反应趋好的现象与其说是产品自身调整的效果，不如说是城市整体旅游发展背景（市场条件、区位条件等）改善带来的增长。

5.3　东方神曲游乐园

2015年12月，华特迪士尼公司中国事务高级副总裁唐军在中山大学"中国主题公园发展高峰论坛"演讲中提到：迪士尼就是美国人的童年，迪士尼主题公园的成功，得益于迪士尼动画在美国深入人心的铺垫。主题公园的主题设计应该让受众产生巨大文化共鸣。中国的"迪士尼"是什么？《西游记》可能是传播广泛、老少咸宜的主题内容。

深圳东方神曲游乐园便以"西游记"为题材。深圳东方神曲游乐园毗邻东湖公园和深圳水库，集中国神文化之大全，用多种艺术手法再现了人们熟知的、在中国民间有重大影响的"三千神仙八百佛"，分为天园、地府、人间三大景区。东方神曲游乐园共有六大景区30多个景点，占地3万平方米，兴建了400多个场景、200多个人物、鬼怪造型，设有天宫、地府、龙宫、妖洞、紫竹林、雷音寺、花果山、西天佛园等，造型独特新颖，艺术性强，其中有《西游记》中唐僧师徒西天取经历险故事中的"妖洞"，有真人扮演的"阎罗王"和"鬼怪"，有孙悟空大闹天宫的场景，也有斗鸡场与斗狗场等，场面刺激。

1990年开业的深圳东方神曲游乐园与锦绣中华开业时间相差不远，两个景区都是那个时期深圳最火爆的人造景区。不同的是，一方面，深圳东方神曲游乐园以神鬼为主题，景区内的雕塑大多以神怪故事为背景。但人们对神鬼故事没有太多兴趣，只对可供游人骑马的跑马场、小吃街和一些传统的杂耍表演等有一些印象。另一方面，与锦绣中华相比，深圳东方神曲游乐园略显低俗，整个园区做工粗糙，开发商也没有香港中旅集团那样的实力召集全国能工巧匠助力，效果可想而知。在同一片天空下，市场显然会倾向选择锦绣中华。因此，深圳东方神曲游乐园开业后效益并不好，1994年7月被深圳亚洲实业股份有限公司以3 700万元收购90%股权，该公司收购后准备追加投资扩大用地2万平方米，增加茶文化、酒文化、广东名人蜡像馆、中国奇人馆等。开业初期的深圳东方神曲游乐园如图5-5所示。

(a)

(b)

图5-5 开业初期的深圳东方神曲游乐园
资料来源：作者拍摄

时过境迁，如前文所述，由于市场需求的变化，单纯的静态观光已经很难吸引游客，连锦绣中华都已经走向停滞，谁还愿意去听"东方神曲"？如果说锦绣中华还能留下些精致的建筑和园林景观及品牌文化，那么，深圳东方神曲游乐园恐怕就没有什么可让人留恋的了。

5.4 深圳野生动物园

深圳野生动物园是全国第一家放养式的野生动物园，建于山清水秀的深圳西丽圳湖畔，占地面积64万平方米，总投资2.5亿元，于1993年9月28日正式开业，性质最初为国有企业。2007年12月，深圳野生动物园由原有的国有性质转换为股份有限公司，成为深圳市旅游（集团）公司旗下的子公司。深圳野生动物园曾经是中国第一座集动物、森林、植物、科普等多种特色和观赏功能为一体的具有亚热带新型园林生态环境系统的风景区。深圳野生动物园北有连绵的青山做屏，南有30多座巨型动物石雕，东有郁郁葱葱的荔枝林，西有碧波荡漾的西丽湖。深圳野生动物园空气清新，环境幽静；小桥流水，悬崖飞瀑，湖光山色，相映成趣。深圳野生动物园内放养着300多种，近万头（只）野生动物，这些动物来自世界各地，如华南虎、金丝猴、东北虎、火烈鸟、麦哲伦企鹅、长颈鹿、斑马、亚洲象、丹顶鹤、犀牛等，还有深圳野生动物园自己繁殖的珍稀物种，如虎狮兽、狮虎兽，它们当中有不少属于世界珍禽名兽和中国一级、二级保护动物。目前，深圳野生动物园是世界上唯一拥有虎狮兽和狮虎兽的动物园（图5-6）。

（a）

(b)

图5-6 开业初期的深圳野生动物园
资料来源：作者拍摄

2009年7月，深圳野生动物园的海洋天地正式开业，海洋天地占地10万平方米，内设海洋剧场、惊险地带、互动空间、海星广场、观景平台、海洋部落等。2010年6月1日，深圳市野生动物园有限公司又斥资800万元打造全球首座5D影院。5D影视剧场中交互式动物卡通电影《非常狮虎兽》，集休闲娱乐、个人才艺展示为一体，带给游客全新的感受。2010年7月1日起，每天上午11时有百兽彩车大巡游，每天下午有近40分钟的大型动物广场艺术《百兽盛会》。2011年，深圳野生动物园引进澳大利亚袋鼠，修建"澳洲袋鼠乐园"；还引进来自8个国家17种共百余只世界名兔，专门修建"名兔乐园"。

从1993年9月开业到1997年（作者有数据的几年），深圳野生动物园效益都不错，每年游客量近100万人次，营业收入近1亿元，利润在2 000万元左右，如表5-2所示。

表5-2 深圳野生动物园1993~1997年游客量、营业收入和利润

项目	1993年（9月28日开业）	1994年	1995年	1996年	1997年
游客量/万人次	40.0	117.5	104.0	87.6	78.8
营业收入/万元	2 905.65	10 664.83	9 170.75	8 741	8 392.19
利润/万元	806.13	1 606.36	1 949.67	2 162.19	1 708.67

资料来源：1998年广东旅游发展战略研究调查资料

5.5 为什么深圳主题公园存活的多

不像广州"造月工程"倒下的一批主题公园，为什么深圳在主题公园开发突飞猛进时期建设的主题公园存活下来的多？要回答这个问题，就得从深圳的城市特征说起。

深圳原本是中国南方一个边陲小镇，紧邻香港。很大程度上，是邓小平同志在中国南海边画的那个"圈"成就了今天的深圳。随着深圳经济特区的发展，人口的大规模集聚，人民生活水平的提高和城市化水平提升，城市休闲娱乐需求增长，客观上推动了深圳旅游业的发展。同时，作为特区，深圳是中国的窗口城市，境外游客对深圳旅游也有特殊的需求。在境内和境外双重需求的推动下，深圳旅游业走上独特的发展道路。

深圳是一个新生的城市，旅游资源先天不足。深圳经济特区建设初期，旅游接待设施严重不足，不仅不能满足旅游者的需求，连商务客人的基本需求都难以满足。为了吸引港澳游客，并相应地解决商务旅游的住宿问题，深圳先后建设了西丽湖、香蜜湖、石岩湖、东湖、银湖和海上世界、深圳湾、大小梅沙、溪涌和大亚湾等度假村及景点，成为国内开辟度假村旅游的先锋。当时，城市和工业用水不多，水库水源比较充足，仿古建筑、西式建筑或清幽园林与水面配合，蔚然成趣，特别受到港澳游客的欢迎。

这一时期，利用毗邻港澳地区的优势，深圳的购物旅游逐渐兴起，特别是沙头角中英街。沙头角中英街成为当时深圳旅游的一大名片。同时，深圳在这一时期建设了两个游乐园：深圳湾游乐场和香蜜湖中国娱乐城。深圳湾游乐场是深圳湾大酒店的附设项目，是深圳第一个现代化的大型游乐场，投资6 000万港元，占地20万平方米，1984年6月试营业。然而，深圳湾游乐场开业不久就陷入困境，负债累累，于1990年以300万元拆除转卖，腾出土地改建中国民俗文化村。

香蜜湖中国娱乐城是香蜜湖度假村的一部分。香蜜湖度假村占地257万平方米，是集吃、住、行、游、购、娱于一体的当时全国规模最大、设施最全的度假村。香蜜湖度假村始建于1982年，当时由深圳经济特区发展公司和香港志强公司合作经营，包括东、西两座酒店，大小七家餐厅及香蜜湖中国娱乐城。

这一阶段深圳旅游以"五湖四海"度假村而闻名，其根本原因在于深圳率先开放，港澳地区游客可以方便往来，以及度假村以成本最小化为原则经营。然而，随着珠江三角洲地区其他城市的发展，可选择性增加，竞争加剧，深圳消费水平的提高，港澳游客又大都游览过上述几个度假村，加之"五湖四海"度假村后来也没有更新改造，逐渐被冷落，甚至无法经营。以1990年为例，香蜜湖度假村开房率为51.42%，小梅沙宾馆开房率为40.2%，银湖旅游中心开房率为39%，石岩湖度假村开房率为30%，西丽湖度假村开房率为29%，数据明显低于以往。

沙头角中英街也好景不长。随着全国各地改革开放步伐的加快，经营免税商品的渠道增加，加上由于港元升值，沙头角中英街港元计价的商品在价格优势方面大打折扣。沙头角中英街作为购物旅游地的吸引力逐渐下降。深圳旅游的发展急需寻求新的思路。

没有自然资源，没有历史积淀，传统度假村模式也走到尽头，深圳旅游发展需要新的方向，而锦绣中华指明了这个方向。锦绣中华于1989年开业，不到1年便收回投资，可谓是一个奇迹。

锦绣中华为深圳旅游业发展指明了方向。尽管深圳旅游业发展的度假村和特区购物阶段的产品在逐渐衰落，然而，随着深圳经济的发展，深圳的旅游需求和宾馆接待能力在不断增强。显然，需求是客观存在的，关键是要有对路的产品，没有现成的资源和遗迹可用，那就大胆地人造。于是，深圳的主题公园开发出现了突飞猛进。

深圳的主题公园大量聚集，并能够孵化出中国第一个主题公园产业集聚区——深圳华侨城，主要有以下几个原因。

第一，资源因素。由于没有现成的旅游资源，只能靠人造，深圳旅游发展的思路其实是非常明确的，就是大力支持人造主题公园景区的开发。

第二，市场因素。一方面，深圳毗邻港澳地区，作为中国的窗口城市，深圳很容易吸引境外市场；另一方面，经济发展、人口集聚、消费水平提高，客观上为深圳主题公园的发展提供了具有较高消费能力的潜在市场。

第三，形象因素。深圳不像北京、广州历史形象固化。深圳是一个新兴的城市，一切皆有可能，外界对深圳的形象弹性为主题公园的开发提供了机遇。

第四，资本因素。主题公园需要大量的资本投入。在那个时代，深圳是一个各路资本汇集的地方，能够拿出几亿港元投资主题公园项目的企业很多，这是其他城市不能比拟的。

- 主题公园发展
- ——中国案例

第 6 章

珠海的"大跟风"

珠海与深圳同为经济特区，但它毗邻的澳门显然在经济体量和活力上无法跟深圳毗邻的香港相比，加之又缺乏广州的城市中心性和地位，珠海旅游业的发展一直都采取跟随策略。广州、深圳建什么，珠海就建什么。有时候，为了凸显特区优势和雄心壮志，珠海一些旅游项目的开发立意还会超过广州和深圳。例如，当时中外合资的最大型主题公园——珍珠乐园，巨资仿建、试图超越锦绣中华的圆明新园，中国第一个统一规划、一次性整体建设的综合性旅游度假区——珠海海泉湾。

6.1 珠海旅游业发展的迷茫

珠海于1979年建市，1980年设立为经济特区。然而，相比邻近的深圳，同样是特区，珠海的经济发展并没有期待中那么好，不仅落后于深圳，更落后于后来的东莞。珠海在经济发展上的迷茫，客观上也影响了旅游业。事实上，珠海比深圳更具有历史积淀和自然资源。

珠海水邻香港，陆连澳门，面临浩渺南海，背靠富庶发达、交通便利的珠江三角洲，独具自然、人文、区位优势。尤其是珠海与澳门咫尺相连，拥有真正意义上双子城的区位条件，这使珠海拥有了异域葡萄牙风情与东土华夏文明交相辉映、中西文化全方位碰撞、互融整合的便利。珠海的生态环境质量优良，1999年城市建成区绿化覆盖率高达34.15%，人均拥有公共绿地20.8平方米，其生态指标已接近或达到，甚至超过广东省环境设计指标；大气中总悬浮颗粒物、降尘、二氧化硫、降水酸度和酸雨频率等均低于广东省平均水平，优于广州、深圳等城市。冬无严寒、夏无酷暑的亚热带季风气候特征也成为珠海旅游发展的良好背景条件。珠海素有"花园式海滨城市"的美誉。良好的自然、人文环境共同铸就了新时期珠海旅游发展的基石。"全国优秀卫生城""全国环境保护模范城市""国际改善环境最佳范例奖""全国优秀旅游城市"等一系列称号更使珠海旅游锦上添花。国际赛车、航展、电影节等事件更是大大强化了珠海城市旅游的魅力。根据《中国旅游资源普查规范》，1999年，珠海拥有的旅游资源基本类型占全国总类型的55.4%，据不完全统计，珠海市区旅游资源单体多达250多个，其中古迹与建筑类资源占65%，地文景观类资源占14%，休闲求知健身类资源占8%，购物类占5%，生物景观和水域风光类资源也各占到4%（保继刚和朱竑，1999）。

然而，珠海城市旅游的发展呈现出与广州、深圳完全不同的模式。20世纪80年代初期经历了短暂的快速增长后，珠海城市旅游就进入巩固、停滞阶段，1987~1996年接待入境游客量几乎没有任何增长，从1997年开始，旅游业才进入一个新的快速增长阶段。珠海城市旅游发展模式是城市旅游驱动力没有及时转化的典型代表（保继刚和龙江智，2005）。20世纪80年代初，珠海凭借环境和特区优势，接待入境游客量增加迅猛，1982~1986年增加了近3倍，1986年接待入境游客量达到76.6万人次，见图6-1。特区优势使得珠海比其他内地城市具有更为独特的旅游吸引力，环境优势又使得珠海在当时几个经济特区中树立起自身的相对优势。

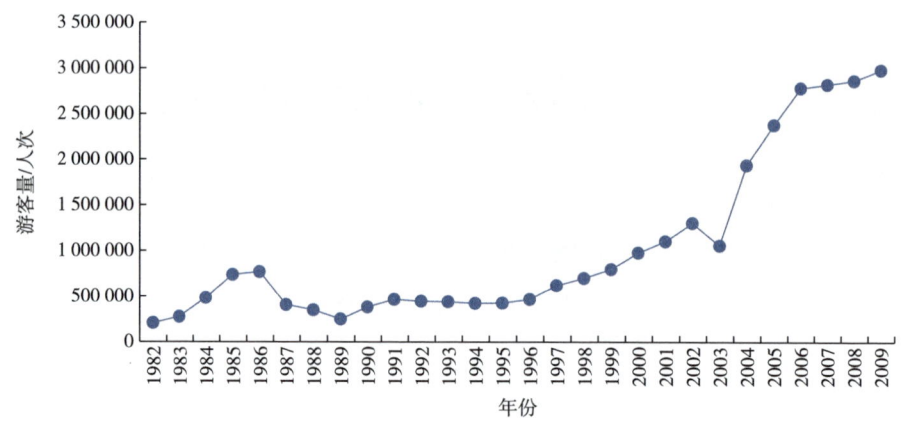

图6-1 珠海接待入境游客量情况（1982~2009年）
资料来源：《旅游经济工作手册（1990）》，《中国旅游统计年鉴》（1991~2010年）

然而，随着全国开放力度加大，特区形象形成的相对优势迅速降低，但珠海不像深圳，没有及时实现城市旅游驱动力的转化。因而，20世纪80年代中期到90年代中期，珠海入境游客量没有任何增长（1987年珠海接待境外游客量为40.3万人次，1996年珠海接待境外游客量也仅仅为46.2万人次），在全国城市中的相对份额不断下降（以接待境外游客量为指标，1987年珠海占全国的比重为1.5%，1996年所占比重不足1.0%）。相对份额下降的根本原因是没有及时、成功地转化城市旅游驱动力，造成城市旅游缺乏新的吸引力来实现游客量的增长（保继刚和龙江智，2005）。本质上，珠海旅游业发展的迷茫是因为自身城市功能的不足，也有旅游发展定位和方向不明确的原因。

保继刚和梁增贤（2011）给出了基于层次与等级的城市旅游供给分析框架，包括三个层次（城市功能和地位、城市主题与特色、城市旅游核心要素）和三个等级（大城市、中等城市和小城市），见图6-2。

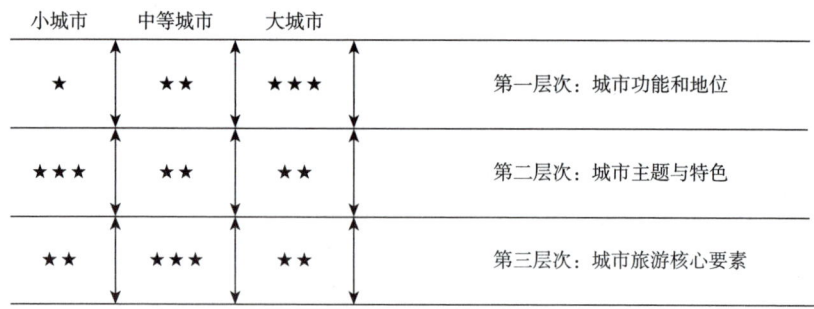

图6-2 基于层次与等级的城市旅游供给分析框架
★的多少表示重要程度的大小
资料来源：保继刚和梁增贤（2011）

珠海并不算大城市，而是一个经济相对发达的中等城市。作为中等城市，根据该分析框架，旅游发展的重心应该在城市旅游核心要素的构建上。那么，珠海应该发展何种城市旅游核心要素呢？面对珠江三角洲地区周边城市，如广州和深圳一波接一波的主题公园开发浪潮，以及后来主题公园＋房地产开发的热潮，珠海选择了发展主题公园，这股"跟风"从20世纪80年代一直持续至今，从最早的珍珠乐园、圆明新园，到珠海海泉湾，再到如今的珠琴长隆，一个比一个投资大。问题是，效果如何呢？

6.2 珍珠乐园

珠海国际高尔夫游乐公司是当时珠海经济特区引入的第一个中日合作项目，属下部门有国际高尔夫俱乐部、珍珠乐园和高尔夫山庄。1985年5月4日，珠海国际高尔夫游乐公司隆重开业，千只信鸽被放飞，场面轰动一时。

珍珠乐园是由珠海市旅游公司与日本高尔夫振兴株式会社合作由日商投资兴办的大型游乐园，占地60万平方米，最初投资3 000万美元。珍珠乐园建筑设计独特，充满异国情调。珍珠乐园内共设置了30多个各显奇趣的大型游乐项目，如疯狂过山车、快速滑行车、妖怪屋、摩天轮、急流探险、碰碰车、星际蜘蛛、旋转飞机、太空飞船等。对慑于刺激项目的游客来说，也有相对平和的游戏项目，如小型快速车、小赛车、森林老鼠车、水上单车等，其中很多项目在当时是领先其他区域的。

1985年珍珠乐园开业后，当年接待游客量为40.30万人次；1986年达到最高峰，随后游客量开始下降，到1989年至最低点，1991年和1992年两年有所回升，但也只有最高年份1986年的39.62%和45.53%，见表6-1。至1992年，已累计亏损2 600万元（保继刚，1994a）。

表6-1　珍珠乐园1985~1997年游客量　　　　单位：万人次

年份	1985	1986	1987	1988	1989	1990	1991	1992	1993	1994	1995	1996	1997
游客量	40.30	76.25	61.23	42.54	22.12	22.51	30.17	34.67	39.68	42.00	42.00	43.00	52.05

资料来源：1998年广东旅游发展战略研究调查资料

珍珠乐园的失败在于项目缺乏独特性，从20世纪80年代初期中山长江乐园开业成功之后，广东省共建了19个游乐园，仅广州就建了3个，深圳建了2个，游乐园相互竞争的结果就是绝大部分游客量都不高，亏本经营。另外，选址在珠海，一级客源市场较差，到1990年，珠海总人口也只有63.53万人（含暂住人口），而深圳已达166.73万人，珠海与澳门相邻，澳门仅60万人，深圳与香港一河之隔，香港居民达600万人。珠海的二级客源市场也比不上深圳，交通条件更不能和深圳相提并论，故游客量不高。1990~1993年，珍珠乐园每年的游客量只有同期锦绣中华的1/10~1/7（保继刚，1994b）。

珍珠乐园建成后的更新投资主要靠公园自身盈利滚动或企业自有资金投入。然而，珍珠乐园建成后，一直达不到预期的市场效果，经营性收入有限，甚至很快就陷入亏损，靠公园自身盈利滚动已不可能。2004年，日方投资人在日资产因经营困难进入破产重组，增加对珍珠乐园的资金投入更是无从谈起。在投资方追加投资无望，公园自身盈利滚动不可能的情况下，公园只能艰难维持，更新改造减少，吸引力下降，导致收入减少，进一步降低了更新改造，珍珠乐园的经营陷入了恶性循环。

根据此前的合同约定，中日双方的合作期为50年，截至2010年5月，双方的协议合作时间已经完成一半。然而，下半场的珍珠乐园并不让人期待。随着珍珠乐园摩天轮的拆除，珍珠乐园又少了一项标志性的游乐项目，曾经承载着珠海旅游业光荣与梦想的珍珠乐园似乎走到了历史的尽头。

2012年10月，珍珠乐园关闭。

6.3 圆明新园

1991年，珠海以整体城市形象为景观被国家旅游局评为"中国旅游胜地四十佳"之一，然而，在珍珠乐园吸引力下降后，珠海核心旅游要素的建设却一直是一个空白。如何创建出与众不同，又能在世人心中产生巨大反响的人文景观呢？珠海市人民政府反复斟酌，最终以特区人特有的气魄推出了圆明新园建设方案。

圆明新园当时由清华大学建筑学院的郭黛姮教授负责总体设计，经过各地文史专家、雕塑家、园林专家精心策划及多方论证，最终确立方案。全国2 000多名能工巧匠日夜奋战，终于使一代名园得以重现。圆明新园占地800亩，投资6亿元，1997年2月2日建成开放（图6-3）。圆明新园集中再现了当年北京圆明园皇家园林的宏伟气势，园内所有建筑景观均按原尺寸仿建。大殿"正大光明""九洲清晏""蓬岛瑶台""方壶胜景"等皇家宫殿式建筑群组成中轴线，中轴线西面是"远瀛观""大水法""海晏堂"等西洋楼景区，环湖有"曲院风荷""上下天光""平湖秋月""濂溪乐处"等十余处中国江南园林建筑景观。园内还有众多游客可参与、观赏的活动，如"正大光明"的皇帝登基等（保继刚，2000a），圆明新园是中国首批4A级景区。

（a）　　　　　　　　　　　　　　　（b）

图 6-3　珠海圆明新园

图片来源：原珠海市旅游局提供

圆明新园三面环山，南面平坦开阔，福海湖水域面积 8 万平方米。圆明新园按"徐福海中求"之寓意，把东湖命名为福海，它是当年皇帝及后妃游湖、观龙舟、观烟火的好去处，是圆明园水上活动的中心。圆明新园融古典皇家建筑群、江南古典园林于一体，将一座座仙山琼阁散落于福海周围。长春园里建了一群欧洲式园林建筑，俗称"西洋楼"，由"海晏堂""远瀛观""大水法"等十余个建筑和庭园组成。"海晏堂"是西洋楼群中最大的宫殿，宫殿阶前有一大型水池，池左右呈八字形排列有 12 只兽面人身铜像。"远瀛观"原位于"海晏堂"以东，是一组大型建筑的统称，南北轴线上分三个部分，最北的高台上是"远瀛观"，中间是"大水法"，最南端是"观水法"。"大水法"是西洋楼景区最壮观的喷泉。圆明新园内设大型舞台，打造了数个气势恢宏的经典剧场——"梦回圆明园""淇澳风云""皇帝早朝""皇帝下江南""皇帝选妃""大清王朝"等。

圆明新园填补了珠海大型旅游项目的空白，开业仅 10 天便迎客 15 万人次，最多的一天超过 3 万人次，可谓轰动一时。据当时媒体的报道，在当年大年初一开业后，度假村酒店从初一到初六全部客房满员，营业总收入 480 多万元，创历史新高。开业以后的圆明新园有过非常辉煌的时期，单日接待游客量最高达 5.8 万人次，年接待游客量达 200 万人次，年收入 1.5 亿元。

然而，无论多么逼真，圆明新园也只是一个类似于锦绣中华、中国民俗文化村一样的仿古景观主题公园，在短时间内不可能像故宫那样成为名胜古迹。这类仿古景观主题公园缺乏互动体验，单纯的观光很难对游客形成持续吸引，加之以门票经济为主的单一盈利模式，经营每况愈下，到 2012 年，圆明新园年均接待游客量仅为 70 万人次，年收入不足 4 200 万元，盈利不断下降，已经处于亏损状态。

面对这样的局面，珠海市人民政府积极推动，促成圆明新园的转变。2012年10月17日，圆明新园正式免门票开放，珠江市人民政府在前两年每年给予其2 647万元的补贴，圆明新园成为广东省内首个免门票开放的国家4A级景区。在以人为本的理念下，曾经的"皇家园林"变身免费的市民休闲文化乐园，也成为珠海文化发展的新亮点。圆明新园转为免费景区之后，随之而来的是圆明新园年接待游客量达到免门票前的7倍。根据当时珠海市旅游局的统计数据，2012~2014年圆明新园累计接待游客达921.98万人次，成为珠中江区域接待量最大的文化休闲景区。按照珠江市人民政府的《圆明新园概念规划方案》的设计，圆明新园投入超过1 000万元用于改造环路、修建后山变电站、修建环湖栈道和安全围栏、新建3所大型公共厕所、增加8处游客休憩点和休闲娱乐区、完善全园照明和监控设施系统、增设电子显示屏等园区基础设施。

免票开放后的圆明新园，游客量快速增长，园区内的商业机会随之增加。商业租金的成倍增长为园区带来了新的收益，通过政企合作的方式"还园于民"，让原本单一封闭式经营、收费不菲的主题公园敞开大门，成为公益性市民公园、百姓大舞台和文化大观园，这不仅实现了良好的经济效益，还放大了公园的社会效益，或许这是微缩、仿古景观主题公园转型的一条出路。

6.4　珠海海泉湾度假区

珠海海泉湾度假区是一次性规划并统一建设的综合性旅游度假区，包含主题公园。珠海海泉湾度假区是继圆明新园之后珠海市最重要的旅游项目，也是珠海旅游类项目中投资最大的项目之一，珠海海泉湾项目在珠海旅游业发展中具有重要地位。在《珠海旅游发展总体规划（2007—2020）》中，海泉湾与横琴岛作为二级核心，其地位仅次于中心城区。在珠海西部的康体休闲娱乐片区中，海泉湾是其中的核心。由于横琴岛当时处于发展初期，项目多处于立项阶段，发展时序相对遥远。因此，海泉湾是珠海旅游发展的实际核心，从形象上来说，海泉湾是珠海旅游的形象载体。

港中旅（珠海）海洋温泉有限公司成立于2002年11月，是由香港中旅集团下属的香港中旅国际投资有限公司投资的大型综合旅游休闲度假企业。2002年4月18日，香港中旅集团与珠海市人民政府签订了珠海温泉开发协议，这标志着珠海海泉湾度假区项目的正式诞生。该度假区项目于2002年8月开始规划设计，一期工程建设历时3年多，从2002年10月到2006年1月，先后做了地热钻探、一期软基处理、地上建筑工程、地下管道工程和装饰装修工程、经营筹备等大量工作。

2006年1月22日，珠海海泉湾度假区正式开业。珠海海泉湾度假区是个占地非常大的温泉旅游度假项目，共由八部分组成，分别为海洋温泉、海泉湾大酒店、神秘岛乐园、渔人码头、梦幻剧场、健康体检中心、拓展训练营和运动俱乐部（含高尔夫训练场）。2006年9月，珠海海泉湾被纳入国家旅游局全国重点旅游景区假日预报统计系统，取得了良好的经济效益和社会效益。2007年4月30日，珠海海泉湾度假区荣获国家旅游局授予的全国首家"国家旅游休闲度假示范区"称号。2008~2009年，珠海海泉湾度假区创新推出了温泉会所、酒店新会议厅《大海的记忆》演艺节目、海泉湾客栈、高尔夫、休闲垂钓区等新项目。2010年，珠海海泉湾度假区推出二期拓展训练营和海洋温泉南洋温泉区项目，进一步完善了一期旅游产品类型。然而，珠海海泉湾度假区在经历首期效应后，经营持续下滑，达不到预期效果。

珠海海泉湾度假区是香港中旅集团最大的单体投资项目，截至2014年，该项目累计投资25亿元（包括二期部分启动投入）。综合而言，从过去几年的经营绩效来看，尽管管理层付出了巨大努力，企业现金流表现不错，但并没有达到预期效果，投资总体效益不佳，后续更新投入乏力，绩效评估体系限制了管理层面的主观能动性，产品由于区域竞争加剧和自身更新不足而逐渐走向衰退，吸引力减弱，具体表现在以下几个方面。

6.4.1 项目定位不准确，选址存在问题

珠海海泉湾度假区一期项目的目标定位不准确，试图兼顾中高端的休闲、度假甚至观光市场，项目和活动设置大而全，致使营运后定位困难，整体形象不突出。从市场表现来看，尽管近年来市场消费能力和出游力有所增长，但总体上珠海海泉湾度假区还是面向一个混合多层次的市场，既有高端的商务会议、休闲度假产品，又有中低端的大众康体、娱乐和游乐园消费，该度假区各个子项目市场之间缺乏关联互动，无形中增加了企业运营和营销成本，同时也降低了高端市场的私密性和附加值。

该项目的选址也存在较大的问题。从宏观层面看，珠海海泉湾度假区的到达时间距离超过了珠江三角洲地区潜在市场出游的时间距离。尽管珠海海泉湾度假区地处珠江三角洲，却是最为偏僻的角落。从微观层面看，珠海海泉湾度假区周边基本都是工业区，既缺乏相关景区和旅游产品的区域联动，也缺乏整体的度假氛围。更为关键的是，珠海海泉湾度假区所处位置的海水质量较差，常年浑浊，滨海度假的自然条件缺乏，改造投入巨大，而滩涂地上的建设成本巨大，超过了原有预期。作者调研发现，整个一期的土地购买和平整费用将近25万元/亩，其中购地成本仅为1万元/亩，打造成熟地为24万元/亩，也就是平整土地所需费用是购买土地的24倍。

6.4.2 初始投资过大，后期更新不足

根据作者的调研，珠海海泉湾度假区截至2014年已累计投资25亿元，其中约23亿元为一期初始投资，包括酒店投资10亿元，温泉投资2.8亿元，乐园投资3亿元，剧场及其他经营项目投资1.7亿元等。对于一个温泉度假区来说，这样的投资规模是巨大的。如果按照10年的折旧期限，每年的折旧费用高达2.3亿元，这意味着度假区经营门槛游客量极高。然而，由于开业后经营绩效一直达不到预期目标，并有逐年衰退的迹象，相关的后期投入和更新投入减少甚至放弃，这又进一步恶化了珠海海泉湾的产品和环境，加速了产品的老化和吸引力衰退。更为严峻的是，由于现有集团绩效管理体制的影响，珠海海泉湾度假区高管不得不采取"截流"这种降低成本的方式来提高企业利润率，以完成集团下达的任务。这种策略不仅进一步制约了珠海海泉湾度假区进一步发展新产品、拓展新领域、开辟新市场的可能性，而且进一步加剧了相关产品和环境的老化，甚至造成人才流失。

6.4.3 营业收入逐年下降，季节性波动明显

珠海海泉湾度假区的财务统计年报显示，7年间珠海海泉湾营业收入下降超过8 000万元，从2007年的37 574万元下降到2013年的29 061万元。珠海海泉湾度假区的月平均收入达到2 915万元，并以平均每月5.76万元的速度递减，呈缓慢下降的趋势。营业收入的季节性波动也非常明显，总体上年际波动差异不大，6月和9月是收入淡季，10月至次年2月是收入旺季，而5月和8月略增长，主要受到"五一"黄金周和暑假影响，表现为典型的温泉度假区的季节性特征。从年际比较看，12月历来是商务会议团队市场旺季，旅游收入增长迅速，但在2013年显著下降，说明中央"八项规定"实施之后，原来的会议团大幅度减少。从上述分析可知，珠海海泉湾度假区旺季主要受到温泉度假需求和商务会议需求共轭波动影响较大。

6.4.4 游客量总体保持平稳，增长乏力

根据作者的调研，珠海海泉湾度假区游客量在经历了2007年188.89万人次的接待高峰后逐渐回落，后维持在140万人次左右，2013年为141.19万人次（图6-4）。在整个区域旅游市场快速增长的背景下，珠海海泉湾度假区旅游市场凸显增长乏

力。从季节性波动来看，6月和9月是接待淡季，与收入波动情况一致。10~12月为旺季，1~2月年际波动较大，总体上接待量属于旺季，4月、5月和8月属于旺季（图6-5）。总体上看，珠海海泉湾度假区游客量旺季波动不规律，一方面游客量总量不大，容易受到短期波动因素影响，呈现出不规律的特征；另一方面，其游客市场结构复杂，重合但不互补，单类型市场的波动造成全局波动。这在某种程度上反映了整个珠海海泉湾假区市场结构不稳定、定位不明确、市场不成熟等特征。

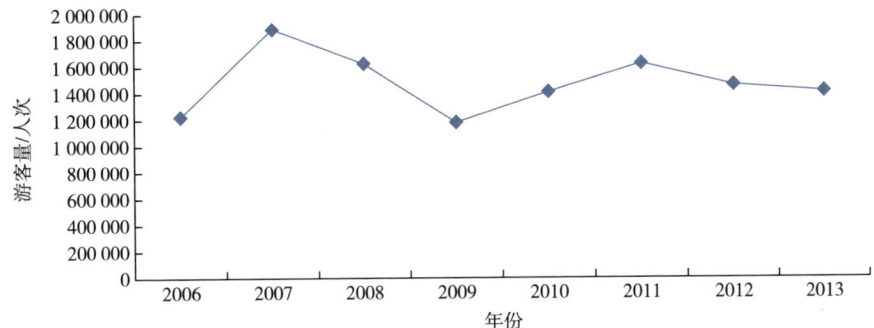

图6-4 珠海海泉湾度假区年接待游客量（2006~2013年）
数据包括酒店、海洋温泉、剧场和神秘岛乐园游客量
资料来源：珠海海泉湾度假区提供

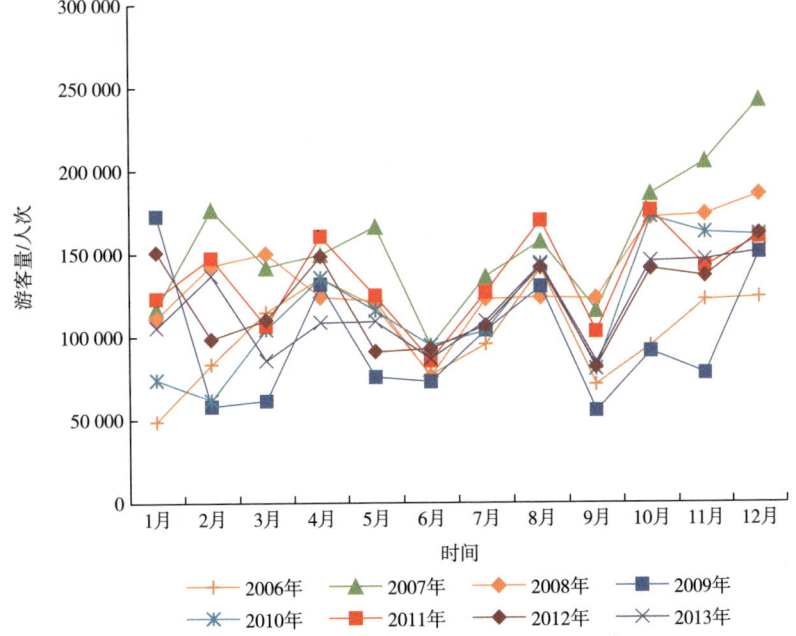

图6-5 珠海海泉湾假区游客量月度波动情况（2006~2013年）
资料来源：珠海海泉湾度假区提供

根据作者2014年的调研，在整个珠海海泉湾度假区的收入结构中，住宿占55.0%，温泉占25.8%，乐园占13.3%，其他占5.9%，住宿与温泉收入合计占80.8%。从收入结构看，珠海海泉湾度假区是典型的温泉度假酒店的收入结构。同时，对企业各收入来源的相关性分析表明，客栈、温泉与其他收入来源保持正向关联性，而乐园则在内部与各项收入来源保持关联，康体娱乐项目甚至与一些收入来源负向关联，各个板块的相互支撑不足。

6.4.5 各个单项市场互补性较弱，综合效益较低

维景国际酒店月际波动和年际波动较大，总体上每年的11月至次年的2月是接待旺季，6月和9月是淡季。海洋温泉年际波动不大，月际波动较为规律，总体上每年的10月至次年的4月是旺季，6~7月是淡季，显然，海洋温泉的旺季较长，但对酒店项目的市场增长影响不大。神秘岛乐园旺季是5月、8月、10~12月，6月和9月是淡季。冬季天气寒冷，神秘岛游乐园项目在冬季为淡季，因而1~2月游客量较少。梦幻剧场全年季节性波动不显著，其中8月是旺季，主要为暑假市场，受酒店和温泉项目的旺季带动较少。2014年，在珠海海泉湾度假区各项收入来源中，海泉湾客栈和海洋温泉起着主导作用，尤其是温泉，能带动客人在餐饮和乐园的各项消费，因此应进一步发挥温泉和客栈在促进企业各项收入来源中的主导作用，促进企业各项收入的不断提升；尽管酒店客房与其他业务相关性不大，但由于维景国际酒店在整个度假村高端品牌塑造中发挥重要作用，可以认为，珠海海泉湾度假村的其他业务，如乐园无法为之形成品味相适应的配套；乐园内部各项收入之间正相关，却与酒店、客栈收入提升无关，乐园收入相对独立地形成了收入来源，与企业其他主要收入来源的关联性不大，若保留乐园经营项目，则应促进其自身营利能力的提升，做到自给自足，或者改建为其他与度假区整体品牌、消费水平相适应的旅游项目。而对于康体娱乐项目，尽管其与酒店餐饮和客栈具有一定的正向关联，但与温泉和乐园多个收入项目负相关，这可能是因为其餐饮和商品销售与其他部门相关业务形成重叠、竞争的结果。因此，康体娱乐项目对企业经营的影响应进一步斟酌分析，并论证其在企业经营中的作用。此外，最重要的是，企业应扩展营销措施，促进酒店住店客人在度假区其他项目的消费，以形成收入提升的联动效应。总体上，珠海海泉湾度假区四个主要项目淡旺季规律差异较大，市场互补性较弱，其背后反映的是产品结构的非互补性，见图6-6。

第6章 珠海的"大跟风"

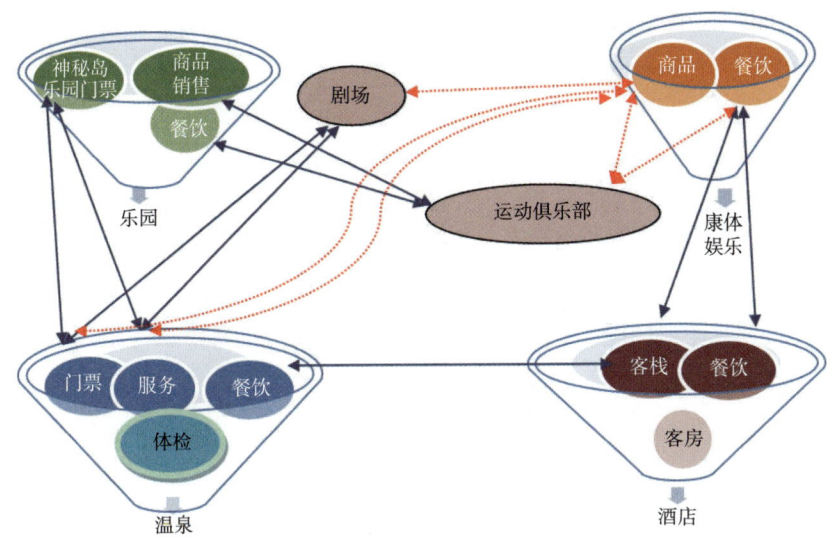

图6-6 不同部门/业务（各细项）收入相关关系图

漏斗型图形中，将各细项按照企业的业务部分进行分类，其中，乐园部分仅将神秘岛乐园相关部分归纳在一起，其他单列；漏斗中，内部相关的业务其椭圆互相交叉，如温泉部门，门票和服务收入正相关；各业务之间的蓝线表示二者呈正相关关系，红色线表示二者之间存在显著负相关关系

资料来源：作者基于分析制作

2014年，作者受香港中旅集团委托，对珠海海泉湾度假区品牌在珠海、青岛、咸阳等地的项目运营情况进行评估。珠海海泉湾度假区的经营困境，既有珠海城市发展环境和旅游业状况的外部影响，也有项目自身的硬伤。珠海海泉湾度假区的经验至少可以给我们两点启示。

第一，旅游产品的组织要遵循市场逻辑。主题公园（游乐园）、温泉、度假酒店、演艺中心是四类分别针对不同市场的产品，由此组合成的旅游产品很难在市场逻辑上进行整合（可参照深圳小梅沙海洋世界与沙滩酒店的关系说明）。珠海海泉湾度假区最初在目标市场的选择上，实施的是"锁定高端、拓展中端、兼顾低端"的策略。然而，对于一个综合度假区而言，每一个层次的市场都想涉猎，既在功能上难以实现，也在市场上难以整合。每一个市场都想要，最后可能每一个市场都照顾不好。对于珠海海泉湾度假区这种规模的旅游度假区而言，聚焦在核心市场，开发相应的功能和设施，做足、做好核心市场体验，才是正确之道。

第二，主题公园强调的是重游率，高度依赖一级客源市场，超出一级客源市场的活动范围，主题公园投资的风险就会增加，而依赖邻近景区游客流的补充，则具有巨大的风险。2014年，作者领导的课题组在为珠海海泉湾度假区现实市场做技术评估时发现，珠海海泉湾度假区现实市场出游的平均时间距离为3.63小时，

79

超过了广州和深圳两个区域核心市场居民的平均出游半径。

珠海海泉湾度假区现实市场游客出游时间距离分布如图6-7所示。

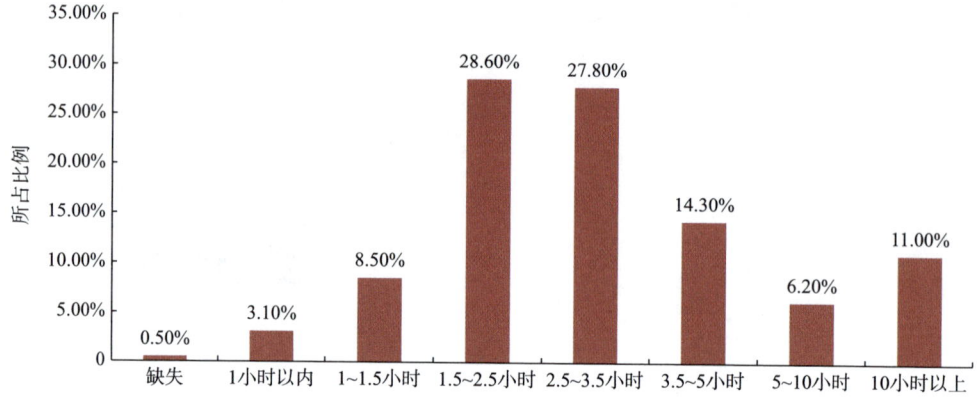

图6-7 珠海海泉湾度假区现实市场游客出游时间距离分布

平均时间距离的计算中，1小时以内按照0.5小时计，10小时以上按照10小时计，其余按照中间数折算，为1.25小时、2小时、3小时、4小时、7小时，然后乘以相应样本量，再计算平均值

资料来源：基于作者2014年的调查结果

珠海海泉湾度假区现实市场出游的时间距离比区域潜在市场出游的时间距离要长，这说明珠海海泉湾度假区总体上并不在主流区域潜在市场出游的范围选择内。25岁以下的青少年游客和46岁以上的中老年群体出游时间距离在2.5小时以内的比例最高，分别占到16.90%和8.10%；而26~45岁的中青年游客的出游时间距离更多集中在2.5~5小时，占到总量的四分之一。带小孩出游的游客以5小时以内的近中程时间距离为主，占到24.00%；相比之下，5小时以上的远程游客很少，只有4.30%；在5小时以上的远程游客中，以"和同学、朋友出游"的游客所占比例最高，为4.40%。单位组织的游客以2.5~5小时的中程距离为主，比例为5.90%。1 000元以下较低花费的群体集中于1.5~3.5小时的时间距离的现实游客，占到总游客量的44.50%。而花费在1 000元以上的以2.5~5小时的中程游客比例最高，占10.20%。因此，相对而言花费较高的游客出游的距离更远。分析数据可知，尽管珠江三角洲区域市场人口规模大、消费力强，但珠海海泉湾度假区实际的区域潜在市场规模是很小的。这与广东是温泉度假大省有关，温泉在广东是一种普遍性资源，比较有规模的温泉度假村超过100家。广州和深圳两大中心城市，1.5小时车程时间距离内温泉度假地非常多，空间竞争的结果压缩了珠海海泉湾度假区的潜在市场规模。

乐观的是，随着经济的发展，近年来，中山和佛山市场崛起，珠海海泉湾在2小时车程范围内的市场扩大，经营绩效有所提升。然而，这个市场的崛起已是后话，与十几年前规划设计的目标完全不同。值得一提的是，珠海海泉湾的问题很多也体现在后来的青岛海泉湾度假区（图6-8）。青岛海泉湾度假区项目在旅游板块上的经营绩效也不是很好。总体上，珠海海泉湾度假区和青岛海泉湾度假区算是中国企业一次整体打造综合旅游度假区的重要尝试。在全球范围内看，具备这种整体开发、多产品多业态整合能力的旅游企业并不多，华特迪士尼公司和香港中旅集团都是少数先行者（深圳华侨城并不是统一规划一次性整体建设）。既然是先行者，学费自然是要付的，希望后来者不要重复先行者的错误。然而，现实并不是那么理想，悲剧可能一次次重演。

图6-8　作者在青岛海泉湾度假区考察（2014年）
资料来源：作者拍摄

6.5　珠海城市旅游的增长极限

从理论上分析，珠海确实是一个需要核心旅游要素建设来推动的旅游城市，没有理论和实证分析表明，珠海不适合建设主题公园。关键在于发展何种主题公园，如何开发主题公园。更为关键的问题是，珠海城市旅游的发展是否有极限？持续不断地建设主题公园能否刺激城市旅游的增长？

与深圳相比，珠海大型主题公园的建设整整慢了一个阶段，在深圳第二阶段仿古文化和传统文化主题公园取得巨大成功之后，珠海才开始兴建圆明新园、规划设想在白藤湖兴建世界名胜观光城。如前所述，珠海的一级、二级客源市场比不上深圳，而主题公园的建设步伐又比深圳慢，待深圳建设成功后，游客的新奇感、新鲜感下降，珠海再建主题公园的轰动效应就会较差。以珠海现实的客源市场状况来看，珠海不宜像深圳华侨城那样兴建系列主题公园，否则难以维持。保继刚（1994b）很早就提出，作为珠江口海港城市、百岛之市（珠海有146个岛屿），珠海比其他经济特区和沿海城市更具有得天独厚的优越条件。随着经济的发展，海洋文化越来越吸引旅游者，因此，突出海洋旅游文化是珠海主题公园建设的方向。具体而言，珠海可以在九洲岛兴建大型"海洋公园"，形成珠海长久不衰并且难以被替代的拳头产品。事实表明，这一论断被珠海长隆海洋王国实现了，只是选址不是九洲岛，而是横琴岛。关于珠海长隆国际海洋度假区的开发，本书后文会详细论述。

珠海城市旅游增长是否也有极限？回答显然是肯定的。从旅游供给的角度看，学界通常采用旅游容量来测量和控制一个景区或旅游地的增长极限，包括环境容量、物质容量、社会心理容量和游客心理容量等。从旅游需求的角度看，旅游地的需求受到一系列旅游地、客源地、旅游通道和旅游者等因素的影响，而这些因素在一定时期是保持相对稳定的，许多旅游地呈现阶梯式增长（Zhang and Xiao, 2013）。这意味着在某个"阶梯"，旅游需求增长是有极限的。然而，对于一个城市而言，人们往往假设旅游增长没有极限。改革开放40多年来，中国主要城市的旅游都呈现快速增长，甚至倍增。同时，中国绝大多数城市的旅游发展总体规划都对未来10年甚至20年的旅游增长表现出乐观估计，预测量往往也是倍增的。几乎没有哪个城市会预测自己未来的旅游会出现负增长。因此，无论是过去的40多年还是未来的十几年，大多数城市的旅游都被认为没有极限增长。然而，事实是否如此呢？城市旅游到底有没有增长的极限？

6.5.1 "香格里拉退地事件"的启示

2013年，珠海发生的"香格里拉退地事件"或许能够给予我们一些启示。香格里拉酒店集团起步于新加坡，以香港为大本营，是亚洲地区最大的豪华酒店集团和世界最佳的酒店管理集团之一，2013年在亚洲地区拥有33家香格里拉酒店及5家商贸饭店。香格里拉酒店集团作为较早进入中国的外资酒店管理集团，从1984年在杭州开设第一家香格里拉饭店开始就实行带资管理，随后在其他城市尝试输出管理。2000年以来，尤其是全球金融危机后，当其他主要酒店集团纷纷摒弃"重资产"战略的时候,香格里拉酒店集团则加速股权扩张速度(李艳平,2011),通过增持酒店股权或投资新建酒店等方式,迅速在中国一线发达城市布局,并向二线城市扩张。2011~2013 年,除了珠海项目以外,香格里拉酒店集团计划在中国投资新建 15 家酒店(李艳平,2011)。

2011 年 3 月,香格里拉酒店集团以总价 6 162.57 万元(楼面地价约 560 元/米^2)的价格购得珠海香洲大浪湾南侧约 110 045.92 平方米的土地(容积率 ≤ 1.0)[①]。香格里拉酒店集团计划投资 6 亿元,分两期建设五星级酒店、游艇码头和相关配套设施,计划 2015 年建成,2016 年开业。2012 年,珠海市高新区城市监督管理局联同珠海市国土资源局高新区分局、珠海(国家)高新区社区事务局完成该地块的征地拆迁。同年 11 月,珠海市发展和改革局先后核准了珠海香格里拉酒店的一期、二期项目,同意动工。然而,2013 年,香格里拉集团暂停了该项目的建设,退还地块开发权并支付巨额违约金。2014 年 8 月,珠海市国土资源局不得不重新将该地挂牌出让,仍按规划要求建设一座五星级酒店、少量独立式度假酒店客房和一处游艇码头,希望能够引进如悦榕庄(Banyan Tree)、安缦(Aman)、安纳塔拉(Anantara)、第六感酒店(Six Senses)和都喜(Dusit)等国际品牌[②]。后来,该地由悦榕集团接手。

香格里拉酒店集团在珠海投建酒店得到了珠海市人民政府和所属部门的积极支持,地方政府为使项目尽快落地,在拆迁征地、建设手续上给予了极大便利。2013 年,香格里拉酒店集团在中国投建的酒店相继开业,如上海静安香格里拉酒店、曲阜香格里拉酒店和沈阳香格里拉酒店等。因此,项目最终"退地"并非由于政企关系或集团自身问题,而是出于对项目市场前景的判断。

6.5.2 反思珠海城市旅游的发展

那么,珠海酒店业的市场前景如何?何以导致香格里拉酒店集团"退地"?在珠海旅游人数和旅游收入"双倍增"的背景下,珠海酒店业的前景反映怎样的现实?根据保继刚和梁增贤(2011)提出的"基于层次与等级的城市旅游供给分析框架",珠海作为中等城市,应该根据自身的资源与环境优势,开发具有较大吸引力的核心旅游要素,同时进一步营造良好的城市主题特色。珠海拥有临近

[①] 珠海市自然资源局. 2011-03-22. 珠国土储2011-03地块国有建设用地使用权挂牌出让结果. http://zrzyj.zhuhai.gov.cn/zwgk/gggs/tdcrjg/content/post_1945884.html.

[②] 珠海市自然资源局. 2014-08-02. 珠海市国有建设用地使用权网上挂牌出让公告(挂牌序号:14070、14071). http://zrzyj.zhuhai.gov.cn/zwgk/gggs/tdzpg/content/post_1945466.html.

澳门的区位优势,有机会构建珠澳互补性旅游产业(保继刚等,1999)。珠海拥有良好的整体环境和丰富的旅游资源,也可以通过发展海岛、滨海旅游,建设主题旅游城市,构建完整的旅游产业体系(保继刚和朱竑,1999)。然而,多年以来,珠海旅游产业间缺乏广泛联系和精细合作,集群创新力不足,珠海旅游产业集群仍处于低端集群,难以与周边城市竞争(徐红罡和相阵迎,2007)。在旅游核心要素的建设上,由于选址布局、规划设计和管理运营等问题,一直难以形成竞争力。1985 年开业的珍珠乐园,已于 2012 年关闭;1997 年 2 月 2 日正式建成并对外开放的圆明新园,已经作为市政公园免费开放;2006 年正式开业的珠海海泉湾度假区,一直处于投资性亏损状态。上述项目都有一个共同的问题,即缺乏足够的市场需求。项目要么面临周边城市的同业竞争而缺乏足够市场,要么因投资超前或过大而没有相应的市场需求,要么就是项目更新投入不足导致市场吸引力下降。

"香格里拉退地事件"及上述旅游核心项目都反映出珠海城市旅游发展的现状——市场现实和潜在需求不足。

6.5.3　珠海城市旅游的增长极限

那么,何以判断珠海城市旅游市场现实和潜在需求不足?回答是酒店业的增长情况。与旅游人数和收入的快速增长相比,珠海酒店业增长颇为"冷淡",见表 6-2 和表 6-3。

表 6-2　珠海市酒店业发展情况（2009~2013 年）

项目	2009年	2010年	2011年	2012年	2013年
住宿业销售总额/万元	61 040	69 488	81 310	76 552	74 630
法人企业数/个	90	92	87	89	100
年末从业人员数/人	14 508	14 873	14 458	14 104	16 969
营业额/万元	153 942	179 124	192 744	206 498	201 033
旅游饭店/家	76	76	73	75	85
一般旅馆/家	11	14	12	12	13
其他住宿服务/家	3	2	2	2	2

资料来源:《珠海统计年鉴》(2010~2014 年)

表 6-3　珠海市星级酒店发展情况（2005~2013 年）

项目	2005年	2006年	2007年	2008年	2009年	2010年	2011年	2012年	2013年
星级酒店/家	76	80	87	88	93	93	87	83	81
五星级/家	5	5	6	8	8	8	8	9	9
四星级/家	9	8	8	8	9	10	9	8	8
三星级/家	46	54	61	64	68	67	64	62	60
客房数/间	10 598	10 276	11 613	11 816	11 940	12 116	11 579	11 384	11 650
床位数/张	18 030	20 048	20 231	19 701	20 089	19 429	18 691	18 136	18 585
出租率	68.06%	68.11%	66.9%	64.6%	53.7%	58.6%	60.2%	60.53%	60.18%
日均客房出租量/间	7 213	6 999	7 769	7 633	6 412	7 100	6 971	6 891	7 011

注：日均客房出租量＝客房数×出租率
资料来源：《珠海统计年鉴》（2006~2014 年）。

比较表 6-2 和表 6-3 可知，由于星级酒店归口旅游部门管理，而经济型酒店和其他家庭旅馆、招待所归口工商管理部门管理。两个部门的统计口径存在较大差别，但同一部门历年情况的比较仍可以判断趋势。从工商管理部门的酒店业统计看（表 6-2），法人企业包括星级酒店、经济型酒店、家庭旅馆等酒店企业，从 2009 年的 90 家增长到 2013 年的 100 家，年均增长 2.67%，其中主要的增长来源于旅游饭店（包括部分星级酒店），从 2009 年的 76 家增长到 2013 年的 85 家。由于同一家企业可能同时拥有多家酒店，因此，光看法人企业数增长可能尚不足以说明问题。从珠海整个酒店业销售总额看，过去几年一直保持小幅增长，从 2008 年的 59 321 万元[①]上升到 2013 年的 74 630 万元，年均增长率仅为 4.70%；年末从业人数和营业额分别从 2009 年的 14 508 人和 153 942 万元增长到 2013 年的 16 969 人和 201 033 万元，年均增长率分别为 3.99% 和 6.90%。珠海酒店业的总体增长率低于同期珠海旅游人数（9.04%）和旅游总收入（8.23%）的年均增长率。因此，珠海酒店业的总体增长与旅游人数和旅游总收入的增长并不匹配，年末从业人员数还一度下滑（从 2009 年的 14 508 人下降到 2012 年的 14 104 人），说明珠海酒店业处于一个增长停滞的稳定阶段。

那么，从旅游部门统计的星级酒店的发展情况看（表 6-3），根据《珠海市旅游发展总体规划（2007—2020）》，珠海星级酒店到 2010 年的客房数达到 13 000 间（2010 年实际为 12 116 间），到 2015 年星级酒店客房数达到 25 000 间（2013 年仅为 11 650 间），到 2020 年更是要求达到 39 000 间。显然，珠海

[①] 珠海市统计局. 2009. 珠海统计年鉴（2009）. 北京：中国统计出版社.

星级酒店的发展并没有按照原有规划进行，市场需求达不到支持没有极限增长的预期，从2011年开始，规划的预期高于实际增长，并迅速拉开距离。从星级酒店日均客房出租量看，尽管2005~2014年，珠海星级酒店客房数有所增长，但实际的日均客房出租量一直保持在6 412~7 769间，2013年还略有下降。这说明，尽管规划预期了一个没有极限增长的供给量，城市旅游部门也在加大力度推动星级酒店发展，但市场对珠海酒店的需求量处于一个相对稳定阶段，短时期内难以突破该阶段的增长极限。新增的供给量必然得不到新增的需求量的支持。从这个意义上说，香格里拉酒店集团的"退地"决策是有依据的。

相对于《珠海市旅游发展总体规划（2007—2020）》，1999年完成的《珠海市旅游发展规划》更加务实一些，当时给出的酒店规划对策如下（保继刚，2000b）。

（1）现有酒店的接待能力从总量上分析，5年内不需要增加一间客房。1997年珠海接待过夜游客325.87万人次，以8%的增长率，第5年游客将增加到近480万人次，如平均停留时间仍为1.84天/人，需要的接待能力约为880万人/天，现有客房量基本满足需求。而且，珠海1998~2000年还有2 000间中高档以上的客房投入使用。

（2）考虑到酒店的建造最少需要两至三年时间，以及受国家有关政策的制约，在过夜游客量增加至480万人次时，在酒店床位数没有增加，甚至部分客房退出使用的情况下，应鼓励投资者向酒方向发展，并争取有关方面的支持与较宽松的政策。

（3）酒店类型的改变。珠海市现有酒店基本为商务酒店类型，珠海要向旅游休闲城市发展，需要一批不同档次的、满足各层次需要的度假型酒店，可主要由原有的商务酒店更新产生。度假区内酒店建设必须以环境为重，避免一个度假胜地被酒店重重包围的弊端。珠海旅游向会议与展览业发展，酒店要考虑增加部分会议设施，高档酒店应适当配备国际会议设施、设备。

跟风可以，但要量力而行。每个城市的旅游发展在特定的历史时期都有极限。盲目跟风、投资建设超出当期极限的旅游项目，就有可能得不偿失。

- 主题公园发展
- ——中国案例

第 7 章 世界之窗的探索与转型

深圳世界之窗算是可持续经营的典范。其自 1994 年至今仍然运营良好，2019 年仍接待游客达 399 万人次，超过大多数后来新建的主题公园。过去将近 30 年，市场早已变迁，需求不断变化。一个老公园要不断满足年轻人的需求，不仅要进行持续地更新改造，还要重构吸引物。今天，深圳世界之窗的卖点显然不再是开业时的设计。主题公园如何突破生命周期律是一个大课题。深圳世界之窗给出了自己的答案。

7.1 深圳世界之窗的最初设计与市场表现

1992年，邓小平同志在深圳期间曾在锦绣中华留了影，这是对香港中旅集团员工和华侨城集团员工的鼓励。这种鼓励很快就转化为动力。1994年，投资更大、规模更宏伟的深圳世界之窗开业了。深圳世界之窗坐落于深圳市南山区华侨城旅游区内，占地48万平方米，由香港中旅集团和华侨城集团共同投资约8亿元建设，于1994年6月18日正式开业。深圳世界之窗恰逢其时，向放眼全球的中国人打开了一扇了解世界文化的窗口。用华侨城集团前总裁任克雷先生的话说，深圳世界之窗不仅是华侨城的窗口，深圳经济特区的窗口，广东省的窗口，更是中国的窗口。

"你给我一天，我给你一个世界"是深圳世界之窗的设计理念。彼时，中国改革开放十多年，国人迫切地想了解外面的世界，深圳世界之窗景区精准地抓住这一市场需求，以"让中国人了解世界"为理念，在景区建设中按照"纵览世界，荟萃精华，尊重历史，突出重点"的原则，集中展示了世界文明的精粹。深圳世界之窗景区按照世界地域结构分为亚洲区、欧洲区、非洲区、大洋洲区和美洲区，景点错落有致，建筑磅礴大气。景区仿造了全世界著名的118个标志性景观，包括法国埃菲尔铁塔、巴黎凯旋门、澳大利亚悉尼歌剧院、美国大峡谷、柬埔寨吴哥窟、印度泰姬陵、埃及金字塔等。景区在建造时集中了当时中国最优秀的设计与施工力量，打造过程相当精细，就连景区的"思想者""阿波罗太阳神"等雕塑，都是由国内雕塑界的高手甚至大师精心摹制。

深圳世界之窗景区一开业便游客如织，首期效应非常显著。开业次日，江泽民前往景区参观，称赞该景区错落有致，绿化环境好，文化内涵深。开业当年，景区接待游客就超过300万人次，创造1.1亿元利润。仅1994年10月2日一天，入园人数达到7.6万人，创造了当时主题公园单日入园人数之最。从数据来看，深圳世界之窗前15年共接待游客4 000万人次，最高峰是1995年（开业后第二年），游客人数超过390万人次。深圳世界之窗前15年累计营业额45亿元，利润15亿元。深圳世界之窗多次在全国假日旅游部际协调会议办公室的黄金周景区景点监测中取得门票收入全国第一的经营业绩，包括2001年的"五一"和"十一"，2004年的"五一"。2000年后，深圳世界之窗有限公司连续8年利润过亿元，被业界评价为中国主题公园的一个奇迹。图7-1为深圳世界之窗1994~2014年的游客量。

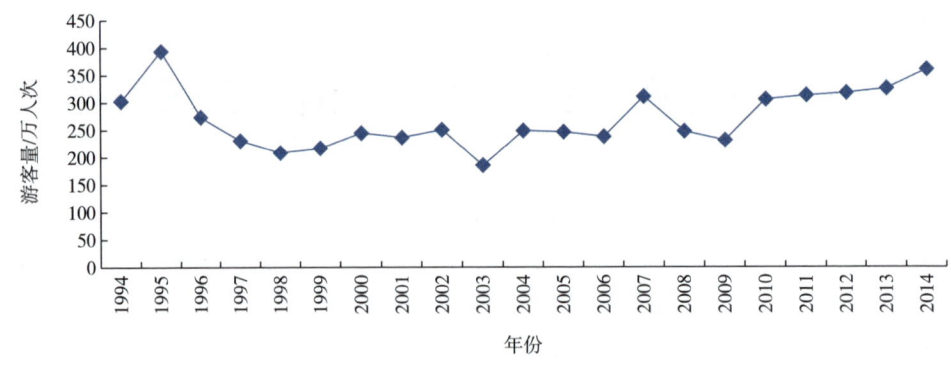

图7-1 深圳世界之窗1994~2014年的游客量
资料来源:深圳世界之窗有限公司提供

深圳世界之窗开业成功除了景区主题立意高远、建设品质优秀之外,主要还包括以下三个方面的原因:第一,良好的客源市场。早在1993年,深圳世界之窗的一级客源市场深莞惠地区常住人口已达600万人,二级客源市场中香港有600万名居民,珠江三角洲地区共计1 456万名居民(不包括深莞惠地区)。一级、二级客源市场合计约为2 600万人口,为景区的发展提供了充足的潜在市场。第二,便捷的交通区位。当时深圳的城市对外交通十分方便,广九铁路、广深准高速铁路、广深高速公路、深圳宝安国际机场,为深圳二级客源市场的开发提供了良好的条件。深圳城市内部交通通过深南大道连接景区和市区,公共交通十分便捷。第三,发达的区域经济发展水平。深圳作为经济特区开放较早,区域经济水平较高。1993年深圳职工人均工资已达7 947元,人均城乡居民年底储蓄余额1.99万元,在当时已经具备较高的消费能力(保继刚,1997a)。

7.2 主题公园生命周期与深圳世界之窗的实践

加拿大学者Butler(1980)提出旅游地的生命周期具有六个阶段,即探查阶段、参与阶段、发展阶段、巩固阶段、停滞阶段、衰落或复苏阶段。这条类似S形的曲线被称作旅游地生命周期(tourism area life cycle,TALC)。此后,由于其被应用于不同的地方,又衍生出度假区生命周期(resort life cycle,RLC)、旅游产品生命周期(tourism product life cycle,TPLC)和目的地生命周期(destination life cycle,DLC)。与自然遗产旅游资源(如泰山、黄山、张家界和九寨沟)和文化遗产旅游资源(如故宫、长城、兵马俑)相比,主题公园的生命周期具有特殊的影响因素。一般而言，主题公园的生命周期较短，需要不断更新改造以创造新的吸引力，从而获得新的生命规律。主题公园的生命周期具有以下几个特征。

第一，一次生命周期的持续时间较短，少则三五年，多则八九年，这与主题公园潜在市场规模、产品本身的吸引力及运营情况有关。

第二，主题公园的生命周期可以通过产品的更新改造以实现新的轨迹。通过产品和服务的更新，主题公园可以拥有新的吸引力和新的生命周期，从而保持持续经营。

第三，主题公园的生命周期中通常没有探查和参与阶段。主题公园开业当年一般迎来首期效应。市场追新求奇的心理使得主题公园开业前两年面临一个游客量的高峰期。从这个角度说，一个主题公园开业前两年经营绩效较好，并不能完全说明这个主题公园的经营是可持续的。

在开业前两年内"吃尽"周围市场的游客之后，主题公园开始走下坡路，如果游客量下降到不足以维持经营，最终就会倒闭。深圳世界之窗虽然开业火爆，占尽天时地利，也难逃生命周期的规律。深圳世界之窗仅仅风光两年，1996 年入园人数便开始明显下滑。由于入园游客的减少，加上高额的景区运营成本，景区效益开始大幅下降，1997 年景区仅盈利 1 800 多万元，不及 1996 年的三分之一。根据主题公园的生命周期律，深圳世界之窗应该通过持续不断的更新改造，以实现景区的持续吸引力。事实上，深圳世界之窗也是那么做的。面对市场的残酷和无情，深圳世界之窗景区并没有坐以待毙，而是积极探索转型之路。1997 年底，华侨城集团董事会任命鄢迪岸为总经理。新一届领导班子在总结前人经验的基础上，发现主题公园这种门票价格高的人造旅游景区一旦停止创新，不能给游客提供新的观赏体验，就再难有游客量的增长。因此，鄢迪岸等双管齐下，从产品和管理两个角度入手，开源节流，勇于创新。

1998 年，深圳世界之窗景区投入约 600 万元对舞台、灯光、音响进行改造，随即在暑假推出《创世纪》大型歌舞晚会并一举成名，在国内外荣获多项顶级大奖。1999 年，景区修建探险漂流项目，高科技的刺激与景观文化魅力相融合，市场好评如潮。越来越多的游客被再次吸引，景区在业界知名度越来越高，但是景区并不满足于此，继续开拓创新，将整个 2001 年命名为"品质提升年"，将 2002 年命名为"项目研发年"，自己研发高品质的旅游纪念品，修建了埃菲尔铁塔百米圣诞巨树、巴黎春天购物广场等项目。甚至在 2003 年"非典"期间，景区也相继建成侏罗纪恐龙世界、罗马假日广场、格陵兰岛地心探险和印加迷城攀岩场等项目。2004 年，景区又引入欧洲小镇主题酒店项目。同时，景区也举办过夏季啤酒节、全球散打搏击拳王争霸赛、全国公路轮滑公开赛、全国健身小姐赛等活动。这一系列举措不仅丰富了景区的活动类型，而且将景区的经营时间延长至晚上，为景区创造了巨大的经济效益。深圳世界之窗更新改造年表见表 7-1。

表 7-1　深圳世界之窗更新改造年表（1996~2007 年）

新的游客体验	新的配套设施	新的演艺秀
1999年，科罗拉多大峡谷探险漂流	1996年，5 000平方米大型停车场	1994年，大型晚会《狂欢之夜》
2000年，金字塔幻想馆	1998年，铁塔大型显示屏	1996年，晚会《世界在这里相聚》
2000年，阿尔卑斯山大型室内滑雪场	1998年，欧罗巴啤酒广场	1997年，晚会《梦之旅》
2001年，亚马孙丛林穿梭	1999年，城市光效艺术牌	1998年，音乐舞蹈《创世纪》
2001年，富士山环绕数码影院	1999年，小型观赏型高尔夫果岭	1999年，晚会《拥抱未来》
2002年，委内瑞拉山洪暴发项目	2001年，印第安射箭场	2001年，舞蹈史诗《跨世纪》
2003年，侏罗纪恐龙世界	2001年，凯撒宫	2003年，《创世纪》（环球舞台版）
2003年，格陵兰岛地心探险	2001年，环球舞台	2005年，舞蹈史诗《千古风流》
2003年，印加迷城攀岩场	2002年，海神喷泉广场	
2003年，《挑战极限》竞技娱乐项目	2002年，埃菲尔铁塔百米圣诞巨树	
2007年，世界之窗二期阿尔卑斯滑雪世界	2002年，巴黎春天购物广场	
	2003年，罗马假日广场	
	2004年，世界之窗前广场改造	
	2005年，城市客栈世界之窗店	

资料来源：华侨城集团提供

同时，管理制度的创新和冗员的减少，也提高了景区的利润。1997 年景区共有 20 个一级部，61 个二级部，中层干部 107 人，员工总数达 1 458 人。为了建立一支精明强干的队伍，蒯迪岸等顶住各方压力，开始对景区管理人员和一线工作人员进行精简。通过"拆庙赶和尚"的方式，景区被压缩为 12 个一级部，40 个二级部，员工总数 900 人（王桂云，2004），人数减少了约三分之一，并通过一些激励和惩罚措施，极大地激发了员工积极性。尽管人员减少，但是景区运营丝毫不受影响。

景区在服务质量管理上引入 ISO9000[①]国际质量体系认证，对各部门的业绩提供量化指标。这些指标都是通过反复揣摩、商讨和实践得出来的，使得员工既不会太轻松也不会有太大压力，时刻保持着前进的姿态。管理层根据游客的来源重新进行广告营销的投放，减少境外的广告投放，着重增加深圳主要进出通道和珠江三角洲地区的广告宣传，有的放矢。此外，管理层积极动员员工集思广益，想出一些极有创意的妙招，如对景区导游手册进行改造，留出一部分空白收广告费；将景区的饮料专营权出售给可口可乐公司，一年就可收取专营费和提成约 500 万元[②]。

然而，这种更新改造只能延缓景区衰退，延长主题公园的生命周期，对主题公园的长期发展并没有太大的作用。根据图 7-1 可知，1997~2009 年，除个别特

---

① ISO：International Organization for Standardization，国际标准化组织。

② 本刊记者.创新经营、科学管理——深圳世界之窗经营管理启示录.旅游学刊，1999，（1）：39-43.

殊年份外，深圳世界之窗的游客量基本维持在 250 万人次以内。深圳世界之窗的经营经历长达十多年的停滞，甚至有进一步衰退的危险。深圳世界之窗需要一次重构。

7.3　新的旅游吸引物的重构

为什么需要重构？因为传统的微缩景观主题公园很难适应不断变化的市场需求。根据前面所述的主题公园生命周期规律，市场需求和区域政治、经济环境会对主题公园的生命周期产生重要的影响。过去的十几年，珠江三角洲地区主题公园的发展变化很快，需求不断更新，市场对主题公园的口味需要适时调整。那么，如何将静态观光的微缩景观主题公园转化为受市场欢迎的景区呢？

深圳世界之窗给出了一个方向——文化主题公园。深圳世界之窗从"城市窗口"转变为"城市会客厅"，赋予游客新的体验，形成全新的吸引力。深圳世界之窗有充分的理由成为深圳这个年轻城市日常生活的有机组成部分，成为深圳市民休闲娱乐的基本选择。前文已经提到，无论是香港中旅集团还是华侨城集团，在资源的整合和调动上都具有独特优势。经过十几年的耕耘，深圳世界之窗的演艺团队是其独步天下的利器。一流的舞美、演员、编剧和导演，再加上一流的营销推广，深圳世界之窗的演艺秀从来不缺观众。仅仅抓住这个优势，将其发挥到极致，并充分利用世界文化的大主题，营造一种迎合现代口味的互动体验，深圳世界之窗便获得了新生。

从静态的观赏型景观到参与性、娱乐性产品的开发，深圳世界之窗产品结构也不断丰富，形成了观赏性景观、参与性项目、大型演出和节庆活动四大支柱产品并举的格局。节庆活动是深圳世界之窗一直在探索的重点。

7.3.1　静态观赏性景观转变为参与性娱乐项目

深圳世界之窗原本是静态的纯景观观赏型主题公园，1999 年在困境中寻求产品创新，利用现有资源，在景点科罗拉多大峡谷与尼亚加拉大瀑布之间建造了探险漂流项目，全长 440 米，惊险刺激。该项目一经开放便广受游客喜爱，投入 1 个月接待游客万余人次，20 个月即收回投资。初尝甜头后，景区接着在 2000 年推出的阿尔卑斯山大型室内滑雪场是当时国内最大的室内滑雪场，深受青少年和运动爱好者喜爱，不少香港地区游客甚至定期前来滑雪健身。坚持"六搞六不搞"原则是深圳世界之窗成功的内在因素。"六搞"：第一，能够树立企业形象的项目要搞。例如，投资新建的城市光效艺术标志牌、金门大桥灯光装饰、前广场改造等，该类项目虽不能产生直接的经济效益，但其隐性宣传和号召作用不能忽视。第二，有利于提高产品科技含量的项目要搞。例如，对《创世纪》晚会的科技包装就增加了晚会的观赏娱乐效果，提升了晚会的档次。第三，与景区原有景点文化特色相吻合的项目要搞。像大峡谷探险漂流项目，景点借漂流重焕生机，漂流借景点的文化内涵而生辉，相得益彰，深受游客欢迎。第四，与大企业合作有一定效益的项目要搞。例如，深圳世界之窗有限公司借助深圳华强智能技术有限公司的技术成果和开发实力，对原有景点文化进行包装，建设出的大型参与性娱乐项目金字塔幻想馆获得市场好评，达到了双赢的效果。第五，能填补旅游市场空白的项目要搞。例如，阿尔卑斯山大型室内滑雪场不仅填补了南方地区无真雪娱乐场所的空白，也填补了国内无室内滑雪场的空白，并且因为它的唯一性和独特性，产生了强烈的市场反响。第六，能够发挥自身优势、产生带动效益和边际效益的项目要搞。例如，深圳世界之窗有限公司投入巨资把舞台改造成"白天是景点、晚上是表演舞台"的可开合式球型舞台，进一步提高了承办高水平大型演出和活动的能力，有利于吸引更多的高水平演出在这里举办。"六不搞"：第一，以牺牲环境为代价的项目不搞；第二，影响景区品质和特色的项目不搞；第三，没有通过科学论证和决策的工程坚决不搞；第四，资源不清、市场不明、科技含量不高的项目不搞；第五，合作伙伴不理想，且容易导致扯皮和纠纷的项目不搞；第六，周边其他景区已引进开发的项目不搞。短短几年，深圳世界之窗景区景点已由开园时的118个增至130多个，景区也迅速由单纯的静态观赏型向动态参与型转变。

7.3.2 艺术表演提升景区文化魅力

深圳世界之窗在前期经营中也曾推出过《狂欢之夜》等大型歌舞节目，但是在持续演出一段时间后，就难再对游客保持吸引力。为了保持竞争力，吸引更多游客，景区在1998年初决定更新歌舞表演，花大力气推出一台全新的节目《创世纪》。考虑到1998年下半年深圳欢乐谷和未来时代两个主题乐园即将开业，为了避免游客分流，节目必须在7月推向市场。全景区步调一致加班加点，仅用了70多天就完成了道具、服装、彩排等前期准备，让节目《创世纪》在7月按时与游客见面。这台晚会构思精巧，场面宏大，画面精美，一经推出便引发轰动效应，游客数量明显增多，许多游客甚至专程而来。时任深圳市市委书记张高丽对此大加赞赏，认为《创世纪》有助于深圳甩掉"文化沙漠"的帽子[①]。景区并不

---

① 本刊记者.创新经营、科学管理——深圳世界之窗经营管理启示录.旅游学刊，1999，（1）：39-43.

满足于此，后来又相继推出《跨世纪》《千古风流》等节目。2002年，《创世纪》以演出场次和观众人数两项全国第一的成绩入选中国企业新纪录。《跨世纪》更是在世界旅游演出类最高级别的国际游乐园及景点协会（International Association of Amusement Parks and Attractions，IAAPA）大赛上，一举战胜迪士尼乐园、环球影城等顶级主题公园，获得最佳整体制作大奖，实现了中国在这方面的突破。图7-2为深圳世界之窗演艺秀《创世纪》和《千古风流》。

（a）《创世纪》　　　　　　　　（b）《千古风流》（一）

（c）《千古风流》（二）

图7-2　深圳世界之窗演艺秀《创世纪》和《千古风流》
资料来源：华侨城集团（2009a）

7.3.3 特色主题活动增加景区活力氛围

深圳世界之窗凭借自己特别的景观特色和深厚的文化内涵，把握游客在不同时期的旅游需求，相应地引入世界一些有名的民俗或者节庆活动。例如，在每年的"五一""十一"黄金周期间，景区会举办世界风情文化节。这样，游客不仅可以观赏各国建筑，还可以体验到不同国家和地区的民俗特色。景区已陆续举办过巴西狂欢节、威尼斯狂欢节、欧洲风车节、非洲风情节等。此外，景区基本每一个旺季都有一个主题鲜明的主题活动，如春天有歌舞节，夏天有啤酒节，秋天有万圣节，冬天有冰雪节，这些活动都与景区文化相得益彰，越来越受到游客认可。如今的景区，"季季有大节，月月有小节"，保证游客每次来都能有新的旅游体验，有效地提高了重游率。

重新定位的深圳世界之窗找到了市场新需求，游客量从2009年之后不断攀升，2014年已经达到360万人次，仅次于1995年巅峰时期的393万人次。深圳的"窗口"可以转变为"会客厅"，这是由深圳特殊的社会经济条件和深圳世界之窗特定的区位和市场环境决定的，而长沙世界之窗就没有这样的条件。

7.4 长沙世界之窗

世界之窗"装"在长沙，不完全是市场的选择。长沙世界之窗是在领导关照、多方撮合的情况下，由香港中旅集团、深圳华侨城经济发展总公司和湖南广播电视发展中心联合投资建设。该项目最初投资3亿元（少于深圳世界之窗），占地36万平方米，选址在长沙市开福区马栏山麓，距离长沙市区30分钟车程，是当时湖南省最大的旅游项目，也是湖南省最大的精神文明建设基地和影视拍摄基地。长沙世界之窗可以说是深圳世界之窗的"导演删节版"，取深圳世界之窗之精华，省去其繁冗，形成了一个融五洲风情歌舞表演、世界各国建筑奇观、大型器械游乐、先锋时尚活动和影视摄影基地于一体的综合性大型主题公园。当然，在景观上除了具有世界标志性景观外，还有湖南省当地的一些景观，如岳麓书院、凤凰古城门和湘江谷。长沙世界之窗一改深圳世界之窗的静态观光风格，加入了许多乘骑娱乐器械，如当时全国最豪华的双层旋转木马、湖南省首家动感电影、最高坡度的探险漂流河及国内首台全彩色包装的山顶三环过山车等，2001年被评为第一批国家4A级景区。

长沙世界之窗于 1997 年 10 月 1 日试开业。景区开业之初吸引了较多的游客，开业两个月接待 65 万人次的游客，1998 年接待游客超过 110 万人次。然而，首期效应过后，长沙世界之窗迅速走向衰退，游客量大规模下降，到 2000 年基本维持在每年 65 万人次，景区发展处于停滞状态（李慧云，2004）。这个情况与深圳世界之窗的情况类似，也是首期效应后迅速下滑，并长期维持在一个较低水平上。不同的是，长沙世界之窗的首期效应比较小也比较短，下滑的速度更快。这些都反映出长沙世界之窗所面临的区域市场在规模和消费能力上远低于深圳世界之窗。长沙世界之窗的主要客源市场是长沙、株洲、湘潭三地，而这 3 个地区 1997 年的人口总量约为 1 200 万人，其中绝大部分是农村居民，城镇居民仅有 393 万人，客源市场较小。景区首期效应结束后，在没有有效开拓新客源市场的情况下，游客量开始逐渐下降。而且，该地区经济发展水平也较为一般，居民的收入和消费能力远不及深圳，这也是景区长期不能扭亏为盈的一个重要原因。

深圳世界之窗成功转型的经验表明，通过景区持续不断的更新改造可以维持一定的吸引力，从而保持一定的市场份额，但要让景区进一步增长，则需要重构旅游吸引力。事实上，为了扭转不利的经营局面，长沙世界之窗一直在寻找发展之路。2003 年 5 月，根据市场形势变化，长沙世界之窗的控股公司将其委托给湖南经视文化传播有限公司经营管理，希望通过改变经营方式，逐步减少亏损净额，直至扭亏为盈以有利于长沙世界之窗的发展。

湖南经视文化传播有限公司接管后，借助湖南经济电视台这个平台，为长沙世界之窗精心策划了一系列主题促销活动来吸引游客，扩大门票收入。该公司将长沙世界之窗的世界景观加以利用，在《FUN4 娱乐》《越策越开心》等电视栏目中进行展示，并将《幸福生活呜哩哇》《一家老小向前冲》《悠悠寸草心》等电视剧搬到长沙世界之窗景区内摄制，通过电视剧充分宣传长沙世界之窗。事实上，在托管后的一段时期，长沙世界之窗经营状况确实有所好转。然而，长沙世界之窗仍无法摆脱经营困境。吊诡的是，尽管长沙世界之窗经营不如意，但长沙世界之窗项目仍是一项盈利的投资。因为该项目当时拿下了比园区用地面积更大的项目用地，在日后的房地产开发热潮中，投资方很容易从土地增值中收回投资。

- 主题公园发展
- ——中国案例

第 8 章 清明上河园的生存之道

受锦绣中华成功的影响，20世纪90年代前期的以中国文化与静态观赏为主的主题公园模仿泛滥，在这种商业躁动与缺乏文化思考的背景下，能真正长久经营并留存下来的主题公园甚少。锦绣中华民俗村由于区位条件、市场环境和特殊的企业资源及能力，仍能够维持良好运营。然而，一个位于三线城市，城市经济不算发达，宏观区位不算优越，微观区位尚可，开业时间又比锦绣中华晚了将近10年的清明上河园，不仅能够在中原大地立足，维持了十几年经营，而且经营效果还不错，其中的道理，值得研究。

第 8 章　清明上河园的生存之道

8.1　清明上河园的开业

　　开封曾经是北宋都城,北宋画家张择端的作品《清明上河图》就描绘了清明时节北宋都城汴梁(今河南开封)及汴河两岸的繁华、热闹的景象和优美的自然风光。这幅画作不仅在中国家喻户晓,在海外也有很高的知名度,堪称时代经典。如果能够将画作中的景象重建,一定能够吸引游客的到来。20世纪80年代末期,时任国家旅游局局长、祖籍河南的韩克华就提议将《清明上河图》中的开封景象打造成主题公园。

　　开封市很快就响应了这个提议。经过多次论证,清明上河园项目于1992年获得国家旅游局批准。清明上河园是开封市吸引外地资金组建的第一家股份制和商业化运作的旅游企业,也是黄河旅游专线重点配套项目之一,更是河南省"九五"计划中的重要建设项目之一,于1992年10月开工建设,当年工程建设较为顺利。但1993年,受国家投融资体制改革的影响,清明上河园项目建设陷入困境,到1994年底,工程建设因缺乏资金而陷入停滞。最后,政府通过招商引资,与海南置地集团有限公司合作,1996年复建该项目。1998年3月,开封市人民政府与海南置地集团有限公司正式达成协议,规定由双方共同出资组建清明上河园股份有限公司,以股份制公司性质进一步对清明上河园项目进行开发与建设。其中,海南置地集团有限公司占股55%,开封市旅游局占股45%,总经理周旭东来自海南置地集团有限公司。公司产权关系明晰,自负盈亏。政府部门虽然为第二大股东,但是并不以政府行为干预公司运营,给予公司足够的自主权。清明上河园是典型的政企合作经营形式的主题公园。

　　1998年10月28日,清明上河园正式开业。景区占地面积600亩,一期工程350亩,其中水面120亩,河道3 800米长(图8-1)。清明上河园管理层认为活态的展示是活化《清明上河图》的重要表达方式,因此在开业之后引入了"盘鼓""高跷"等民俗表演,通过宋代民俗表演这一视角来展示大宋文化。根据景区提供的资料,2003年9月,景区启动清明上河园二期工程,以皇家园林为主题,占地249亩,建筑面积11 000平方米,总投资额超过6 617万元,于2005年9月建成并开业。2007年3月清明上河园又开始策划大型水上实景演出《大宋·东京梦华》,演员700余人。《大宋·东京梦华》于2007年10月18日试演,2008年4月5日正式上演,在每年的3~11月每天都会与游客见面,2010年接待游客13.1万人次,收入1 600万元,2011年收入2 200万元,黄金周期间常出现一票难求的火爆场面。2014年,投资1 000余万元打造的实景演出《岳飞枪挑小梁王》和《大宋·东京保卫战》成为清明上河园新的吸引点。除此之外，清明上河园还承接了许多城市重要的节庆活动，如端午文化周、清明文化节、菊花文化节等，同时，还不断拓展其主题公园的用途与功能。清明上河园还计划打造第三期，主要做高科技，发展民宿、文创产业等。

图8-1 清明上河园景观（2014年）
资料来源：作者拍摄

开业以来，清明上河园景区先后荣获中国旅游知名品牌、全国旅游系统先进集体、国家文化产业示范基地、全国青年文明号集体、开封市首届市长质量奖、开封市纳税企业100强等多项荣誉称号。2010年清明上河园荣膺国家5A级旅游景区，成功跻身国内一流景区的行列，极大地提升了清明上河园的品牌价值。景区发展迅速，目前已成为国内最大的宋文化主题公园。

8.2 清明上河园的经营

清明上河园的经营一直表现不错。从图8-2可知，清明上河园的游客量从1999年的50.3万人次一直平缓增长到2013年的176.4万人次。2007年，景区年接待游客量首次突破80万人次大关，结束了多年来游客接待量徘徊不前的局面。2008年再创辉煌，年接待游客量首次突破100万人次大关，达到101.6万人次；2010年游客接待量达130.2万人次，比2009年增长22%；2011年游客接待量达162.3万人次并实现经营总收入过亿元，达到10 583万元（图8-3），分别比2010年增长25%和27%，取得了经营工作的新突破，跻身中国旅游景区亿元俱乐部，上缴利税超千万元。开业20多年来,清明上河园经济效益和社会效益良好。其间，除2003年"非典"导致的下降波动外，整体呈上升趋势，与深圳锦绣中华·民俗村和深圳世界之窗的生命周期规律有很大的不同。

图8-2 清明上河园游客量（1999~2015年）
资料来源：清明上河园股份有限公司提供

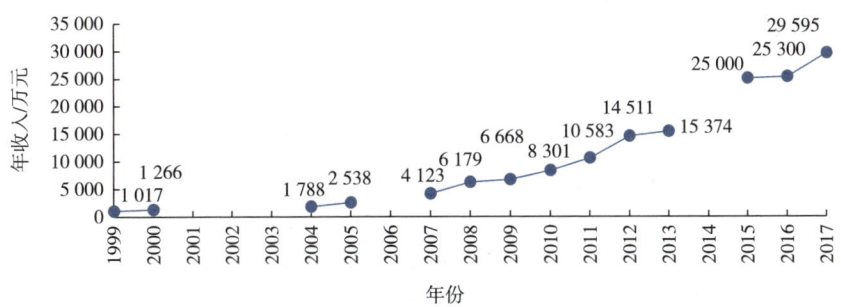

图8-3 清明上河园经营总收入（1999~2017年）
资料来源：清明上河园股份有限公司提供，部分年份数据缺失，数据为四舍五入后取整

从经营总收入看，清明上河园的生命周期规律十分清晰。1999~2004年，清明上河园的经营总收入一直停留在2 000万元以下，到2004年，清明上河园已经进入第一次增长停滞期。2005年，清明上河园二期开业后，进入一个新的生命周期阶段，经营总收入迅速上升，突破了2 000万元大关，到2007年已经突破了4 000万元。2008年，《大宋·东京梦华》正式上演，清明上河园的游客量突破了百万人次大关，而经营总收入也跃升至6 179万元，并保持了多年的持续增长。从图8-2和图8-3可知，到2013年，清明上河园开始进入短暂的停滞期，游客量相比2012年下降，经营总收入增长放缓。因此，2014年，清明上河园推出《岳飞枪挑小梁王》和《大宋·东京保卫战》大型实景演出，以保持持续吸引力，游客接待量首破200.0万人次，达到227.0万人次。2017年,清明上河园首次开放夜游，实现全天候旅游发展新阶段。游客接待总量突破300.0万人次，收入约3亿元。

总体而言，清明上河园的游客量和经营总收入的变化仍遵循生命周期规律。由于更新改造的节奏较好，景区没有停滞太长时间就进入下一个生命周期，因而游客量的年际变化趋势保持平缓。从收入结构看，清明上河园的营业收入由门票收入、演出收入、其他业务收入等部分构成，其中门票收入是其最主要的营业收入，见表8-1。

表8-1 清明上河园收入结构（2010~2012年）

项目	2010年		2011年		2012年	
	营业收入	比重	营业收入	比重	营业收入	比重
门票收入/万元	6 250.56	75.30%	7 921.59	74.85%	10 742.28	74.03%
演出收入/万元	1 583.47	19.07%	2 134.00	20.17%	3 042.17	20.96%
其他业务收入/万元	467.35	5.63%	527.02	4.98%	726.26	5.00%
合计/万元	8 301.38	100.00%	10 582.61	100.00%	14 510.71	100.00%
净利润/万元	2 025.27		2 585.39		4 082.92	
现金流量净额/万元	4 956.00		−949.32		−2 648.46	

注：其他业务主要包括商品销售、驿站住宿、停车费、导游服务、餐饮等；由于舍入修约，数据有偏差
资料来源：清明上河园股份有限公司提供

从表8-1的收入结构看，清明上河园的盈利模式单一，尽管2012年门票收入所占比例相对较低为74.03%，低于国内同行标准，但实际上演出收入也主要来源于门票，二者相加后高达约95%。因此，清明上河园实际上仍是高度依赖于门票经济的单一盈利模式。不过值得注意的是，2012年清明上河图园实现年游客接待量185.8万人次、经营总收入14 510.71万元、净利润总额达4 082.92万元，分别比2011年增长14.5%、37.1%和57.9%。尤其是《大宋·东京梦华》实景演出，经过几年的市场培育，2012年演出收入突破3 000万元，净利润突破490万元，已逐步成为新的经济增长点。目前，清明上河园已经成为中国中部地区运营较为成功的大型文化主题公园和开封市旅游业的龙头企业、开封市文化旅游产业的名片。在多年的发展中，清明上河园牢牢把握宋文化这一主题，以文化经营为特色，积极促进文化旅游产业化、规模化，实现了社会效益、经济效益、环境效益的统一。

8.3 生存发展之道

区位、主题与企业的经营行为是影响主题公园发展的主要因素。作者最早关注的是区位因素对主题公园建设的影响，主题公园选址是影响主题公园发展的重要因素，好的选址是主题公园成功的必要条件。合理的区位决定了主题公园的客源市场、可进入性及所在地区的经济发展水平等，从而影响主题公园的规模大小与分类（保继刚，1997b）。随后的研究一方面在选址基础上突出强调了主题选择

对主题公园发展的重要性，认为主题选择是主题公园的文化核心；另一方面，强调了企业的经营与管理等微观因素的作用（蔚迪岸，2000）。作为文化景观类主题公园，清明上河园成功的原因主要有以下几个。

8.3.1 超越传统主题公园的市场吸引半径

图 8-4 是 2018 年 8 月 5~6 日清明上河园的游客客源地调查，该调查说明该园游客吸引半径较大，超过一般区域性主题公园。一般而言，主题公园的核心市场在 2 小时车程范围内，超过两小时车程的市场所占比例较小，而超过 5 小时车程的市场则几乎可以忽略不计。即使在交通基础设施发达、居民收入水平较高、自驾车占有率比较高的深圳，主题公园市场的省外比例较小。根据梁增贤和保继刚（2012a）的研究，深圳欢乐谷省内市场（主要为 2 小时车程范围内）占 97.5%，省外和境外市场所占比例极小，几乎可以忽略不计；锦绣中华·民俗村所展现的中国文化对传统节日市场和境外市场具有很强的吸引力，其省外和境内市场占到 43.2%，但波动性较大，而省内市场主要以深圳市及周边市场为主，占 56.8%，游客集中在传统节日出游；深圳世界之窗以演艺活动和异国风情见长，其省内市场占 78.4%，主要为大城市及周边地区的外来务工者市场和企业团队，而境外市场也占 17.9%。从这个参考值看，清明上河园通过市场细分，制定了以开封为中心，方圆 100 千米为一级客源市场，100~300 千米为二级客源市场，300 千米以上为三级客源市场的三级市场策略。到 2013 年，客源市场已经扩展到 500 千米，覆盖了济南、徐州、石家庄、太原、西安、武汉、合肥等周边城市（肖华，2013）。

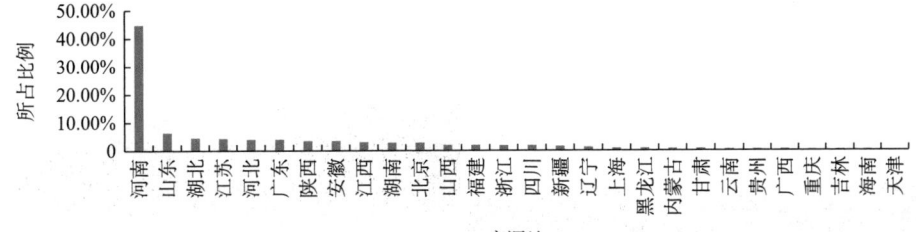

图8-4　2018年8月5~6日清明上河园的游客客源地调查
资料来源：中山大学旅游可持续发展监测问卷调查（样本量：596）

20 多年来，清明上河园的市场结构相对稳定，与深圳华侨城三大主题公园相比，其省外市场所占比例很高，高度依赖省外市场。2001 年，清明上河园省内客源市场占 48.9%，到 2010 年为 47.2%（潘要忠和郑耀星，2011），而另一项调研表明，受访的 1 341 名游客中，46% 来自省内（郑鑫和谢娟，2008）。从省内市场看，郑州、新乡、开封等 2 小时车程范围内的核心市场所占比例较高（潘要忠和郑耀星，2011）。根据潘要忠和郑耀星（2011）的研究，2010 年，清明上河园 500 千米以内的市场所占比例为 47.2%，500~1 000 千米的市场所占比例 40.1%，1 001~1 500 千米半径的市场所占比例 2.1%，大于 1 500 千米半径的市场所占比例仍高达 10.6%。这些数据表明，清明上河园超过了传统主题公园的吸引半径，具有较强的中远程市场吸引力。

8.3.2　具有历史文脉和地方性的主题选择

清明上河园还原再现的《清明上河图》，描绘的正是开封作为都城，在北宋年间的繁华景象。开封是世界上唯一一座城市中轴线从未变动的都城，城摞城遗址在世界考古史和都城史上少有。清明上河园的主题表达在地理空间和历史文化上保持了一致。这种长久不变的历史文脉和空间记忆，使得清明上河园的开发有特殊的地方性，同时让游客更具有真实感，支撑了"宋文化"品牌的建立。另外，《清明上河图》为中国十大传世名画之一，作为国宝级文物，家喻户晓，其主题表达也有足够的知名度。

清明上河园设驿站、民俗风情、特色食街、宋文化展示、花鸟鱼虫、繁华京城、休闲购物和综合服务等八个功能区，并设有校场、虹桥、民俗、宋都等四个文化区，还设立了宋代科技馆、宋代名人馆、宋代犹太文化馆和张择端纪念馆。清明上河园主要建筑有城门楼、虹桥、街景、店铺、河道、码头、船坊等。景区按《清明上河图》的原始布局，集中展现宋代诸如酒楼、茶肆、当铺、汴绣、官瓷、年画等现场制作，汇集民间游艺、杂耍、盘鼓表演，神课算命、博彩、斗鸡、斗狗等汴梁千年繁华街市风情，见图 8-5。

（a）　　　　　　　　　　　　　（b）

图8-5　清明上河园景观和表演（2014年）

资料来源：作者拍摄

自秦以来，中国历史上出现过九大王朝，宋朝虽然辉煌，但由于黄河泛滥灾害，留下来的文化遗产极少，其中有特色、知名度高的就更少。对比其他旅游城市，开封作为古都缺乏旅游标志物，如兵马俑于西安、故宫于北京。宋代文化没有很好的具象去落实。从旅游吸引物的符号化建构理解，开封有想要表达的"所指"，但缺乏可以表达的"能指"。清明上河园在主题选取上弥补了这一点。人造主题公园虽然在历史文化价值方面不如历史文化遗产，但是主题公园是较为综合的娱乐休闲产业，是集观赏、体验、表演、休闲等为一体的综合体，其可塑性也比传统历史文化遗产旅游要强。

8.3.3 具有良好的宏观和微观区位条件

清明上河园的区位条件也适合目前的客源市场到访。从省级尺度来看，开封位于中原腹地，交通便利，距省会城市郑州仅 70 千米，距郑州新郑国际机场仅需 55 分钟车程。而郑州又是中原地区重要的交通枢纽城市。开封境内有陇海铁路、310 国道、106 国道；省内至郑州、洛阳、三门峡、商丘有高速公路相连，构成郑、汴、洛黄河三点一线黄金旅游线路。显而易见，开封城市区位优越，航空、铁路和公路四通八达，保证二级、三级客源市场的游客能够方便到达（侯新冬和楼嘉军，2006）。

开封位于河南省，根据清明上河园微信客户端统计的清明上河园 2018 年"五一"期间的客源地来源数据，可以看出，清明上河园 69.81% 的游客来自河南省内部。河南省为我国人口大省，截至 2016 年，河南省年末常住人口达到 9 532 万人，位于全国第三，仅次于广东省、山东省。人口众多使得清明上河园在游客基数上不愁客源，见表 8-2。

表 8-2　清明上河园"五一"期间游客客源地（2018 年）

客源地省（市）	微信客户端百分比	客源地省（市）	微信客户端百分比
河南	69.81%	江苏	2.18%
山东	7.00%	北京	2.06%
河北	6.47%	湖北	1.94%
安徽	4.30%	浙江	1.06%
山西	4.18%	陕西	1.00%

资料来源：清明上河园微信客户端数据，由清明上河园股份有限公司提供

从省级尺度下空间集聚与竞争来看，不同性质的旅游资源或主题公园相互集聚，将形成区域群体规模优势，增强对游客的整体吸引力。从河南省主打的多个

景区可以看出，多为以云台山为代表的自然景观和以龙门石窟、少林寺为代表的人文景观，清明上河园在性质上与之不尽相同，因此，清明上河园是省级旅游甚至中部区域级旅游的一个节点，它与周边地区旅游能较好地互补。

郑州方特欢乐世界位于河南省郑州市，华强方特在全国具有一定的知名度，与清明上河园在空间上邻近，但在主题、概念、表现形式上都有一定差异。郑州方特欢乐世界主题多样，主营高科技表演与高空、高速、动感等娱乐项目，以高科技为主要表现形式。清明上河园与郑州方特欢乐世界各具特色，其区位邻近带来的集聚优势大于其带来的竞争关系。

从城市内部区位来看，清明上河园位于开封市龙亭区，位于城墙内部，龙亭区是开封市老城区。一方面，城市中心的交通往往比边缘地区的交通方便，郑开城际铁路宋城路站位于龙亭区内，方便游客进入；另一方面，龙亭区是开封市历史较为悠久的城区，因北宋皇宫遗址"龙亭"而得名，是开封市著名的文化旅游风景区，内有龙亭、天波杨府、中国翰园碑林等历史文化景观。清明上河园不仅支撑了开封市"宋文化"品牌的建立，还在文化上与城市文脉相连，内部景点形成新的互补关系。

8.3.4 来自各方面的支持与推动

清明上河园与一般景区不同，它有着深厚的政府背景，但是政府并不干预企业的实际运作，将企业运营交给海南置地集团有限公司，自己充当配角。海南置地集团有限公司占55%的股份，开封市旅游局占45%的股份。政企的合作使得管理机构工作较为到位，企业经营活力明显增强。开封市人民政府并未以经济收益为主导，而是为景区长远发展考虑，积极参与环境改善，提供安全保障和进行宣传推介工作。在清明上河园二期扩建工程中，涉及开封市水产科学研究所的改制，如果不是开封市人民政府的灵活处理，景区二期工程不会如此顺利。可以说，开封市人民政府为清明上河园的可持续发展起到了关键的作用。当然，这种合作模式也有一些弊端，如投资决策较慢，产品更新改造缺乏长期的系统规划，短期更新项目的决策过程较长，一次投入规模有限。量力而出的投资方式，难以对景区的吸引力做较大的结构性调整。

开封市人民政府重视城市文脉保护和旅游开发，开封市编制的《宋都古城风貌保护与重现工程规划》要求在老城区（即城墙内）楼房限高15米，建筑形式则以宋式仿古为主，以此保证开封市的地下文物免遭高楼建设的破坏，同时保护老城区的天际线，展现古城的整体风貌。清明上河园位于城墙内部，政府在保护城市风貌方面的努力，也让清明上河园获得了较好的外部环境支持。

清明上河园是一座被当作历史遗迹游览的主题公园。很多人会将它与珠海的圆明新园相比较，但二者有着本质不同。清明上河园有深刻的历史文脉和地方记忆，而圆明新园在珠海是个舶来品，既难以获得全国的市场认同，也很难获得本地居民的文化认同，这个形象元素很难固化在珠海城市旅游形象上。从长远看，清明上河园也需要转型、调整，根据市场环境的变化，不断优化吸引力结构和功能结构，以满足新的市场需求。在这个方面，或许锦绣中华·民俗村和深圳世界之窗的转型，值得参考。

8.3.5 清明上河园良好的经营策略

面对恰当的区位、市场，清明上河园采取的相对合理的经营策略也是其可持续经营的关键。不同地区的消费水平与人们总体旅游经历存在差异，这会产生不同的市场偏好。沿海地区由于经济发达，对于主题公园的体验更倾向动态、成熟、多样化的特质，游客也可以负担多次去主题公园的票价成本。而随着主题公园产业向中西部地区的移动，中西部地区的主题公园市场不如东部地区成熟，潜在游客仍然处在开阔眼界、景观审美的观光旅游向娱乐消遣、互动体验的转变中。首先，根据2016年各省（区、市）（不含港澳台地区）的人均消费水平可以看出，河南省的人均消费水平位于中等水平。河南省内部城市之间发展差距较大，因此，内部的旅游市场也较为多样，处于一个转变状态，而清明上河园满足了这些地区游客的需求，见图8-6。

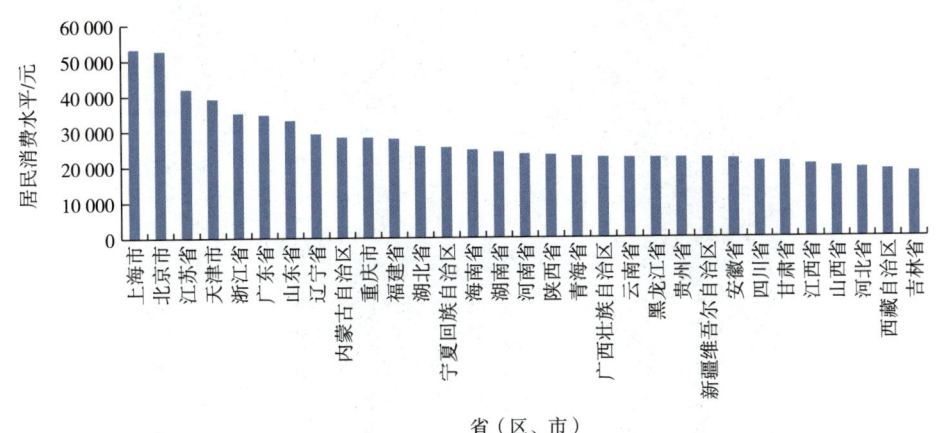

图8-6　各省（区、市）2016年城镇居民消费水平
资料来源：国家统计局

首先，相较于长隆海洋王国、迪士尼乐园等，清明上河园的门票价格较低，成人票价为120元。相对于开封周边地区而言，这样的票价门槛比较适中。其次，清明上河园包含了游园观赏的静态观光，也有许多具有互动性的民俗表演，景区内的实景演出如《岳飞枪挑小梁王》十分震撼，同时还承办许多重要节庆活动。总的来说形式较为多样，可以满足不同市场的需求。

从清明上河园历年的游客量可以看出，清明上河园的游客量一直处于上升状态，不符合以往主题公园"首期效应—下降—趋于平稳"的规律。究其原因，一个原因是因为中部地区尤其是河南省旅游市场逐渐偏向休闲旅游，主题公园逐渐受到大众的偏爱；另一个原因则是清明上河园不断地进行产品创新。根据访谈，当年清明上河园遇到了60万~80万人次游客量的瓶颈，其想通过推出夜游项目，搞文化创意，打造"夜经济"。2007年11月正式推出的实景演出《大宋·东京梦华》，投资6 000多万元，相对于很多其他地区的表演投资不算多，但是它的影响是巨大的。对于清明上河园来说，夜景表演于2008年投入商业运营，游客量首次突破100万人次大关，打破了持续多年的瓶颈，清明上河园进入"第二春"并保持快速增长，2011年门票收入破亿元。

清明上河园为微缩景观和选址在三四线城市的主题公园提供了可持续经营的样板。尽管它的可持续经营是天时、地利、人和的结果，其他公园不一定能照搬照抄，但那种能够充分发挥自身条件优势，做百年老店的经验是值得学习的。我们多次调研清明上河园，也将会持续关注它的发展，见图8-7。

图8-7　2014年作者在清明上河园调研
资料来源：作者提供

- 主题公园发展
- ——中国案例

第 9 章 苏州乐园的主题游乐园试验

同样是经济发达城市的深圳与苏州,同样是大型国有企业的华侨城集团与苏州苏高新集团(简称苏高新集团)。投资体量和建设规模相当的深圳欢乐谷与苏州乐园,两家主题公园有太多相似之处,但最后的发展路径完全不同。显然,主题公园的发展很大程度上与母公司的整体战略,尤其是主题公园业务在母公司业务中的地位紧密相关,也与城市空间发展的趋势相关。主题公园毕竟投资大、占地广。大多数位于都市中心区的主题公园单位土地收益都不如周边的写字楼和购物中心。如果主题公园发展不能匹配城市空间发展战略,不能带动周边业态、刺激消费,不能促进土地增值,主题公园被搬迁、置换,甚至关门倒闭就是大概率事件。

第9章　苏州乐园的主题游乐园试验

9.1　苏州乐园应时而生

苏州乐园要比深圳欢乐谷开业早。苏州乐园的欢乐世界聘请加拿大专业设计机构按照迪士尼乐园的空间布局和主题化包装来规划设计，引进的设备在当时也算一流，开业之初的影响力不小于深圳欢乐谷。然而，苏州乐园和深圳欢乐谷的背后，一个是苏高新集团，一个是华侨城集团。两家虽都是国有企业，但发展路径不同，对主题公园的发展思路和企业定位也有很大差异。这直接决定了日后苏州乐园和欢乐谷系列主题公园发展上的差异。事实上，两家国有企业都曾经是中国主题公园产业的重要开拓者。苏州乐园的开发，可以看作一场主题游乐园试验。早期的游乐园缺乏主题体验，设施设备也不够先进，规划设计理念落后。锦绣中华、中国民俗文化村和深圳世界之窗在深圳的成功，客观上说明文化主题对于主题公园的重要性。只有设施、设备，再先进，也只是游乐园；而只有主题文化和微缩景观，做得再精致，活下来的也只是少数。因此，学习迪士尼乐园，打造东方迪士尼乐园，尝试兴建主题游乐园成为20世纪90年代中后期的诉求。随着长江三角洲地区经济的快速发展，尤其是苏州经济的腾飞，居民的生活水平显著提高，传统游乐园已经无法满足居民的休闲娱乐需求，而主题公园作为一种美式娱乐，照搬落地中国似乎缺乏可行性。毕竟，先前已经有了福禄贝尔科幻乐园的悲剧，开发商不得不重新反思如何开发更适合中国国情的主题娱乐。因此，苏州乐园开启了一种主题游乐园试验。那么，为什么是苏州？

改革开放以来，苏州经济在"苏南模式"的推动下取得快速发展，民营经济极大地推动了地区经济增长，人们生活水平不断提高。特别是1990~1999年，苏州的经济年增长速度高达23.57%，远远超出全国的平均经济增长速度，甚至达到或超过"亚洲四小龙"在高速发展期的增长速度。"苏南模式"指江苏的苏州、无锡、常州地区通过发展乡镇企业进行非农化的方式和路径。在改革开放初期，当地农民依靠自己和集体的力量发展以集体经济所有制为主的乡镇企业，但在1990年前后，这种集体性质的企业却严重束缚了苏南民间自主创业的活力，于是苏州市人民政府开始寻求新的发展机遇，外向型经济发展就成了苏州经济新的发展方向。不仅如此，随着经济的继续向前发展，外向化、结构调整、产权改革和城市化相继赋予"苏南模式"以新的内涵，因此，到了20世纪90年代中期，苏州的经济发展已经有了很大的积累，居民生活水平显著提高，城市经济深化转型，第三产业发展受到极大重视。苏州开始步入后工业社会。除此之外，苏州开发主题游乐园还具有一些其他的优势条件。

9.1.1 气候条件

　　苏州乐园位于苏州高新技术产业开发区，地处北亚热带与中亚热带交接地带，属亚热带季风海洋性气候，温和湿润，四季分明，雨量充沛。苏州的气候条件表明，按照户外主题公园项目的设置标准，每年 4~11 月是适宜营业的时期，每年 12 月到次年 3 月不适宜户外刺激性项目和水上项目的运营。总体来说，气候条件对苏州乐园的影响在可以接受的范围内。由于雨季和冬季寒冷的因素，苏州乐园在规划设计时也比南方的主题公园增加了更多的室内空间。

9.1.2 经济条件

　　20 世纪 90 年代初期，苏州经济已经相当可观，第三产业的增长尤其快。1995 年苏州实现地区生产总值 903.11 亿元，其中第三产业增加值 279.33 亿元，分别比 1994 年增长 25.3% 和 33.3%；人均地区生产总值已经达到 1.58 万元，第三产业增加值占地区生产总值的比重由 1994 年的 29.1% 提高到 30.9%；全年实现财政收入 53.86 亿元，其中地方财政收入 26.89 亿元，分别比 1994 年增长 20.1% 和 21.9%。作为中国早期第一批国际旅游城市，1995 年苏州就已经接待境外旅游者 33.72 万人次，其中接待过夜境外旅游者 24.57 万人次，创汇 7 236 万美元，分别比 1994 年增长 16.2%、4.4% 和 26.0%。当时的苏州正在从一个工业城市，逐步向后工业城市转化，工业仍占有主导地位，但社会消费已经开始强调多元化、非标准化和主题化。突破传统游乐园模式，打造一个适应苏州未来市民需求的主题游乐园计划便被提上了日程。

9.1.3 人口规模

　　区域性主题公园主要为当地的大都市或者城市群居民服务，单个主题公园平均每年游客接待量在 100 万人次左右，最高不超过 400 万人次，属于依赖都市圈生存和发展的景区，目标市场主要是车程在 2 小时以内的大都市圈居民，苏州、无锡、常州，以及大都市上海都在这个圈内。1995 年末，苏州总人口为 572.91 万人，比 1994 年净增 1.48 万人，市区人口有 105.74 万人。在苏州的总人口中，非农业人口 168.85 万人，比 1994 年增长 4.2%。更为重要的是，由于经济的快速发展，居民的人均收入增长也很快。1995 年，苏州市区居民人均可支配收入 5 450 元，农民人均可支配收入 3 954 元，分别比 1994 年增长 17.9% 和 28%。这个收入水准远高于同期全国平均水平。显然，苏州是符合建设区域型主题公园市场条件的。

9.1.4　旅游区位

1995 年的狮子山还位于苏州西郊，城市中心区拓展还没有涉及苏州乐园所在地，城市轨道交通还没有通达，但公共交通系统已经联通。这个区位无论是北上江苏还是南下浙江都很近，内外部交通比较优越，并没有再犯福禄贝尔科幻乐园的错误。苏州总体的旅游区位也很好，是连接江浙沪区域市场的枢纽，当年无论是专程客流量还是过境客流量都相当可观。当然，也正因为邻近城市中心区，当城市拓展蔓延至此地后，土地价值上升，客观上也最终促使苏州乐园搬迁至大阳山（图 9-1）。

(a)

(b)

图 9-1　2010 年的苏州乐园与苏州城市的空间关系
资料来源：作者拍摄

进入 21 世纪，在新的苏州城市总体规划中，苏州将形成"双城格局"，高新技术产业开发区与老城区组成的苏州主城区，主要承担城市生活服务中心和市域政治、文化中心职能。苏州乐园所在的高新技术产业开发区在新一轮快速城市化后，变成了中心城区。苏州乐园地处苏州高新技术产业开发区中心位置，是高新技术产业开发区的城市中心，文化娱乐、商贸资源极为丰富。城市轻轨 1 号线、3 号线交汇于此。到 2010 年，苏州已经成为苏南的重要城市，周围 200 千米内的居民超过 3 000 万人（胡强，2018），为其提供了充足的客源市场。无论是本地居民还是周边区域居民到访都非常方便。问题是，同样是从原来的城市边缘区变成城市中心区的深圳欢乐谷，为什么就没有搬迁呢？这需要从两个主题公园日后的发展来分析。

苏州乐园开业前，周边城市已经有了锦江乐园。那个时期的器械游乐园发展在经济发达的长江三角洲和珠江三角洲已经初现弊端。已经开始走向后工业社会的苏州，居民开始注重娱乐的品质和文化体验，继续模仿锦江乐园开发游乐园并不现实，不具备长久的旅游吸引力。因此，苏州乐园的开发采取了一种相对保守的策略。一期工程先开发"水上世界"，位于狮子山的南部，占地只有 8 万平方米，这在当时是一个先进的水上游乐园，主要旅游项目包括各种滑道、造浪池、戏水池、漂流河等。水上乐园于 1995 年 7 月暑假旺季开园，第一年 40 余天内接待游客 60 万人次，最高峰一天接待游客 3.3 万人次，创下当时国内水上游乐园的新纪录。

二期工程"欢乐世界"是一个乘骑器械为主的大型主题游乐园，占地 54 万平方米，是整个苏州乐园的主体部分，而整个苏州乐园当时的占地为 94 万平方米（约合 1 410 亩）。该乐园由加拿大多伦多 Forrec 公司进行总体规划，由当时的苏州新区经济发展集团总公司（现为苏高新集团）、香港中旅建筑有限公司、上海东方电视台、香港金宁有限公司等企业于 1997 年联合投资建成，注册资金 2 400 万美元，总投资 6 亿元（包括水上乐园，乐园初期投资为 3.5 亿元）（许心元和杨耿，1998），于 1997 年 2 月份开园营业。

"欢乐世界"位于狮子山东部，主要游玩项目是时空飞船、太空历险等高科技游乐设施及各种欧美建筑风格的景观。苏州乐园总体上按照"东闹西静，北娱南商"的原则进行景点布置，力求将西方游乐园的奔腾活泼与东方园林的安静优雅的特点集于一身。苏州乐园作为主题游乐园的先行者，在很多理念上是具有引领作用的，甚至对后来深圳欢乐谷的开发也有很大启示。苏州乐园至少在以下两个方面具有启示作用。

第一，整体规划、整体设计和整体建设。苏州乐园聘请国际著名主题公园规划设计公司进行场地设计，对游乐园进行了主题分区设置，系一次性建成，形成了完整的游乐体系。在规划和设计层面，在当时的中国（不含港澳台地区）算是比较先进的。

第二，整体主题化包装和娱乐项目策划。苏州乐园无论是在设施、设备的选择还是在主题包装的程度上，都是当时比较先进的。这种整体主题化包装的设计在那个时期比较少见，只是这种主题化仅仅停留在包装层面而已，并没有实际的文化内涵，在当时却足以吸引游客。

9.2 苏州乐园的经营绩效

苏州乐园的主题游乐园试验效果如何？苏州乐园自1995年开业以来，便迅速成为华东地区主题公园的佼佼者，游客接待量一直处于前列，被誉为"中国第三代主题公园点睛之作"。苏州乐园从1995年开业以来，尽管遭遇了1998年和1999年的经济低迷，但游客量还是保持高位稳定，到2000年已经累计接待游客量突破1 000万人次，几次创造了中国主题游乐园游客量的最高纪录，最高纪录为一天接待3.3万人次（胡强，2008）。开业初期的苏州乐园还是很成功的。苏州乐园1998年被列入国家旅游局优先开发项目；1999年被评为全国旅游先进集体；2000年被列为国家旅游景区（点）评定试点景区，通过国家旅游局景区（点）AAAA级评审；2001年成为中国首家通过ISO9002质量保证体系认证的主题乐园；2003年通过ISO9001质量管理体系认证；2008年通过ISO14001环境管理体系认证。

苏州乐园的游客量一直相对稳定，经历了开业初期（1995~1997年）的首期效应后，自1998年开始游客量略有下降。经过2000年以来的一系列更新改造后，苏州乐园增加了一些新项目，2005年游客量达到173万人次，其中一部分是"水上世界"的游客量，到2008年已经上升到了208万人次，见图9-2。如果减去"水上乐园"游客量，很明显苏州乐园在经历首期效应后，增长乏力，远远低于同期深圳欢乐谷的水平（见图11-1，2008年深圳欢乐谷的游客量已经超过300万人次）。深圳欢乐谷也是在经历开业后一段时期的低迷后，重新增加建设三期、四期，取得新的发展，然而，苏州乐园没有选择进行大规模更新改造。

苏州乐园的选择与苏高新集团对乐园的战略定位和乐园自身的经营状况有关。2008年，苏州乐园的营业收入达到13 276万元。然而，从苏州乐园发展有限公司提供的数据来看，乐园的客均收入比较低，2005年的客均收入仅为46.5元（8 044/173），2008年上升为63.8元（13 276/208），但仍属于较低收入水平，"旺丁不旺财"。产生这个现象的原因，要么是乐园存在较大比例的年卡游客，要么是游客量统计存在较大的重复计算。到2014年，苏州乐园共接待国内外游客117万人次，营业收入为1.05亿元（张丽等，2015）。苏州乐园的旅游收入不增反降，客观上反映了苏州乐园经营的困境和产品吸引力的下降。

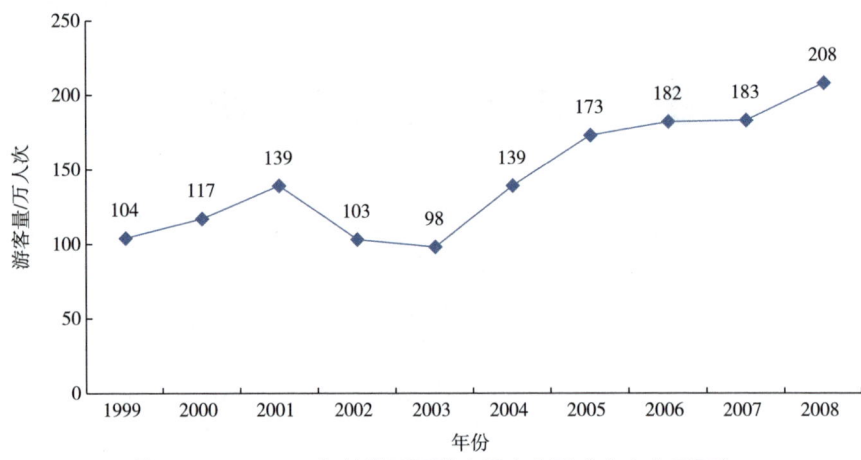

图9-2　1999~2008年苏州乐园游客量变化图（含水上乐园）
资料来源：苏州乐园发展有限公司提供

苏州乐园的市场结构和季节性变化，也反映了这样的现实。苏州乐园每年的7月、8月和10月是游客流的高峰期，而从11月开始到次年3月是游客流的低谷期。游客流流量的月度变化再次说明了气候条件对区域性主题公园的影响。事实上，每周的周末也是游客流流量高峰。需要特别说明的是，苏州乐园的"水上世界"在暑假期间贡献了较大比例的游客量。因此，总体上，苏州乐园平季的游客量可以以6月和9月为代表，处于比较低位的水平（图9-3）。

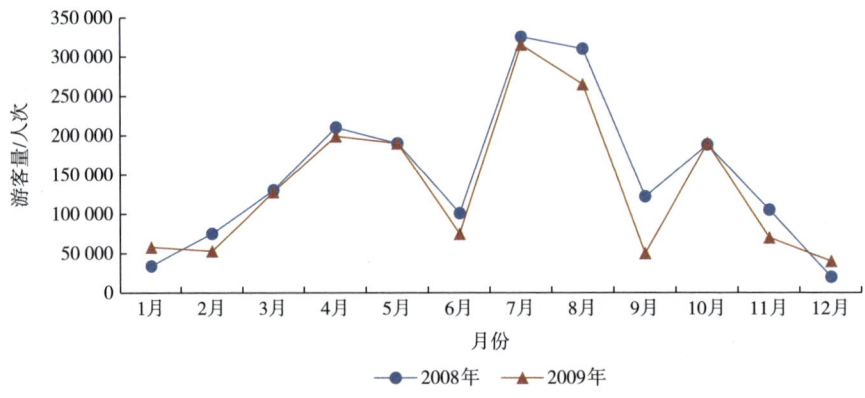

图9-3　苏州乐园月度游客流流量变化趋势
资料来源：苏州乐园发展有限公司提供

根据苏州乐园2009年"十一"期间的游客调查，苏州乐园以江苏其他地区游客最多（图9-4），占调查游客总量的37%；苏州游客次之，比例达到32%；上海、浙江、安徽及其他地区的游客最少。苏州市场、江苏其他地区市场是苏州乐园的主要客源地。

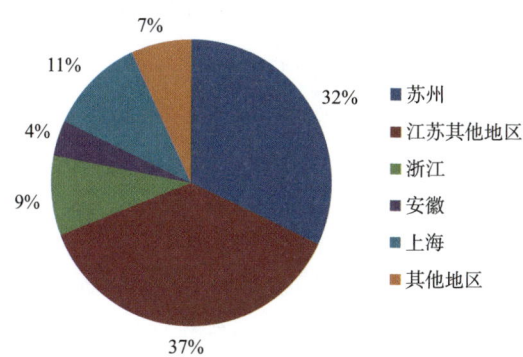

图9-4　苏州乐园客源地分析
资料来源：苏州乐园发展有限公司2009年"十一"和中秋节期间2 793份有效调查问卷结果

游客在苏州乐园内逗留时间以半天或半天以上为主，即3~6个小时为主，人均消费比较低。这进一步说明两点：第一，苏州乐园的整体产品纵深不足，尽管项目数量很多，但游客停留时间较短，对于中远程市场而言，行游比较低，大老远跑来一趟，只玩半天。第二，园内产品的消费价值不高，营收能力欠缺。园内二次消费比例太低，导致人均消费较低（图9-5）。事实上，苏州乐园面对的潜在市场是具有足够时间和消费力的人群，问题还是出现在产品本身。

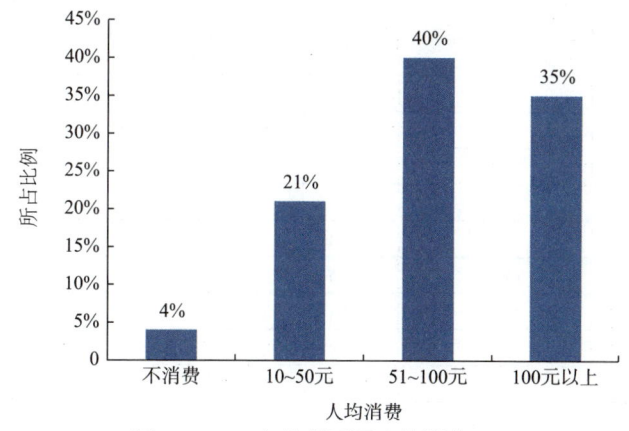

图9-5　2009年苏州乐园人均消费
资料来源：苏州乐园发展有限公司2009年"十一"和中秋节期间2 793份有效调查问卷结果

9.3 苏州乐园的产品调整

苏州乐园基本上也意识到存在的问题，也努力做出了调整。苏州乐园先后引进了40余种游乐项目，其中包括一批当时国际一流的惊险刺激的高科技游乐设施（表9-1），以提升苏州乐园的核心吸引力，丰富产品线，延长游客停留时间。其中，最重要的是新建了几个主题分区，如2002年的夏威夷海浪景区，2004年的神舟六号超级飞船游乐项目，2006年的加勒比风暴区，2008年的欢乐嘉年华、未来世界广场、球幕电影、水上世界水上游乐项目等。

表9-1 苏州乐园游乐项目

项目名称	引进时间	位置	项目等级	市场影响
天旋地转	1998年	欧美城镇	国内一流	很大
4D影院	2000年	欧美城镇	世界一流	较大
转转杯	2008年	欧美城镇	国内一流	较大
欢乐嘉年华	2008年	欧美城镇	国内一流	较大
冲浪旋艇	2009年	欧美城镇	国内一流	较大
太空历险	不详	欧美城镇	国内一流	很大
青菜萝卜城	1997年	儿童世界		较大
小小世界	1997年	儿童世界	国内一流	较大
桑巴气球	2009年	儿童世界	国内一流	较大
儿童组合滑梯	2009年	儿童世界	国内一流	较大
旋转木马	不详	儿童世界	国内一流	很大
夏威夷巨浪	2002年	夏威夷港湾	世界一流	很大
飞行岛	2002年	夏威夷港湾	世界一流	很大
豪华波浪	2002年	夏威夷港湾	世界一流	很大
飞碟探险	1997年	未来广场	世界一流	较大
宇宙大战	1997年	未来广场	国内一流	较大
球幕电影	2008年	未来广场	国内一流	一般
滑翔翼	2000年	狮山奇观	国内一流	较大
悬挂式过山车	2003年	狮山奇观	世界一流	很大
空中飞人	1999年	加勒比风暴区	国内一流	很大
高空弹射	2000年	加勒比风暴区	世界一流	很大
极速风车	2006年	加勒比风暴区	国内一流	较大
龙卷风	2006年	加勒比风暴区	世界一流	很大

资料来源：苏州乐园发展有限公司提供

同时，苏州乐园也在节庆活动上做文章。乐园一年一度的春节"新春送礼"活动、"五一"节庆极限活动、啤酒节、"十一"金秋嘉年华、圣诞音乐节等一系列风格各异的主题活动，不仅丰富了苏州乐园的文化气息，也创造了良好的社会效益和经济效益。

尽管如此，苏州乐园的更新改造还是难以从根本上改变产品吸引力。经营绩效在更新改造后迎来小幅提升，但很快又趋于平淡，甚至下降。在长期经营增长缓慢、绩效不理想的情况下，苏州乐园的管理也面临新的困难。许多问题显而易见，但又难以改变。

第一，定位模糊，缺乏主题。苏州乐园建设之初确定了主题游乐园的发展模式，以狮子山为背景，以狮子为主题。然而，在后来的发展中，苏州乐园始终没有围绕狮子建立自己的主题文化，单纯的主题包装并不能给予游客足够的主题体验。苏州乐园一开始的广告语为"迪斯尼太远，去苏州乐园"（图9-6）。明显是要模仿迪士尼乐园，如其中有一个太空山项目，就是模仿迪士尼乐园的 space mountain（飞越太空山），但两者相比，体验有天壤之别。苏州乐园有一位高管戏言："迪士尼太远的真正含义不是空间距离太远,而是内容质量相差太远。"当设施、设备老化后，吸引力自然下降。苏州乐园曾经希望开发的狮子文化，由于缺乏有力的实质内容，只能流于形式，这些严重制约了苏州乐园主题化的发展。

(a)

(b)

图9-6　苏州乐园的主题景观
资料来源：作者拍摄

第二，后期投入不够，更新改造不足以改变吸引力结构。苏州乐园尽管开业至今一直不断更新改造，但总体上仍显投入不足，更新改造的步伐较慢，改造的幅度较小。由于当时过多参照了欧美主题公园规划设计参数，部分室内娱乐空间、餐饮空间的配置过多，许多项目需要调整。这些都需要较大的投入。主题游乐园本质上还是游乐园，仍需要不断更新设备以保持持续吸引力。

第三，随着苏州城市化扩张，苏州乐园所处位置由城郊变成市中心区，一方面，土地价值飙升，苏州乐园成了价值洼地；另一方面，苏州乐园周边可供拓展开发的腹地太少，乐园在开发初期没有相继增加其他主题公园和相关配套产业。孤立的主题公园在后期发展中独木难支，想要新建又没有土地。苏州乐园总体上属于孤立开发，并没有充分发挥其产业关联带动作用及对周边房地产的增值作用。

第四，由于产品吸引力结构问题，苏州乐园盈利模式单一，门票收入占乐园经营总收入的比重很大。加之苏州乐园在后期的经营绩效较为一般，苏高新集团也没有选择将苏州乐园拓展连锁，像欢乐谷系列一样向全国布局。没有连锁，就缺少规模效应，管理人员的晋升和输出就缺乏出口。这又进一步导致苏州乐园优秀管理人才的流失和员工的流动。

显然，苏州乐园上述发展困境的解决，关键还在于苏高新集团本身。苏高新集团需要在自身主题公园乃至旅游产业的总体定位和发展战略上做出重大的调整，重新明确苏州乐园的发展方向，加大投入用以乐园的更新改造、主题策划和产业链建设。

9.4　从狮子山到大阳山

苏州乐园各个阶段的管理层，基本都意识到问题在哪里，但解决手段和效果并不是很好。苏州乐园问题的解决恐怕早已不是就公园本身谈公园的问题。深耕公园本身解决不了根本问题。一方面，市场需求是多元的，综合娱乐消费是一个趋势，而单一的乐园消费难以适应市场；另一方面，2010年后，长江三角洲地区主题公园发展迅速，上海欢乐谷、常州恐龙园、常州嬉戏谷、上海迪士尼乐园、宁波方特东方神画相继开业，孤立的苏州乐园已经难以招架。显然，苏州乐园要想保持发展，必须寻求新的空间、新的机遇。

2009年，依据苏州高新技术产业开发区发布的产业结构调整意见，规划在北到何山路，南到玉山路，西到珠江路，东到长江路（包括索山、玉山公园及狮山街道）的范围内实施"退二进三"的产业政策，要求以苏州乐园为主导，打造开放性的城市商务娱乐主题社区，占地300万平方米。在"退二进三"的新区发展背景下，苏州乐园成为区域产业转型的核心主导，无论是苏州市人民政府还是苏高新集团都寄予厚望，开展了一系列规划和更新改造。

2010~2015年是苏州乐园品牌快速扩张的时期。2010年，苏州乐园为满足市场日渐高涨的亲子游热情，打造推出了大型室内儿童亲子主题乐园——苏州乐园苏迪糖果乐园（后改为苏州乐园·糖果世界）。该糖果乐园位于苏州乐园水上世界商业广场内，室内面积6 000多平方米，投资8 000多万元，集儿童游乐、体验、互动表演为一体，于 2010 年 7 月正式对外开放。该糖果乐园以糖果为主题进行包装，不仅有众多儿童游乐设施，还有各种设计好的情境体验，主要分为城堡区、森林区、果蔬区、暗黑区、花园区五部分。儿童通过集齐五枚快乐印章来保护糖果世界，寓教于乐（图 9-7）。苏州乐园·糖果世界也是一次试验，是因为这是一种社区级（niche）的主题公园。该类公园的建设规模不大，投资也不大，容量也很小，却有鲜明的主题，对青少年和儿童市场具有极大的吸引力。该类型主题公园不同于以往的大型主题公园的开发模式，由于其占地面积不大，很多闲置空间都可以加以改造利用。它的经营模式也特殊，儿童票为 100 元 / 人，但成人票仅为 30 元 / 人，因为乐园内并没有适合成人的娱乐项目。这是一个完全针对青少年和儿童的主题公园。由于该类主题公园投入较少，经营门槛较低，通常都很容易收回投资。因此，苏州乐园很快在徐州也建设了糖果乐园。

(a) (b)

图 9-7 苏州乐园·糖果世界实景

资料来源：设计单位提供

2011 年，苏州乐园温泉世界隆重面世，成为首个将水上娱乐项目与温泉巧妙融合的旅游产品。该项目位于苏州高新技术产业开发区高树村，号称投资两亿元，占地 3 万多平方米，共建各类温泉水池 40 多个，分为室内经典温泉区、室外日式温泉区和综合服务区。至此，苏州乐园形成了欢乐世界、水上世界、糖果世界和温泉世界四大主题景区携手并进的旅游休闲综合体格局。

这一阶段，苏州乐园的策略很明确，就是通过新建景区拓展相关产品，丰富产品线，延长游客停留时间，增加消费。苏州乐园通过增加温泉世界，基本做到了"四季皆宜"，通过糖果世界打开儿童市场，通过温泉世界和生态世界打开中老年人市场，基本做到了"老少咸宜"。同时，苏高新集团通过免费班车把几个"世界"相连，有效地延长了游客的游览时间，把一日游转变成两日游和深度游，由此带来一系列消费，极大地提高了景区经济效益。通过不同的产品组合可以有效应对市场不同的需求（周伟民，2011）。苏州乐园已经由单一的游乐园成长为一个集吃、喝、玩、乐为一体的综合旅游休闲体，为主题公园提供了新的发展思路。然而，主题游乐园、糖果世界、温泉世界面对的是同一个市场吗？新增的景区和项目，到底是为了把市场做深、做足，还是拓展了新的市场、增加了新的市场域？如果是后者，那么苏州乐园可能会面临珠海海泉湾度假区一样的困难，即每一个市场都涉猎，但每一个市场的体验都没有做足。泡温泉的很少去坐过山车，在糖果世界照顾小孩的成人也不可能去欢乐世界玩。新增加的项目有可能不仅没有增加游客体验，反而增加了企业的运营管理和营销成本。

苏州乐园后来的发展多少印证了我们当初的判断。随着苏州城市化的进一步加深，苏州乐园的土地价值飙升，以房地产和基础设施建设见长的苏高新集团痛下决心，将苏州乐园搬迁到大阳山。一方面，苏州乐园周边缺乏发展腹地，要想进一步拓展产品没有空间；另一方面，大阳山地块也需要新的发展引擎。在推拉两项作用力下，再考虑到苏州乐园的发展困难，搬迁成为最合适的选择。

大阳山最早建设的也是水上世界。2016年7月8日，苏州乐园森林水世界盛大开业，地处苏州高新技术产业开发区大阳山绿心的阳东新城片区，总规划面积约10万平方米，规模比原来大一倍，距苏州古城中心仅5千米。森林水世界紧邻绕城高速、太湖大道，与沪宁高速、通锡高速（无锡支线）距离10千米左右，并与运行的有轨电车1号线及当时规划待建的轨道交通3号支线毗邻，区位优势突出，交通十分便利。

2017年9月，位于大阳山的新苏州乐园主题公园正式开工建设。

2017年11月1日，位于狮子山的老苏州乐园正式闭园。

2018年2月11日，苏州高新旅游产业集团有限公司（简称旅游集团）揭牌成立。旅游集团隶属于苏州新区高新技术产业股份有限公司（简称苏高新股份），旅游集团的前身为苏州乐园发展有限公司。

2020年5月20日，占地786亩，建筑面积13.5万平方米，总投资15亿元的苏州乐园森林世界开业。它能成为新一代主题公园，与周边配套的度假酒店，形成游乐、度假为一体的主题乐园吗？

老苏州乐园，不能称失败，它也成功过，很多经验也值得今天学习，只能说是一个时代的终结。新苏州乐园更值得期待，它和欢乐谷一样，反映了国有企业在主题公园产业大潮中不断试错、积累和成长。

- 主题公园发展
- ——中国案例

第 10 章

没有建成的武汉长江乐园

谈一个最终没有建成的主题公园，一是因为这个主题公园名声很大，所在城市武汉也非常适合开发主题公园；二是因为这个主题公园的可研论证也很好。项目有基础、有条件，怎么就没有建成呢？更为重要的是，为什么一个没有建成的主题公园在业界知名度还不小呢？

10.1 中国主题公园研讨会

近年来，中国主题公园的各种峰会、节事、研讨会已经很多了。然而，今天业界、学界和政府界的许多人，印象最深的还是1998年5月8~9日在武汉召开的"中国主题公园研讨会"。这次会议是国家发展计划委员会（简称国家计委，即现在的国家发展和改革委员会）社会发展司组织召开的中国主题公园发展研讨会，在中国主题公园发展史上是一次非常重要的会议，具体由武汉长江娱乐发展有限公司承办。会议还邀请了政府管理部门、大学、企业集团及香港旅游业协会（现香港旅游发展局）、美国相关设计和咨询公司的人员参加，由时任国家计委社会司司长杨庆蔚主持。那时，作者刚从美国研究主题公园回来不久，也应邀做主题报告。会议主要探讨了中国主题公园发展的状况及存在问题、国外主题公园发展进程、主题公园决策分析与管理、主题公园建设与经营对策等议题（徐菊凤，1998）。

会议召开的背景很特殊，时机很重要。如前文所述，1995年苏州乐园一期开业，1997年苏州乐园二期开业，1998年深圳欢乐谷也已开业，国内其他城市也已经或计划建设新一代以乘骑器械为主的主题公园，新一波开发浪潮即将到来。此前，中国已经经历了两次主题公园的开发浪潮，一次比一次教训深重。第一次浪潮是20世纪80年代初期的游乐园开发浪潮，以1983年7月15日开业的中山长江乐园为标志。北京的石景山游乐园（1986年开业）、上海的锦江乐园（1985年开业）、广州的东方乐园（1985年开业）、珠海的珍珠乐园（1985年开业）、深圳的深圳湾游乐场（1984年开业）、香蜜湖中国娱乐城（1985年开业）都是这一阶段的代表性项目（保继刚，2015）。然而，这一时期建设的大都为无主题包装的游乐园，投资规模小，主要满足儿童和家庭市场的娱乐需求，并不注重产品更新，逐渐被市场淘汰。以广东省为例，这一时期建设的19个游乐园有18个亏损，只有1个勉强经营（保继刚，1994b），可谓惨烈。第二波浪潮以深圳锦绣中华开业为标志，全国各地以中国古典名著和民俗文化为主题的微缩景观迅速发展，全国各地大力兴建"西游记宫"、"大观园"、"三国城"和"民族园"之类的微缩景观主题公园。第二波倒闭浪潮比第一波还猛烈，加之投资额巨大，对社会经济的负面影响很大。有鉴于此，在第三波浪潮到来之时，召开一次认真严肃的多方研讨会就显得十分必要。

该次研讨会认真总结了过去十几年中国主题公园产业发展的问题和经验，会议上的一些发言，至今仍具有参考价值。

时任国家旅游局计划统计司副司长的钟海生的报告观点鲜明，他认为：第一，主题公园已经成为中国旅游业发展的新增长点，将成为中国人出游的重要选择。第二，我们应该对中国主题公园的发展充满信心。主题公园的投资已成为中国旅游业的投资热点，中国的经济发展能够支撑主题公园的发展。亚洲文化和中国文化是接受主题公园形式的。第三，中国主题公园的发展面临着一系列挑战。一是中国主题公园的发展没有经验可供借鉴，如江苏福禄贝尔科幻乐园的区位选址在国外是合理的，在国内并不合理。当国内家庭拥有汽车量较少的时候，公共交通系统就显得尤为重要，区位选址的模式就要调整。二是主题公园管理者的素质对主题公园的发展非常重要，但当时队伍建设还比较滞后。三是政府不应该因主题公园出现的问题而控制主题公园的发展，而应保护良性竞争。四是主题公园除了娱乐和经济功能外，应承担一定的社会责任，如教育和文化传播功能。

作者在该次会议上做了题为"中国主题公园发展问题"的发言，认为主题公园是具有特定的主题，由人创造而成的舞台化的休闲娱乐活动空间，是一种休闲娱乐产业。作者在对国内外主题公园做了实证调查的基础上，对影响主题公园发展的主要因素进行了系统分析，并指出主题公园的发展受客源市场和交通条件、区域经济发展水平、城市旅游感知形象、空间集聚和竞争、决策者行为等五大因素的影响，并对每一个因素如何作用于主题公园做了阐述，有较强的理论指导价值。

时任华侨城集团副总经理张整魁在会议上从业界的角度总结了华侨城几个主题公园的经验，发表了题为"特色与本质是主题公园的生命"的讲话，认为主题公园成功的关键有以下几点。第一，主题公园的定位和选址要充分凭借地区经济的发展。珠江三角洲地区稠密的人口、发达的经济、毗邻港澳地区的地理位置为深圳三大主题公园提供了充足的客源保证。第二，主题有特色，并常建常新。华侨城的三大主题公园不但主题不同，而且近年来不断推出各类演出节目，使人常有新鲜感。第三，讲究品质，将高格调、高品质作为公园成功的关键。这有三层内涵：首先，创意、设计的高格调，要有深厚的文化内涵；其次，景区景点建设的高质量，绝不粗制滥造；最后，服务质量和管理质量的高水平。最后一点常常被人们忽视，其实它是主题公园树立品牌形象、赢得市场并能良性发展的重要保证（徐菊凤，1998）。

当时，会议上其他与会官员、专家和高管的发言也颇具启发性。

（1）叶祖达总经理，香港旅游协会研究与拓展部：《香港青衣/马湾主题公园可行性研究》。

（2）李庚首席研究员，北京旅游股份集团公司：《北京主题公园的建设与思考》。

（3）托尼·克里斯托弗总裁，美国兰马娱乐集团公司（Landmark Entertainment

Group）：《从兰马的发展看当今世界主题公园发展的趋势》。

（4）喻学才教授，东南大学旅游学系：《主题公园与地域文化》。

（5）张广瑞研究员，中国社会科学院财贸研究所：《世界各国主题公园成功经验浅析》。

（6）邓宗德副处长，国家旅游局综合司娱乐处：《中国游乐园业现状与展望》。

（7）楼嘉军讲师，华东师范大学旅游系：《无锡主题公园研究》。

（8）徐菊凤编辑，旅游学刊：《充分发挥信息在主题公园建设中的作用》。

（9）陆敏记者，《经济日报》财贸部：《北京海洋公园项目的分析》。

（10）李建军，广州华南建设学院建筑系：《中国大陆主题公园发展中几个不容忽视的问题》。

（11）张吉林处长，国家旅游局计划统计司规划处：《中国人造景观的发展特点与发展方向》。

（12）马波教授，青岛大学旅游系：《我国主题公园发展中的问题与对策》。

（13）郑扬，中国旅游学院旅游科学研究所：《从国外主题公园发展之路看中国旅游主题公园的选择》。

（14）刘德谦副主编，旅游学刊：《论主题公园制胜的关键》。

（15）侯晓平董事长，广州世界大观有限公司：《从广州世界大观看中国主题公园的投资与管理》。

（16）迈克·库伯董事长，亚洲基建发展投资顾问集团：《关于主题公园发展进程中投资、融资及其对策》。

（17）迟景才处长，国家旅游局政策法规司：《遵循市场规律发展主题公园》。

（18）陈孟炯助理总经理，华侨城集团：《关于主题公园投资的回报限度》。

（19）李国成董事长，武汉长江娱乐发展有限公司：《长江乐园项目介绍》。

这是一次准备非常充分的官、产、学会议，内容丰富，报告质量高，对之后中国主题公园的发展起到指导作用。

10.2 武汉长江乐园的可行性论证

"中国主题公园研讨会"由武汉长江娱乐发展有限公司承办。会议的第3天，即1998年5月10日，武汉长江娱乐发展有限公司借机召开了"长江乐园项目可行性研究报告论证会"，邀请了部分参会专家出席，作者也出席了该论证会，见图10-1。武汉长江乐园是迄今为止国内主题公园准备工作做得最充分，也是唯一一个当时由国家计委发文批准的项目。然而，非常可惜的是，这个项目最终没有建成。

图10-1　保继刚出席"长江乐园项目可行性研究报告论证会"
资料来源：作者提供

征得武汉长江娱乐发展有限公司的同意，下文将专门来介绍这个项目，该项目对中国主题公园的发展仍有借鉴意义。

10.2.1　项目的背景和规划论证过程

当年，提到迪士尼乐园，知道的人可谓不少，但中国当时却没有一家真正以某个特定主题兴建，除了教育性与观赏性之外还有极丰富的参与内容的大型高科技游乐主题园。考虑到拥有6 000万人口的湖北省，乃至拥有2.5亿人口的华中地区还没有一座大型高科技主题公园，同时，根据国际上主题游乐园兴建成功的例子，如在美国洛杉矶、奥兰多和日本东京的迪士尼乐园及中国香港地区的海洋公园等，武汉长江娱乐发展有限公司从1996年开始着手准备在拥有700多万人口的武汉兴建中国第一座大型高科技游乐主题园——长江乐园。项目计划一期投资1.5亿美元，长江乐园选址毗邻风景优美的国家级东湖风景区，占地面积990多亩，建设期为两年，预计第一个营业年将接待中外游客近200万人次。该项目预计前5年投入股本的平均回报率达到23.5%，且在5年内可以收回股本。与国内当时的各种游乐园相比较，长江乐园将在弘扬中华文化的基础上，结合当时世界上最先进的娱乐科技手段，突出乐园的参与性、教育性与趣味性。

该乐园采用类似迪士尼乐园的概念，选用孙悟空为代表形象推销其思想、文化和产品，主体部分由世界亭园、孙悟空王国、中国奇观、欧洲古老世界和美国一角组成。长江乐园建成后，将有效地促进拥有2.5亿人口的华中地区的旅游事业发展，带动相关产业和创造经济效益，丰富人民精神文化生活，提高地处华中地区心脏位置的武汉的国际地位。

长江乐园的概念设计由武汉长江娱乐发展有限公司聘请的美国兰马娱乐集团公司进行。该公司是当今世界最著名的娱乐设计公司，其概念设计及制作遍布全球的100个主题游乐园、大型商场、酒店、度假村及电影、电视等，如应美国六旗公司、布希娱乐公司、华纳传媒公司、派拉蒙公司、米高梅公司等各大跨国企业的要求设计及制作的诸如美国环球影城、《星际探索》《侏罗纪公园》《未来战士》等项目或影片，可谓经验丰富。长江乐园规划设计的技术水准很高，采取了"高举高打"的战略。

长江乐园第一期的概念设计于1997年4月由美国兰马娱乐集团公司在武汉完成，见图10-2和图10-3。美国兰马娱乐集团公司的长期合作伙伴、世界上最大的工程技术公司帕森工程公司（Parsons Infrastructure & Technology Company）也明确表示希望参与长江乐园的工程设计工作。长江公司还聘请了世界著名的ECS财务评估公司完成了该项目的经济可行性报告，该公司曾成功地为1984年洛杉矶奥运会及香港海洋公园等进行过经济可行性论证。美国前参议员内特·约翰斯顿先生也对该项目表示极力支持，他认为该项目除了有经济价值外，还能为中美两国的交流起到积极作用。1997年2月和1998年2月，内特·约翰斯顿与我国领导人会见时，通报了该项目，并获得了支持。可见，长江乐园在政治和外交上的意义也非常大，这直接促成了后来国家计委的参与论证。

图10-2　美国兰马娱乐集团公司设计的长江乐园logo与主题形象美猴王
资料来源：武汉长江娱乐发展有限公司提供

图10-3 长江乐园规划平面图
资料来源：武汉长江娱乐发展有限公司提供

由于该项目投资较大，当时，武汉长江娱乐发展有限公司通过省、市计委将该项目上报国家计委。国家计委的有关司处认为长江乐园项目是当时中国国内从创意科技含量、文化内涵和规模上最好的一个游乐项目，明确表态将尽全力支持，并于1997年11月28日对长江乐园项目下达了批复。在筹建初期，长江乐园项目就受到湖北省人民政府、武汉市人民政府的高度重视与大力支持，并被列入省、市政府重点发展项目之中。在各级政府职能部门的大力支持下，项目所需990亩用地手续基本完成。

武汉长江娱乐发展有限公司及美国兰马娱乐集团公司计划于1998年组建合资公司，以推动长江乐园项目的发展。武汉长江娱乐发展有限公司也诚挚地欢迎对该项目感兴趣的国内外工程设计商、主题公园经营商及开发商、投资商与武汉长江娱乐发展有限公司就项目发展进行合作。原计划到2000年左右，在经济高速发展的华中地区将崛起一座充满奇迹与梦幻、能够代表中华文化与世界最新科技文明成果的完美结合、象征中华民族的美好未来的高科技主题游乐园——长江乐园。

在各方支持和努力下，长江乐园项目的进展很迅速，在举办"长江乐园项目可行性研究报告论证会"之前，已经完成了大部分前期程序。

1997年3月，得到武汉市城市规划管理局和武汉市土地管理局的项目定点征地批复。

1997年4月，武汉长江娱乐发展有限公司与美国兰马娱乐集团公司就长江乐园项目达成合作意向，并在6月就注册资本之外的贷款问题签订了补充条款。

1997年5月，武汉长江娱乐发展有限公司正式注册成立。

1997年11月，得到国家计委批复，同意武汉长江娱乐发展有限公司（甲方）与美国兰马娱乐集团公司（乙方）合作建设并经营"长江乐园"，并对总投资及资金来源做了明确规定，注册资本甲方以土地使用权作价投入，乙方以现汇投入。注册资本之外的资金，由合营公司从境外融资解决并自行负责解决贷款担保问题。并被要求抓紧进行可行性研究，可行性研究报告完成后报国家计委审批。

1997年12月，武汉市人民政府召开专题会议讨论加快实施武汉长江乐园项目，要求政府相关部门协助参与可行性研究报告编制工作，此外还有土地批租工作等，力争1998年下半年开工，2000年建成开业。

1998年1月，湖北省计委将武汉长江乐园项目列为湖北省重点建设项目。

1998年2月，武汉长江娱乐发展有限公司与湖北省旅游局签订意向书，就将长江乐园项目列为湖北省重点项目及开业后组织客源参观游览长江乐园做了安排。

1998年3月，湖北大信会计师事务所完成了《中美合作建设经营"武汉长江乐园"项目可行性研究报告》，并于5月10日通过专家评审。

10.2.2　项目投资及运营分析报告

然而，1998年完成项目论证后，长江乐园项目并没有马上启动建设，原计划2000年建好的公园，到2001年还处于项目论证当中。2001年，作者又收到武汉长江娱乐发展有限公司的一份《长江乐园（扬子历险王国）建设项目投资及运营分析报告》。该报告分为5个部分：①项目概况；②开发商介绍；③概念设计；④地点评估；⑤可行性分析。在此，我们仅节选"项目概况"和"可行性分析"供大家参考。

项　目　概　况

武汉长江娱乐发展有限公司正在中国武汉开发世界级主题公园项目——扬子历险王国。作为开发商，我们非常高兴为该项目提供本报告书，向国际、国内投资、融资界及中国各级政府介绍该项目的开发计划、现状和预期的经济效益。

一、项目选址

（1）武汉是湖北省省会，中国重要的中心城市，有740万人口，也是华中地区政治、经济、金融、文化中心，1992~1998年经济年均增长率达16%。

（2）武汉地理坐标为北纬29°58′~31°22′，东经113°41′~115°05′，属北亚热带

季风性（湿润）气候，年无霜期一般为211~272天，年平均气温为15.8℃~17.5℃。

（3）武汉的交通四通八达，东去上海，西抵重庆，南下广州，北上京城，距离均在1 000千米左右，每年有上千万名旅客途经或到达武汉。

（4）项目选址毗邻著名的国家5A级景区东湖风景区。这里依山傍水，环境优美，离武汉市中心仅25千米，距著名的高科技、旅游和教育文化中心咫尺之遥。

选择在武汉开发一座主题公园具有天时、地利、人和等诸多优势。

二、国家政府和地方政府对项目提供的支持和优惠条件

（1）国家计委于1997年11月对该项目下达了立项批复，并于1999年3月12日对该项目的可行性研究报告下达了正式批复，同时批准该项目属于免征关税和进口环节增值税的项目。因而，扬子历险王国项目成为全国范围内第一个，也是迄今为止唯一一个由国家计委批准的主题公园开发项目。国家计委的批准意味着国家对该项目基础设施所需资金的承诺。

（2）截至目前，国家计委已下达专项资金9 000万元（合1 084万美元）用于项目进出道路的建设。该道路将于近期完工。另外，国家计委还下达600万元（合72.3万美元）用于供电基础设施的建设。同时，对外贸易经济合作部也于1998年8月19日批复同意成立合资公司，还批复同意外商投资该项目。

（3）在过去10年，中国各地开发的公园甚多，但绝大部分都是静态的、观赏性的游乐场所。而本项目无论从规模，还是在运用高科技手段方面均是独一无二的。中国有关政策法规规定，对投资额在3 000万美元以下的各类项目，由省一级政府批准，超过3 000万美元的项目，必须报国家计委批准。国家计委有关负责人曾表示："选择武汉开发扬子历险王国是经过长期考察论证后所做出的决定，这是中国唯一经我委批准的一个主题公园。在相当长的时间内，国家不再准备批准类似项目。"通常，该类项目从申请到审批需要一个漫长的过程。这使武汉的主题公园开发具备了其他城市无法比拟的优势和先决条件。

（4）国家计委1998年5月特意在武汉主办了首届"中国主题公园发展研讨会"，各级政府领导和百余位专家、学者及商界人士均评价该项目是目前中国国内从创意、科技含量、文化内涵和规模上最好的主题公园项目。

（5）该项目同时得到了省、市地方政府的高度重视和支持，属省、市重点发展项目。为此，当地政府成立了项目开发建设协调领导小组，3位副市长均为领导小组成员。

（6）在各级地方政府部门的支持和协调下，武汉长江娱乐发展有限公司已获取了990亩的土地使用权。当地政府还为该项目预留了2 633亩土地以备后期发展。

（7）当地政府明确表示该地区的水、电供应能力及排水系统均能满足项目所需。

（8）政府所属的省、市旅游局也表示了对该项目的大力支持，具体表现在旅

游宣传册及广告中对主题公园的宣传和促销,并将通过其下属的多家旅行社来保证一定数目的游客量。

(9)该项目的营业税及所得税在相当一段时期内可以从地方政府得到减免的优惠。

(10)地方政府近期内将修建一条铁路专线及数条公汽专线直通主题公园。

三、项目规划及资金结构

(1)项目将分两期进行,计划一期投资3.5亿美元,二期投资4.5亿美元,总投资为8.0亿美元。项目资金结构分解如表10-1所示。

表10-1 项目资金结构　　　　　　　　　　单位:美元

分期	结构	内容
一期:总投资3.5亿	土地及基础设施等:1.5亿 其中: 　项目设计:1 300万 　土地费用:5 700万 　道路建设:200万 　搬迁费用:2 500万 　前期开发:3 000万 　水电配套:500万	娱乐设备、建筑、安装等:2亿
二期:总投资4.5亿	土地及基础设施等:1亿	设计、娱乐设备、建筑、安装等:3.5亿

(2)到目前(注:2001年)为止,中方股东对该项目投入的资金已达7 500万美元,并还将继续投入7 500万美元用于土地及基础设施配套工程。因此,项目一期需融资2亿美元,希望能在2001年底前分批到位。项目二期需融资4.5亿美元,融资总额为6.5亿美元。

(3)在主题公园的整体规划中,项目一期占地面积为990亩,其主体部分为585亩,由中心街、失落谷、花果山、阿美酷、星际台等6个部分组成,共计28个娱乐项目。项目二期主体占地面积为778亩,计划开发影城、水上乐园和展览中心等。除此以外,周边还有多处酒店、高尔夫球场、培训学校、高档住宅区、购物中心等发展项目。对此,已预留土地1 855亩。根据资金到位情况,项目一期、二期工程及上述周边的诸项工程可同期、分步或滚动开发。一般来讲,一期对基础设施的投资会比较大,而二期对基础设施的投资则会相对减少,并将从一期的投资中获益。另外,预计地价将不超过总投资额的11%。

四、在香港兴建的迪士尼乐园对武汉主题公园项目的影响如何?

(1)这是一个投资者和融资者普遍关注的问题。我们曾经召开过多次专家会议,结论是中国内地和香港完全是两个不同的市场。香港主要面对的是东南亚市场。此外,由于香港所处的地理位置和面积,中国内地每年也仅可能有100万人次访问香港。兴建香港迪士尼乐园的成本将高于武汉主题公园的8倍，票价也将高出一倍。香港迪士尼乐园按计划5年以后才能建成。建成后，10年内游客才能达到1 000万人次。而武汉的主题公园，据预测，建成后两年内，游客就可达到1 600万人次。

（2）武汉主题公园还有一个最大的优势，即10年内不可能在中国内地再建一个迪士尼乐园。而且，目前也不可能在上海和北京兴建。上海地价昂贵，而且中国政府正致力于把上海建成亚洲的金融中心，在北京，历史古迹才是最具吸引力的旅游资源。在中国，武汉虽不能说是建主题公园最好的地方，但到目前为止，应该说是最合适的地方。

五、与项目有关的公司简况

（1）武汉长江娱乐发展有限公司为该项目已聘请美国博钦法律事务所的合伙人尼克拉斯·洛克菲勒先生作为公司的律师。博钦法律事务所在全美同行中名列第二。该事务所拥有500名律师，分布在美国和亚洲的12个城市内。洛克菲勒先生同时还是洛克菲勒国际基金委员会的执行董事和美国知识产权文件的起草人之一。他将代表武汉长江娱乐发展有限公司在国际市场上为项目安排投融资。

（2）为确保项目能达到国际水准，武汉长江娱乐发展有限公司聘请了位于美国洛杉矶的世界著名的主题设计公司——美国兰马娱乐集团公司为该项目一期工程做全部设计。到目前（注：2001年）为止，概念设计和纲要设计已完成。美国兰马娱乐集团公司在主题设计方面一直处于世界顶尖地位。其成功的代表作有"侏罗纪公园"（好莱坞环球影城）、"未来战士续集3"（佛罗里达环球影城）、"星空探索"（派拉蒙主题公园及拉斯维加斯的希尔顿酒店）、"凯撒魔幻帝国"（拉斯维加斯凯撒皇宫）、"007-通往战栗的通行证"（派拉蒙主题公园）、"蜘蛛人3"（佛罗里达环球影城历险岛）、"三星星空探索"（汉城①1993年大田博览会）、"异形3"（汉城永久乐园）等项目。

（3）武汉长江娱乐发展有限公司还计划与世界上对主题公园管理有经验、有能力的个人和公司通力合作，共同经营该主题公园。

可 行 性 分 析

武汉是中国最大的城市之一，且是全国交通枢纽，未来的国内游客市场将会从武汉市的当地游客遍布到湖北省乃至全国的游客。此外，武汉已有很大的国际游客量，而且该数字会随着长江乐园的开业继续增长。

---

① 现为首尔。

第 10 章　没有建成的武汉长江乐园

一、市场分析

预计乐园一期项目建成开业的游客量将会是 1 050 万人次。其中，一级客源市场为本地区人口 740 万人的 40% 和本地区的常年流动人口 4 300 万人的 5%。据此计算年客流量约为 500 万人次。二级客源市场为湖北省人口 6 000 万人的 5%，计算年客流量为 300 万人次。三级客源市场为本地区周边省份，包括湖南、河南、江西、安徽、四川人口 2.5 亿人的 1%，计算年客流量为 250 万人次。

乐园预计将全年开放。湖北省旅游局预测乐园有能力吸引大量的游客，并与武汉长江娱乐发展有限公司签订每年为乐园提供 400 万人次以上游客协议。

根据《武汉统计年鉴 2000》，武汉地区 1999 年约有 418 万名就业人口，人均收入为 8 812 元，约合 1 062 美元。这不包括奖金或其他收入，这些收入通常会使收入再增加 30%~50%。

随着 1999 年中国政府倡导的假日经济的启动和人民群众生活观念的进步，中国民众用于家庭旅游、休闲度假的支出日益提高，其消费观念正向发达的西方国家靠近，人民群众的旅游热情空前高涨。武汉市旅游局（现武汉市文化和旅游局）官方资料显示，2000 年"十一"黄金周期间，仅 10 月 1~7 日，武汉市景区接待游客 100.4 万人次，全市实现旅游收入 3.63 亿元；接待海外及市外游客 40.88 万人次，25 万武汉人赴外地旅游。同时，全国出游人数超过 5 500 万人次，综合收入超过 220 亿元。而 2000 年"五一"期间，全国出游人数为 4 600 万人，旅游收入 181 亿元。2000 年的旅游人次及旅游收入与 1998 年相比，成倍数增长，这是人们始料不及的。国家对假日旅游经济的促进，使全国旅游热持续升温，并已收到明显成效。这对武汉的主题公园项目来说，也是一项长期利好。

二、经济分析

全国的主题公园在通票制收费及随玩随付收费的概念上非常不一样。"扬子历险王国"计划进行通票制收费，基于中国现阶段人民生活水平、生活质量及对旅游消费的激情，项目一期建成开业时门票将为 150 元，预计一期项目开业时的门票年收入将是 1.89 亿美元。

长江乐园的规模足够大，足以使游客在乐园里逗留一天，因此，可能大多数游客在乐园内有餐饮需求。预计在乐园内零售销售收入会很高。因为孙悟空人物在广泛性、填充动物及其他玩具上会很受乐园游客的欢迎。游客会在乐园内购买礼品，所以预计平均每位游客会花费 10 美元用于购买商品。游客用于餐饮、照相等方面的消费平均为每人 8 美元，这样每位游客在乐园内的其他消费平均为 18 美元。该项每年将产生 1.89 亿美元的收入。

上面的效益预测仅限于对乐园一期工程建成开业，然而当二期工程建成开业，预测客流量将在一期的基础上增加 50%，年客流量将达到 1 600 万人次。又因二期工程建成开业，增加了更多、更精彩的旅游项目，无疑会提升游乐价值。预测每位游客的消费由一期的 36 美元（含 18 美元门票）提升到二期的 54 美元。

基于国家计委和武汉市人民政府对于乐园开发与成功的更多支持承诺，包括免征机械设备进口税、减免相关税费，提供道路、交通、供水、供电、供气等基础设施，必将大大减少投资成本和经营成本。根据中国运营成本的实际水平，本项目一期的年运营成本为总收入 3.78 亿美元的 30%，即 1.134 亿美元，再将预测为 4 290 万美元所有适用税收和融资成本计算进来，预计一期年利润为 2.22 亿美元。按此测定一期、二期同时运营，年利润可实现 5.14 亿美元，见表 10-2。

表 10-2　长江乐园游客量及收入预测

项目	一期	二期
游客量/万人次	1 050	1 600
门票收入/万美元	18 900	43 200
餐饮收入/万美元	8 400	19 200
零售收入/万美元	10 500	24 000
总收入/万美元	37 800	86 400

在整体规划中，还有酒店业和高尔夫球场等，其开发和成功对提升乐园效益具有极大的促进和互动作用。该项效益尚未纳入本报告对乐园现金流分析的范围。

表 10-3 显示的长江乐园现金流分析，项目一期总投资 3.50 亿美元，每年可累积净现金流为 2.217 亿美元，预测两年内收回投资。若项目一期、二期总共投资 8 亿美元，每年累计净现金流为 5.136 亿美元，同样可在两年内收回投资。同时，表 10-3 中显示乐园一期总运营支出为 1.134 亿美元，其中固定费用为 5 670 万美元，折旧为 1 260 万美元，扣除利息和税金后，预计乐园的盈亏平衡点为每年 400 万人次游客。根据本报告的经济分析，本项目是一项非常稳定、长期、高回报的投资项目。

表 10-3　长江乐园现金流分析

项目	一期	一期、二期
总投资额/万美元	35 000	80 000
总运营收入/万美元	37 800	86 400
总运营支出/万美元	11 340	25 920
营运利润/万美元	26 460	60 480
减去：		
利息/万美元	2 400	4 800
税金/万美元	1 890	4 320
净现金流/万美元	22 170	51 360

总之，长江娱乐发展有限责任公司在为开发"扬子历险王国"所进行的可行

性分析实实在在地显示该项目对于开发商而言是具有无限前景的好项目。

10.3 长江乐园为什么最终没有建成

长江乐园为什么最终没有建成？正如前面介绍的，长江乐园的准备工作是十分充足的，聘请了世界著名主题公园设计公司进行设计，得到各级政府和专家肯定。项目选址武汉东湖风景区，无论是宏观区位还是微观区位，都非常优越，2012年开业的武汉欢乐谷也证明了这一点。国家计委立项批复，并下达专项资金用于该项目进出道路的建设及供电基础设施的建设。对外贸易经济合作部批复同意成立合资公司，同意外商投资该项目。地方政府在相当一段时期内可以减免该项目的营业税及所得税，地方政府将修建一条铁路专线及数条公汽专线直通主题公园等。这样的科学论证和多方支持，在全国主题公园开发中，是非常罕见的。

我们认为，长江乐园最终没有建成，主要是投资公司的实力问题，具体表现在两个方面。

第一，资金实力不济。公司的资金不足，小马拉大车，这是最主要的因素。如前所述，"国家计委批准武汉长江娱乐发展有限公司（甲方）与美国兰马娱乐集团公司（乙方）合作建设并经营长江乐园，并对总投资及资金来源做了明确规定，注册资本甲方以土地使用权作价投入，乙方以现汇投入。注册资本之外的资金，由合营公司从境外融资解决并自行负责解决贷款担保问题"。这段话说明，国内投资公司以土地使用权作价投入为注册资本，实际上意味着没有出资，因为土地是租的，租金并不高，或者政府先挂账。合营公司只能从境外融资并自行负责解决贷款担保问题，国家计委在批复中已经规避了境内融资和政府担保等可能出现的问题。公司没有实力，那就无法解决贷款担保问题。美国兰马娱乐集团公司在1997年达成意向合作后，不久就退出了。2001年的开发商介绍中也就没有出现这家美国公司。项目的主要股东由武汉的商业、房地产和娱乐开发公司3家组成。3家股东中1家是上市公司，1家是民营企业，1家是国有企业，国有企业只象征性地占1%股份。最早启动长江乐园的湖北联汇丰置业发展有限公司只占49%股份。显然，这样的资本结构很难推动项目落地。

第二，缺乏主题公园投资和管理经验。1998年，华侨城集团的深圳欢乐谷已经开业。华侨城集团从1989年的锦绣中华，1991年的中国民俗文化村，1994年的深圳世界之窗，到欢乐谷开始投资经营主题游乐园，已经积累了大量经验、人才、行业渠道，并且探索出主题公园+地产的开发模式，极大地规避了盲目投资的风险，利用地产收益缩短收回主题公园投资的时间。在这方面，长江乐园既没有经验，也没有团队，几个投资主体甚至缺乏旅游项目开发经验。在完成项目论证后，投资主体却不知道如何着手。

20多年过去了，无论是当时还是现在，武汉都是一个非常适合投资建设主题公园的城市。武汉人口众多，九省通衢，经济发达，但周边自然旅游资源相对匮乏。要想一览名山，需要到黄山和神农架，武汉市民周末的休闲娱乐选择是相对少的。后来，华侨城集团在东湖建设的武汉欢乐谷收到了良好的市场反应，也进一步印证了这一点。武汉适合建设多个主题公园，但建设了武汉欢乐谷，长江乐园也就失去了最佳的开发时机。

主题公园发展
——中国案例

第11章 欢乐谷布局区域中心城市

欢乐谷系列是过去20年中国最成功的连锁主题公园品牌之一，也是华侨城集团文化旅游产业和旅游地产模式赖以生存的基石。如果说迪士尼乐园属于目的地级主题公园，欢乐谷就属于区域性主题公园。区域性主题公园的市场通常在2小时车程范围内，投资规模并不大。在中国，目前10亿~20亿元投资的区域性主题公园比较容易维持经营，投资规模过大，则折旧负担过重，经营门槛过高；投资规模过小，产品多样性和主题性就相对缺乏，体验的纵深不足，难以对2小时车程范围的市场形成持续有效的吸引。

欢乐谷不是一天建成的。深圳欢乐谷是华侨城集团"摸着石头过河"，凭借理想和勇气，一步一步探索前进，逐步培育起来的品牌母版。在这个过程中，需要不断试错，不断创新，也会遇到许多困难。坚持到今天，欢乐谷确实凝结了早期华侨城人的智慧。

11.1 深圳欢乐谷的产品培育

深圳欢乐谷位于深圳华侨城杜鹃山，是继锦绣中华、中国民俗文化村、深圳世界之窗后兴建的新一代大型主题乐园，首批国家 5A 级旅游景区，总投资 17 亿元，是一座集参与性、观赏性、娱乐性、趣味性于一体的中国现代主题公园，也是中国投资规模最大、设施最先进的现代主题公园。华侨城集团开发深圳欢乐谷的初衷并不是外界所说的为全国连锁培育品牌，也不是因为迪士尼乐园进入香港后被迫做出的战略调整。深圳欢乐谷建设的初衷，是华侨城集团在锦绣中华、中国民俗文化村和深圳世界之窗等主题公园成功开发的基础上，在主题公园产品多样性上的一次创新，是从传统的微缩景观主题公园向互动性更强、更符合世界潮流的乘骑器械主题公园的转型。当然，这种转型其实是革命性的，因为从锦绣中华到深圳世界之窗，都还停留在文化层面的主题选择和微缩景观的调整，而在深圳欢乐谷，则是旅游体验的根本性创新。这种根本性创新需求来源于主题公园市场在深圳等一线城市的重大转变。

20 世纪 90 年代中期，改革开放政策带来了巨大的发展红利。随着国家经济的高速发展，旅游市场的消费结构、消费水平、消费要求、消费层次发生了许多变化。从全国市场来看，随着改革开放的深入，入境游客可以到达中国大多数城市和地区，他们可以直接领略原真的风景和文化，快餐式的微缩景观逐渐失去吸引力。居民的消费能力逐渐增强，首先富裕起来的那一批人有着与以往不同的旅游需求。在深圳这样一个快速城市化的城市，中产阶层在 20 世纪 90 年代中期已经初具规模，并快速壮大。他们不再满足于静态的观光，也不太青睐传统游乐园纯粹的器械娱乐，他们需要主题体验。从全球看，国际最受欢迎的主题公园几乎没有以微缩景观取胜的，华侨城集团要创造具有长期乃至广泛生命力的主题公园产品，必须另辟蹊径，做二次革命。于是，在这样的背景下，欢乐谷的创新之路开始了。1995 年，华侨城集团开始酝酿将主题公园模式由静态观赏型转向参与体验型，以参与体验模式建设深圳欢乐谷。

11.1.1 一期工程：开门不利

深圳欢乐谷是分期建设的。一期工程于 1998 年 10 月 1 日建成并对外开放，以时尚、动感、欢乐、梦幻为主题特色，包含欢乐广场、卡通城、冒险山、欢乐岛、玛雅水公园5个主题区，成为中国当时最新一代的主题乐园，标志着中国首个参与型、体验型的新一代主题乐园的诞生。深圳欢乐谷一期将高新科技的器械游乐项目与主题人文情境体验相结合，强调参与、互动和体验，营造自然、清新、欢乐、刺激、趣味的游乐氛围。

然而，深圳欢乐谷一期项目开业后，市场反应非常不理想，游客量远远没有达到预期，更没有出现锦绣中华、中国民俗文化村和深圳世界之窗那样的轰动效应，连主题公园应有的首期效应都不显著。1998年开业当年，从10月1日到12月31日，深圳欢乐谷仅接待游客28.0万人次，收入2 772.8万元。锦绣中华是1989年9月正式开放，当年便接待游客91万人次，而中国民俗文化村于1991年10月1日开业，当年10~12月接待游客就高达109.26万人次。到1999年，深圳欢乐谷的游客量也仅有133.0万人次，作为首期效应，实在难以跟锦绣中华（开业第二年游客达310万人次）、中国民俗文化村（开业第二年游客达421万人次）和深圳世界之窗（开业第二年游客达393万人次）相比。到了2000年，深圳欢乐谷的游客量已经开始下降，到2001年仅接待游客108.0万人次，见图11-1。

图11-1　深圳欢乐谷1998~2018年游客量
资料来源：深圳欢乐谷提供

这个占地17万平方米，规模小、项目少、市场针对性较弱的主题公园似乎并未受到市场青睐。此时，是否继续加大投入，扩建二期项目，华侨城集团高层面临重大抉择，争议不断。一方面，深圳欢乐谷项目的投资规模很大，远远超过华侨城集团前面三个主题公园的投入水平，继续扩大投资，不仅整个集团的资金流面临重大压力，甚至整个华侨城集团都面临巨大投资风险；另一方面，以乘骑器械为核心的主题公园似乎不受市场青睐，一些专家、学者甚至建议放弃整个项目，理由自然很多。可以想象，当时的华侨城集团面临多大的压力。

11.1.2　二期工程：质的飞跃

顶住了巨大的压力，冒着巨大的风险，华侨城集团高层仍然决定继续加大投入，丰富项目，完善主题体验。正是这项体现了智慧和勇气的决策，奠定了今天欢乐谷品牌的地位。深圳欢乐谷二期工程2002年5月1日建成并对外开放。二期工程包含金矿镇、香格里拉森林、飓风湾和阳光海岸4个主题区。二期工程重点关注的是产品、园区规模和项目翻倍，引进了大批世界先进的机动项目，包装了丰富的人文环境，深圳欢乐谷的核心产品得到了丰富，组成了一个完整的娱乐主题公园。二期工程建成后，深圳欢乐谷在当时以35万平方米的超大规模成为当时国内投资最大、最具规模、最有魅力的参与型、高科技娱乐型的主题公园。据统计，2002年深圳欢乐谷全年接待中外游客223万人次，其中，二期工程开放后的5~12月共接待中外游客192万人次。深圳欢乐谷二期工程是秉承了一期的高科技含量的特点和参与性游乐主题，以弘扬人类文明、尊重历史、回归自然为背景，把自然环境和历史文化特色作为设计主题，并引入美国、瑞士、荷兰、德国等发达国家最新的旅游设备，以形成高科技、现代艺术和娱乐、休闲的最佳组合，建设融知识性、娱乐性、参与性、创造性为一体的综合性新型主题乐园，见图11-2。

深圳欢乐谷二期工程在策划初期，领导团队进行了大量的调研、资料收集和市场调查；在规划中，赋予每个景区不同的主题，用现代的各种包装手段赋予冰冷的机械设备以人性化、情绪化和故事化；在设计手法上，二期工程采用了与一期完全不同的思路，最有创意的就是"残破类"，深得现代都市人的喜爱，如"香格里拉"的荒漠和残垣断壁。

二期工程的总体规划以分区规划为中心，每个分区都是一个个性鲜明的小公园。它在一期工程5个主题区的基础上增加发展了4个主题区，其中一期工程的"金矿漂流"过渡发展成为二期工程的金矿镇，成为一期、二期工程的连接点；围绕大湖——碧塔海，每个主题区以桥梁连接，形成既有联系又相对独立的空间领域，为每个主题区塑造个性创造条件。每个主题区为满足各年龄段游客的游乐特点，项目设置总体分为4个层面：第一，为青壮年寻求刺激而设置的大型高科技刺激性项目，每个主题区至少1~2个，如过山车、激流勇进等；第二，各年龄段均可参与的合家欢项目，其中包括演出性项目，如虚幻馆、水上表演等；第三，符合小年龄段儿童的兴趣项目，如泡泡球、淘金河等；第四，各年龄段均可参与的妙趣横生的游戏项目和小品建筑，如投币游戏、对话喷泉等。

图11-2　深圳欢乐谷二期主题公园景观规划
资料来源：筑龙园林景观网，作者为NorthernStar

游乐项目及设备的选择是现代乐园真正具有吸引力的关键，一般投入购置设备的资金占总建造资金的比例越大，疯狂顶级刺激的高科技项目所需资金就越多，但疯狂顶级刺激的设备并不一定适合中国游客。二期工程在选择项目时，结合中国游客的特点并从自身实际出发，理性决策。因此，二期工程选择设备的标准基本就是20世纪末在国外已经非常成熟但国内尚无的项目，这样避免了实验性项目可能带给游客的不安全因素。

11.1.3　三期工程：应对挑战

1999年，香港特区政府与华特迪士尼公司协议投资141亿港元（香港特区政府投资 57 亿港元，并负责借贷 61 亿港元，占 57% 的股权，华特迪士尼公司借贷 23 亿港元，占 43% 的股权，另外香港特区政府还负责投资 136 亿港元进行基础设施建设）兴建主题公园和一个度假酒店（保继刚，2015）。华特迪士尼公司进军中国给华侨城主题公园的发展带来直接挑战。香港紧邻深圳，且香港市场在深圳华侨城的几个主题公园中占有重要份额，一旦香港迪士尼乐园开业，深圳华侨城主题公园群将面临新的市场竞争格局。华侨城集团第一次感受到全球化的压力。2000 年，华侨城集团聘请科尔尼制定华侨城集团的发展战略。在《华侨城发展战略（2000 年）》的报告中，科尔尼为华侨城集团的发展量身定制了应对策略：第一，整合主题公园上下游的产业链条，最终包含所有与旅游相关的业务（类似迪士尼模式）。第二，采取积极的扩张策略，一方面，在国内主要城市扩张主题公园业务；另一方面，增加与旅游相关的业务（特别是与主题公园相关的业务，事实上，在华侨城集团的主题公园产业链条中一直缺乏文化创意业务，这是迪士尼乐园和环球影城取得全球领先地位的核心业务）。值得注意的是，科尔尼敏锐地观察到华侨城集团只有欢乐谷具备品牌输出的竞争力。时任华侨城控股股份有限公司总经理、欢乐谷旅游发展公司董事长刘平春在 2000 年就曾表示，"香港迪士尼与我们几乎是在同一个区域市场，我们也希望能分享它的一部分增量，迪士尼一定能带来世界性的游客，同时我们希望通过布点的方式向全国散开，保持在中国市场的占有量。这样我们才有竞争力，才能和迪士尼共存于同一个市场，共享同一个市场"。

彼时，华侨城集团高层才真正确立了继续丰富和完善欢乐谷，培育品牌，进而走向全国的战略布局。尽管科尔尼以华特迪士尼公司为参照，但为华侨城集团量身定制的模式似乎更像"六旗模式"。规划避免了与华特迪士尼公司的正面竞争，扬长避短，实行差异化策略。在差异市场上寻求快速增长，迅速做大、做强，培育核心竞争力。如果说"六旗模式"的核心竞争力在于批量设计和生产低成本器械娱乐的运用，那么华侨城集团的优势在于其在中国市场的影响力和号召力，更重要的是华侨城集团推出的"主题公园房地产"模式为其在全国范围内寻找发展空间提供了核心竞争力。

在这样的背景下，深圳欢乐谷进一步打造三期项目——欢乐时光，于 2005 年建成并对外开放。深圳欢乐谷三期位于原欢乐岛主题区，欢乐谷三期主要包括欢乐时光、欢乐干线、欢乐水世界、欢乐无极四大欢乐系列，其中欢乐时光是三期项目最重要的部分，是在原一期的欢乐岛区域上全新建设的一个主题区。新建八大顶级游乐项目：家庭骑乘类项目"UFO"（unidentified flying object，不明飞行物）、中国第一座高空摇摆"发现者"、16 米垂直升降"尖峰时刻"、三维旋转的"欢乐风火轮"、悬挂式能量风暴"龙卷风"、"四维电影"——《极地狂奔》、"激光战车"、火山爆发的"寻梦河"。新增 3 项娱乐表演：中国首创夜光"炫彩巡游"、惊险刺激的"高空杂技"、中国首创《地道战》欢乐版。欢乐时光项目一炮走红，常年开设夜场。这是深圳欢乐谷应对迪士尼乐园进驻香港所做的提前准备，更是深圳欢乐谷根据自身发展需要，进行个性化品牌定位和实施差异化发展策略的结果。深圳欢乐谷提出"品质主义"主张，运用差异化战略提升品质，使自己区别于其他竞争对手，吸引客户并维持其品牌忠诚度。欢乐谷品牌再次升级，为品牌注入了新的内涵，提出"都市娱乐中心"的品牌定位。"都市"强调都市特质和区域特征；"娱乐"强调用娱乐元素、娱乐形态来丰富产品线；"中心"强调与15~34岁的主题消费群和深圳这座都市的脉搏相贴近。实践证明，这使深圳欢乐谷在激烈的竞争环境中再上新台阶。2005年香港迪士尼乐园开业当年，深圳欢乐谷还提高了门票价格，入园303.2万人次，创了历史新高。

面对香港迪士尼乐园开业可能出现的竞争，华侨城集团结合深圳市场的特点和自身优势，进一步思索差异化的定位，提出了差异化策略——都市娱乐中心，来区别于迪士尼乐园的度假地概念。以差异化的经营思路来应对同行业激烈竞争，深圳欢乐谷用创新思维思考其市场定位和经营模式。时任深圳欢乐谷总经理的吴斯远先生从三个方面解释了"都市娱乐中心"这个概念："都市"就是更强调欢乐谷的都市特质和区域特征，并面向珠江三角洲市场，向外延伸将是9+2市场；"娱乐"就是要以更多的娱乐元素丰富旅游产品线，通过全新的娱乐形态，把旅游景区打造成为娱乐中心；"中心"就是要求产品的种类丰富，甚至要达到"市场上能找到的娱乐形式这里都有"。"阳光般的夜生活"概念的提出，则主要服务于争夺夜间市场的需要。深圳欢乐谷建设到第三期，已经将娱乐元素与游乐项目有机结合，开创了"旅游+娱乐"的全新的中国式主题，具备了向全国布局的基础条件。

11.1.4　四期工程：再次试错

借鉴国际一流主题公园的开发经验，深圳欢乐谷确定了每年投入3 000万~5 000万元资金用于改造和新建项目，每隔3年时间推出一组新的投资5 000万元以上的大型娱乐项目，每隔2年推出一组中型娱乐项目，每年推出一组小型娱乐项目。通过长期不懈的更新改造，以保持主题公园的持续吸引力。在对深圳欢乐谷前三期分析的基础上，管理层认为，深圳欢乐谷在满足青年娱乐项目上具有明显优势，但缺乏满足低幼龄群体市场的游乐项目。为了丰富深圳欢乐谷园内游乐项目结构，拓宽深圳欢乐谷游客群体，赢得更广阔的市场空间，同时也为了应用差异化策略面对市场竞争，深圳欢乐谷策划建设了以满足少儿、家庭为主，同时兼顾年轻人体验的新主题区——魔幻城堡。魔幻城堡的首要目标市场是5~15岁的低幼儿童及其家庭市场，从产品供给上增强适合儿童及其家庭游乐的功能，以赢得更广阔的市场和更稳固的品牌地位。

2008年1月1日，深圳欢乐谷斥资2亿元的魔幻城堡对外开放。秉持着"建不完的欢乐谷，玩不完的欢乐谷"的经营理念，深圳欢乐谷开业以后不断升级换代，让游客"常看常新、常玩常新"。魔幻城堡新增3个主题区域，4大娱乐表演体系，20余个游乐项目。魔幻主题游乐空间以神奇的魔幻体验为主题，以家庭欢乐共享为理想，运用多元体验形式的策划组合。魔幻城堡包括六大魔幻元素：外太空探索主题的科幻元素、神奇魔法世界主题的幻术元素、网络世界的超现实网游元素、蚂蚁精灵和卡通世界的梦幻元素、理想成真的变身体验元素、融天幕特技和动漫为一体的奇幻表演元素。然而，这次魔幻城堡的建设被认为是不受市场欢迎的。魔幻城堡中的大多数游乐项目成了深圳欢乐谷利用率最低的项目。试错还是值得的，至少让深圳欢乐谷管理层知道：他们不可能建设一个满足所有年龄群体游乐需求的主题公园，只能针对主要目标市场进行有针对性的设计。

11.1.5　五期工程：全面升级

2011年8月，作为深圳迎接世界大学生运动会的更新项目，深圳欢乐谷斥3亿元巨资的五期项目全新开业，为举行世界大学生运动会的深圳，带来了不一样的精彩。深圳欢乐谷五期是一个综合性的大型娱乐项目，集全新香格里拉雪域主题区、全新规划建设的玛雅水公园及全新创编大型都市综艺秀——《炫艺@天空》于一体。深圳欢乐谷从美国、意大利等国家引进十余项世界最先进的游乐项目，更加适合年轻游客及合家欢市场的需求。众多水陆项目盛装亮相，欢乐全面升级。全新升级后的香格里拉·雪域是深圳欢乐谷大型游乐项目最集中的主题区，囊括"雪界"、"恰恰大草帽"、"追风者"、"彩云之翼"和中国第一座悬挂式过山车"雪山飞龙"等众多项目，形成新的项目集群，满足了市场的核心需求，强化了欢乐谷品牌在年轻游客中时尚、动感、青春的形象。

深圳欢乐谷的五期项目建设，让其保持了持续吸引力。2011年五期项目开业当年，深圳欢乐谷接待游客327.6万人次，相比2010年的265.1万人次上升了一个台阶，并在2012~2015年保持在320万~340万人次，见图11-1。五期项目让深圳欢乐谷重新回到了300万人次级别的主题公园行列。这再次说明，一个主题公园保持每年一定比例的更新改造投入，每隔几年进行一次大的全面升级的重要性。没有持续的更新改造，就没有持续的旅游吸引力。

11.2 走向全国的欢乐谷

时任华侨城集团副总裁的刘平春曾说道:"欢乐谷连锁对于中国主题公园资本跟国际资本的竞争,具有强化作用。……我们对中国市场的认知,比国内市场的国际资本要高,包括门票定价、交通能力、住宿条件。所以我们的策略是,在全国市场最丰富、经济条件发展最好的区域,形成互联。用点连接面,形成一个规模,更加有效率地跟大规模的国际资本竞争。所以,华侨城发展欢乐谷连锁品牌是国际层面的思考,有助于在中国资本与即将来到本土市场的国际资本的竞争中提高胜算,有助于在巨头竞争的环境下深层发展。"(华侨城集团,2009b)在"建不完的欢乐谷,玩不完的欢乐谷"的经营理念下,华侨城集团实施"东西南北,欢乐中国"全国布点布局计划,把欢乐谷作为品牌向外拓展经营,致力于将欢乐谷打造成中国第一个主题公园连锁品牌。北京欢乐谷于2006年7月29日正式营业,成都欢乐谷于2009年1月18日开业,上海欢乐谷于2009年7月28日开业,武汉欢乐谷于2012年4月29日开业,天津欢乐谷于2013年7月27日开业,重庆欢乐谷于2017年7月8日开业,南京欢乐谷已于2020年11月11日开业。

从战略上来看,一方面,华侨城集团希望实现主题公园产业化发展,也就是从一个单一的主题公园产品,到发展和主题公园相关的产业,再到将主题公园衍生的产品和主题公园构成一个产业链;另一方面,产业化也涉及规模问题,华侨城主题公园在深圳已做好布局,而在其他经济活跃地区,都市娱乐类产品尚不充分。华侨城主题公园希望在全国选择客流量大、商务活动多、消费水平达到一定程度的区域,如长江三角洲、珠江三角洲、渤海湾沿岸等地进行规模扩张。以中国目前的人口规模、经济发展水平、国民消费能力,像10亿~20亿元投资规模的欢乐谷主题公园,10个左右是比较合适的。当然,华侨城集团除了欢乐谷系列,未来还可能推出一些相对地区化、小投资的都市娱乐产品作为补充。

11.2.1 北京欢乐谷

北京欢乐谷所在地长期是农村社区和工人社区混合的城乡接合部。进入21世纪,北京进行重大的经济结构调整,将许多大型工业项目(主要是耗能大、污染大的项目)逐步迁离北京,其中,北京首钢集团的搬迁最为著名[①]。北京大型工业项目向周边地区转移是必然现象,同时也带来城市社会空间的剧烈变化。就北京华侨城项目所在地而言,地区工业经济的转移早在2000年就进入准备阶段。2000年,北京发布了《北京市三、四环路内工业企业搬迁实施方案》,而根据2002年发布的《北京奥运行动规划》,2008年以前要对京东南郊和四环路内200家工业企业全部完成调整搬迁工作,其中就包括北京焦化厂。2006年7月15日,北京焦化厂停产,整体搬迁到唐山。周边同时搬迁的大型企业还包括北京化工二厂、北京玻璃二厂、北京燃料厂等。到2008年,这些工厂的主体基本搬迁完毕。地区工业经济主体的搬迁给周边地区带来的社会空间影响是迅速的、剧烈的,而且是链式反应的。第一,从社会秩序看,大型工厂的搬迁意味着大批产业工人也将迁走,社会秩序重组;第二,从经济秩序看,地区主体经济的搬迁,使得原来围绕主体经济的相关产业链条将不得不进行调整,大批工人下岗或转业,并主要向服务行业转型;第三,从空间秩序看,工业时代的景观将成为遗迹,在更新与推倒之间需要寻找平衡。

北京欢乐谷的建设既是迎合市场需求的举措,也是华侨城集团自身发展的战略需求。一方面,当时经过20年的发展,华侨城集团在深圳已经没有成片的土地用于开发大型主题公园,企业需要新的发展空间,北京、上海等一线大城市是最佳的布局地点;另一方面,从国际主题公园企业集团的市场竞争而言,连锁化经营的主题公园具有较强的竞争力。英国的经验表明,连锁的主题公园和单一的主题公园在收益能力方面具有较大差异,连锁的主题公园具有更强的持续收益能力。

2000年,华侨城集团提出实施"中华锦绣工程"的战略构想。"中华锦绣工程"的第一个项目是曲阜孔子旅游项目,第二个项目是长江三峡项目。两个项目都脱离了华侨城集团的竞争优势,发展文化旅游和观光旅游,并未取得理想效果。2001年6月12日,华侨城集团参加北京举办的文化旅游推介会,被时任北京朝阳区区长相中,双方一拍即合。事实上,自从北京市宣布逐渐关停转移北京东南郊工业区大型项目后,政府部门都在积极寻求新的经济项目以支持地方经济的转型,其中第三产业是最优的选择,而主题公园项目在当时的情形下,可谓优中之优。更重要的是,与中央企业华侨城集团的合作更容易得到北京各级政府的支持,也能为地产经济转型升级提供好的开始。

2002年5月1日,在深圳欢乐谷二期建成开放的同时,华侨城集团下属的深圳华侨城控股股份有限公司(现深圳华侨城股份有限公司)、深圳华侨城房地产有限公司与北京朝阳区南磨房乡集体企业北京世纪城房地产开发有限公司(华瀚投

[①] 2005年,国务院批复了首钢集团的搬迁规划,向唐山进行产业转移,成立首钢京唐钢铁联合有限责任公司。首钢集团的搬迁是整个北京工业转移的重大项目,拉开了产业转移的序幕。

资集团有限公司前身)、北京南磨房旅游发展有限公司在深圳威尼斯酒店签订合作协议,正式搭建了具有特殊意义的政企合作关系——国务院国有资产监督管理委员会下属中央企业与地方政府下属企业合作。同年6月18日,北京世纪华侨城实业有限公司在北京注册成立,注册资金为1.11亿元[①]。北京华侨城占地150万平方米,规划定位很高,概况为"一个投资主体、两大项目、三片功能区",即由北京世纪华侨城实业有限公司统一开发,包括旅游项目和房地产(住宅地产+商业地产)项目,分为北京欢乐谷主题生态乐园、北京维吉奥广场和北京华侨城主题居住区3个功能区。

北京华侨城汲取了深圳华侨城发展的经验,采取的是统一开发、统一规划、统一建设、分步实施的策略,在规划阶段就已经将主题公园与高尚社区的空间关系落实清楚,将高尚消费空间的配套也详细安排,使主题公园对周边房地产的增值效应发挥到最大,直接促进了北京华侨城的旅游绅士化。

2006年7月29日,北京欢乐谷正式开园。北京欢乐谷位于朝阳区东四环四方桥东南角,占地56万平方米。其中,北京欢乐谷一期占地约54万平方米,于2006年7月29日盛大开幕。北京欢乐谷二期、三期分别占地5万平方米和40多万平方米。公园分别由峡湾森林、亚特兰蒂斯、失落玛雅、爱琴港、香格里拉、甜品王国和欢乐时光7个主题区(另外还有位于爱琴港的奇幻海洋馆、欢乐世界主题漂流三期项目)组成,见图11-3。北京欢乐谷设置了120余项体验项目,包括40多项游乐设施、50多处人文生态景观、10多项艺术表演、20多项主题游戏和商业辅助性项目,可以满足不同人群的需要,获得过"中国文化创意产业高成长企业百强","首都旅游紫禁杯"先进集体奖,"首都文明旅游景区"等荣誉。

然而,2006年北京欢乐谷的入园情况并没有预期理想,直到2008年,北京欢乐谷的入园人数才超过200万人次。2009年,北京欢乐谷入园游客达到235万人次,还略低于刚刚开园不久的成都欢乐谷[②](为240万人次)。直到2010年7月1日北京欢乐谷二期建成开业,北京欢乐谷的发展才真正达到理想效果,进入快速发展阶段(与深圳欢乐谷的情况相似)。2010年,北京欢乐谷接待的游客量增长了17.8%,成为世界十大增长最快的主题公园之一,游客量达到273.4万人次。2011年"十一"期间(10月1~7日),北京欢乐谷接待游客量累计达23.2万人次,实现营业收入2 751.43万元,其中门票收入2 075.8万元,呈现快速增长趋势(图11-4)。

[①] 据2010年华侨城A的审计报告,北京世纪华侨城实业有限公司由华侨城控股股份有限公司、北京世纪城房地产开发有限公司、北京南磨房旅游发展有限公司和深圳华侨城房地产有限公司共同出资成立,投资比例分别为32.5%、26.0%、11.5%和30.0%。2003年新增加北京四方投资管理有限公司为新股东,5家公司的持股比例调整为29.28%、23.42%、10.36%、27.03%和9.91%。截至2010年,华侨城集团持有其63.25%的股权,而表决权比例为66.22%。

[②] 成都欢乐谷于2009年1月18日开业,实际经营的时间不到1年。

图11-3 北京欢乐谷鸟瞰图
资料来源：北京欢乐谷提供

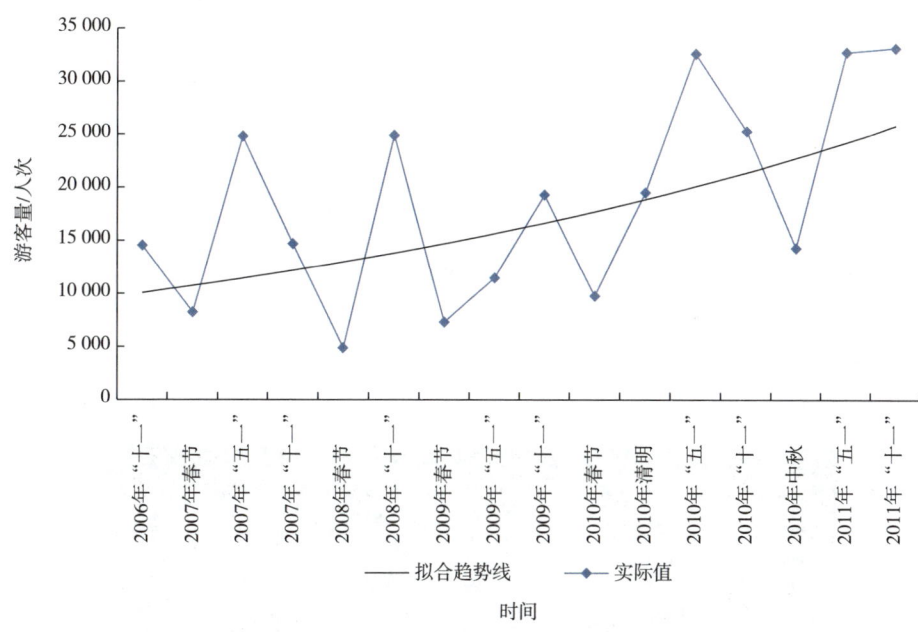

图11-4 北京欢乐谷节假日日均游客量增长趋势图
2008年实行新的假日制度，取消了"五一"黄金周，增加了清明、中秋和端午等小长假（3天）。因此，2006~2011年，各个假期放假的时间长短不一，统计口径有的为3天，有的为7天，故采取日均值比较
资料来源：北京欢乐谷提供

与深圳欢乐谷不同，北京欢乐谷是在深圳欢乐谷成功经验的基础上，一次性规划，分期建设而成。许多在深圳欢乐谷被验证效益不佳的项目被取消，新增加的项目更倾向年轻人市场，使得欢乐谷更适合青少年群体。这种定位对于高校林立的北京而言，显然较为合理。北京欢乐谷的更新节奏也按照深圳欢乐谷3~4年一次大更新的方式来。2010年6月27日，北京欢乐谷二期"欢乐时光区"全面

对外开放，将汽车文化引入主题公园，包含了"欢乐风火轮""X 战车""天使之翼""冲浪者"等具有真实赛车极速体验的大型游乐设备，以及"极速飞车便利店""风火轮便利店""天使之翼便利店"等包含汽车元素的主题商店，北京最高的发射过山车"极速飞车"也开通运营。然而，北京欢乐谷前两期项目偏重惊险、刺激，对儿童和老年人的吸引力弱，对以学生为主的群体吸引力强。根据 2011 年北京欢乐谷常态的市场游客调查数据，北京欢乐谷的游客中，年龄在 21~35 岁，且收入在 5 000 元以下的消费群体占 75%，而学生市场能够占到 30%。这样的年轻化、低收入的学生市场很难为北京欢乐谷带来可观的收入。更为重要的是，北京以中产阶层家庭消费为核心的旅游市场没有得到应有的关注。这部分市场特别重视亲子项目和家庭互动项目。同时，北方冬季的恶劣气候成为项目运营难以突破的瓶颈，冬季室外乘骑器械和水上项目几乎停歇，对游客量产生巨大的负面影响。

为了破解上述难题，2014 年 5 月 31 日，北京欢乐谷三期全新开放，花 5 亿元巨资打造了 5 万平方米的海洋文化主题区域，推出了一个室内主题场馆"奇幻海洋馆"（图 11-5）和一个室内主题漂流"欢乐世界"，同时充满老北京韵味的特技情景剧《燕子李三》于失落玛雅区上演。三期开放后，北京欢乐谷按照工种和七大主题区域文化背景，把员工工服分为 11 类、26 款进行特色化定制，涵盖管理类、服务类所有岗位。三期项目给北京欢乐谷带来了质的飞跃，游客量迅速从 200 多万人次上升为 300 多万人次。2015 年，北京欢乐谷接待游客 374 万人次，成为当年欢乐谷品牌中游客量最大的主题公园（TEA/AECOM，2016）。如今的北京欢乐谷不仅是北京一大文化旅游坐标地，也成为国内最为国际化、现代化的主题乐园。截至 2016 年 4 月，十年来，北京欢乐谷累计接待游客 2 700 万人次，营业收入超过 37 亿元。

(a) 奇幻海洋馆

(b)花车大巡游

图11-5　北京欢乐谷奇幻海洋馆和花车大巡游

资料来源：北京欢乐谷提供

北京欢乐谷又分别于2018年和2019年推出四期和五期。其中，五期最亮点的产品是世界第三、亚洲第二、中国第一台喜马拉雅雄鹰•音乐过山车及模拟雅鲁藏布河谷建造原生态的雅鲁藏布•大漂流。这是北京欢乐谷通过原创IP（intellectual property，知识产权）进行文创产品研发的重要成果。北京欢乐谷是欢乐谷连锁品牌走出深圳的第一站。北京欢乐谷的经验表明，欢乐谷的扩张不仅要继承原有欢乐谷的良好基因和经验，还要因地制宜地做出持续的创新，才能使主题公园保持良好的吸引力。

11.2.2　成都欢乐谷

成都欢乐谷于2009年1月18日开业，位于成都市金牛区，距天府广场6.6千米，至成都各个主要人流区只需10~20分钟。成都欢乐谷是继深圳欢乐谷、北京欢乐谷之后，欢乐谷连锁品牌走向全国的第三站，也是成都市文化产业重点项目和旅游产业重点项目。早在2005年4月，华侨城集团与成都市金牛区人民政府签署《框架协议》，确定合作开发包括一个欢乐谷在内的天府华侨城项目。同年10月31日，成都天府华侨城实业发展有限公司注册成立。成都华侨城作为科尔尼方案的试点，聘请香港SPACE（司培斯）商业经营管理集团公司做房地产部分的规划咨询，由华侨城集团规划设计部门具体规划设计成都欢乐谷项目。2006年10月20日，成都华侨城旅游地产项目暨成都欢乐谷项目奠基仪式在公司项目地块举行。同年12月31日，成都市发展和改革委员会下发了《关于成都市金牛区沙西线生态旅游设施建设项目的核准通知》(成发改社会〔2006〕390号),正式宣布成都华侨城公园项目完成立项工作。成都华侨城项目从谈判到最终的立项,程序走了20个月,可想而知项目在策划阶段和落地上有多困难。2007年9月4日,成都欢乐谷欢乐时光区土建基础工程开工,意味着成都欢乐谷正式全面开建。

成都天府华侨城实业发展有限公司遵循"规划为先、依托自然、以人为本"的原则,把旅游、地产、商业完美结合,创造性地提出了"中央欢乐区"(central happiness district,CHD)概念,全力打造优质生活及创新欢乐体验的城市核心区域。成都华侨城项目有三大业务版块,分别是现代主题公园、高尚人文社区与都市娱乐商业。其中,高尚人文社区——华侨城纯水岸一期半岛多层于2008年8月16日在加州花园酒店开盘,364套房源当天即告售罄。同年9月20日,华侨城纯水岸一期景观高层1批次在会所开盘,当日劲销9成。2009年1月18日,成都欢乐谷正式开园。成都华侨城项目采取了主题公园与房地产同时开发,房地产先期开售,主题公园随后开业的节奏,没有等主题公园外部效益充分溢出,就已经先期销售部分房地产。2009年春节,成都欢乐谷及华侨城公园广场共迎客近20万人次,在开园后第一个长假取得开门红,成为四川省旅游新亮点。2010年6月5日,成都欢乐谷加勒比水公园开放。

相比其他地方的欢乐谷,成都欢乐谷具有以下两个特点:第一,投资规模小,大型项目少,因而门票价格也较低,这与其所面临的区域市场消费能力有关;第二,位于城市近郊,外围公园门口配套了大型的购物广场——华侨城广场,这与成都消费习惯及房地产配套要求有关。

成都欢乐谷尽管门票价格较低,但游客量一直无法与其他欢乐谷相比。2011年,成都欢乐谷接待游客244.3万人次,2012年为244.5万人次,位列亚太地区的第18位(TEA/AECOM,2013)。2013年,成都欢乐谷游客量增长仍然缓慢,仅为256万人次,下降到第19位(TEA/AECOM,2014)。2014年,成都欢乐谷游客量艰难维持在258万人次,而到了2015年,成都欢乐谷已经跌出了亚太地区主题公园的前20名(TEA/AECOM,2016)。事实上,成都欢乐谷面对如此庞大的潜在市场,游客量增长缓慢的原因很多。2013年,成都欢乐谷进行二期开发。经过一个月试营业,投资约5亿元的成都欢乐谷二期项目于2013年5月31日正式开园。成都欢乐谷园区面积扩大至近51万平方米,并加入多项国内首创的室内游乐项目,门票也提高至190元。有别于一期,欢乐谷二期的所有游乐项目均融入"科技"元素,设有全球超大球幕飞行影院"飞越西部",国内原创主题黑暗乘骑"熊猫侠",国内首创3屏4D全景式影院"深海探奇""X战车""冲浪者""星际飞翔""KAKA汽车"等高科技项目。欢乐谷三期还引进了垂直跌落过山车。然而,二期和三期项目似乎也没有给成都欢乐谷带来游客量的提升。

显然，欢乐谷在成都面临的是一个与深圳和北京都不一样的市场：第一，成都本身就是一个很休闲的城市，这里拥有丰富的自然和人文旅游资源，城市及周边地区居民有非常多的替代性休闲娱乐选择，到主题公园游玩并不会是其最重要的选择；第二，尽管成都欢乐谷门票是所有欢乐谷中较低的，但对于成都及周边地区居民而言，这样的休闲娱乐消费仍然较高，严重影响了出游率和重游率；第三，除了成都欢乐谷，同期成都还有国色天香水上乐园和海昌极地海洋公园等多个同类型主题公园开业，在产品和项目上，成都欢乐谷并没有太多的优势。成都欢乐谷仍需要在一个庞大的潜在市场域中找到自己的市场定位，调整产品结构，通过不断创新保持持续吸引力。

11.2.3 上海欢乐谷

上海华侨城项目是华侨城集团在长江三角洲地区投资发展的又一个大型综合发展项目。2005年10月26日，华侨城集团与上海市松江区人民政府签约，共同开发建设上海华侨城综合旅游项目。2006年3月9日上海华侨城投资发展有限公司注册成立，注册资金为4亿元，由深圳华侨城控股股份有限公司、深圳华侨城房地产有限公司共同注资组建，所占股权比例分别为65%和35%。2005年11月19日，上海华侨城大型综合性旅游项目奠基仪式在上海佘山国家旅游度假区项目基地隆重举行。2006年8月6日，上海华侨城投资发展有限公司取得公园项目用地（即6、7、8号地块）的《上海市房地产权证》，至此公园用地的所有手续办理完毕。2007年3月，该公司取得由上海市城市规划管理局核发的A11号地块的建设用地规划许可证。2007年9月3日，上海佘山森林公共文化中心项目（8号地块）可行性研究报告得到上海市发展和改革委员会的批复。上海欢乐谷和成都欢乐谷几乎是同时推进的两个项目，都是2005年签约，2009年开业，历时4年完工。

上海欢乐谷选址比较偏僻，位于风景秀丽的松江佘山度假区，从上海市区出发一般需要1小时的车程。佘山度假区是上海城市郊区的一个综合度假区，见图11-6。当时，上海欢乐谷附近没有大型社区，从地铁佘山站到上海欢乐谷还要步行大约1.3千米。在开业的前几年，公共交通并不是很方便。华侨城集团对该项目共投资40亿元，占地共90万平方米，有120余项体验项目，50多处人文生态景观，以高品质、高起点的大手笔打造了当时中国规模最大、项目最多、景色最美、科技含量最高的主题公园。

主题公园发展——中国案例

图11-6 上海松江佘山度假区
资料来源:华侨城集团(2009c)

上海欢乐谷项目在签约两个月之后召开了一次国际咨询研讨会，聘请了3家国外知名的设计公司对整个项目进行了一次评估和咨询，这为后期的整体规划奠定了比较坚实的基础。上海欢乐谷最终的整体规划是华侨城策划公司担纲设计的，规划保留了原有的河道和植被。上海欢乐谷的开业还要抢在上海世界博览会之前。上海欢乐谷除了有与其他欢乐谷一样的项目活动外，还从美国、德国、荷兰等国家引进众多在国内乃至世界顶尖的科技娱乐项目，如国内首台木质过山车"谷木游龙"、全球最新无底跌落式过山车"绝顶雄风"、被誉为超级过山车的"蓝月飞车"、亚洲惊险之塔——"天地双雄"、国际领先级4K高清"飞行影院"。其中，木制过山车在欢乐谷是首次应用。这个木头的过山车，最高时速能达到90千米。

上海欢乐谷与其他欢乐谷的不同之处主要有三个方面。第一，上海夏季炎热，冬季湿冷，且雷雨季节比较多，室外娱乐受到限制，因此，上海欢乐谷增加了室内项目。上海欢乐谷大型场馆项目比较多，包括飞行影院、大剧院、12 000平方米的儿童馆、亚瑟宫和3D、4D影院等，场馆项目增加是上海欢乐谷项目建设中的一个亮点。第二，上海欢乐谷充分利用原有地形地貌，根据长江三角洲江南水乡特色，把水的文章做好。上海欢乐谷把所有地块里2.5千米的水道和两岸植被尽量保留下来，园里的水既是一个游玩项目，也是一个交通工具。第三，强化园内演艺体系。上海欢乐谷演艺以优秀的国内外杂技节目为主，另外还引进华侨城各景区非常成熟、受游客欢迎的节目。

上海欢乐谷的实际投资高于大多数欢乐谷，然而市场却没有预期那么理想。开业一周年，上海欢乐谷仅仅收获200万人次的游客量，首期效应并不显著。2010年的上海世界博览会，7 000万人次的世界博览会入园量中，也没有多少转化为上海欢乐谷的游客。上海欢乐谷的游客量长期维持在200万人次左右，游客量甚至低于成都欢乐谷。2013年，上海欢乐谷游客量为227万人次，而成都欢乐谷为256万人次。2014年，上海欢乐谷游客量为236万人次，而成都欢乐谷为258万人次（TEA/AECOM，2015）。上海欢乐谷也像成都欢乐谷一样，进行了二期建设，投资2亿元，建设了占地5万平方米的"欢乐海洋"。"欢乐海洋"是一个以"海洋文化"为背景的全新主题区，从瑞士、德国、加拿大等国家引进了众多亲子游乐项目，如亲子悬挂过山车"大洋历险"、中国首座双环式贴水飞行器"水上飞艇"、多媒体互动剧场"海星剧场"等。然而，即便如此，上海欢乐谷也没有获得更多的上海中产阶层家庭消费。

这样巨额的投资，这样的市场反应，在欢乐谷系列主题公园中，上海欢乐谷并不能算是一个很成功的项目。除了个别游乐器械事故导致的短期负面影响外，上海欢乐谷还有一些根本性的问题。第一，上海欢乐谷的区位比较尴尬。尽管附近有地铁、高速公路，但毕竟不紧邻，各个出游方式群体在高峰期到佘山都需要较长的时间,一旦遇到客流高峰,这些地铁和高速公路很难在入园时段确保大规模游客流的输送。第二,上海欢乐谷的门票消费比较高,上海欢乐谷标准门票为230元(2016年),与成熟的深圳欢乐谷持平,但高于其他欢乐谷。由于园区外围没有商业,又位于佘山度假区内,其他餐饮、购物消费基本都要在园内解决,人均消费成本很高。第三,上海欢乐谷周边城市的主题公园很多,内有锦江乐园、迪士尼乐园,外有常州恐龙园、嬉戏谷、苏州乐园等一系列主题公园的竞争,继续创新和资源重新整合能力空间不大。欢乐谷这种区域性主题公园较难吸引上海之外的客人。第四,更为关键的问题在于,上海欢乐谷在项目产品上没有很好地适应上海当地市场的需求,整个项目的市场针对性并不明确,各个细分市场的满足程度不高。显然,上海欢乐谷要想在竞争激烈的长江三角洲地区脱颖而出,难度不小。

此外,欢乐谷在武汉、天津等城市的开发也有着各自的特点,面对着独特的市场。然而,总体上,这些欢乐谷的市场反应都没有预期的好。除了各地欢乐谷自身的适应性调整不足以外,欢乐谷品牌作为主题公园也有着本质的硬伤。这个硬伤随着时间推移及市场的转型升级,将被逐渐放大。这个硬伤就是主题。

11.3 欢乐谷的启示录

欢乐谷作为中国区域性主题公园的典型代表,它的发展集结了中国早期一批主题公园创业者的理想、智慧和勇气。区域性是各地欢乐谷的共同特点。区域性要求,每一个欢乐谷吸引市场半径是有限的,一般在2~3小时车程范围内;区域性还要求,每一个欢乐谷在不同的城市布局,要因地制宜,适应新的市场环境,做出产品项目的创新。总体而言,欢乐谷在区域性主题公园上的探索是有价值的,给予后来者很多启示。

11.3.1 布局区域中心城市

区域性主题公园必须选址在区域的中心城市。在中国,符合能够维持欢乐谷投资市场门槛的区域性中心城市越来越多,深圳、北京、上海、成都、武汉、天津都是,甚至广州、重庆、长沙、福州、南京也可能是不错的选择。这种区域性主题公园是一种高投入的旅游项目,一般而言,区域经济比较发达的地区才具备较大规模的投资能力。深圳所属的广东省无论是总体地区生产总值还是人均地区生产总值都处于全国前列。在时间上看，深圳欢乐谷是深圳最早的体验性主题公园；从空间上看，深圳欢乐谷与锦绣中华和深圳世界之窗静态主题公园相邻，可以提升空间竞争力。

从外部环境来看，第一，客源市场庞大。经济发达、流动人口多的大城市能保证良好的客源市场，深圳是欢乐谷的一级客源市场，其二级客源市场是香港和经济发达的珠江三角洲地区。这些地区高达几千万人口，深圳流动人口众多，特别是商务会议召开得多，参观考察的比例很大，这部分人往往是主题公园的消费游客。第二，交通条件便利。深圳对外交通十分便利，广九铁路、广深高速公路、深圳国际机场，特别是广深高速公路的开通，为其二级客源市场的开拓创造了良好的条件，城市内部公共交通方便，游客"来去自由"，缩短了感知距离，对游客的决策行为有正面的影响。第三，相关产业和城市配套支持。深圳欢乐谷在深圳华侨城内，有房地产和旅游相关产业的支持，而主题公园的发展也带动了相关产业的发展，甚至推动了社区的升级（Liang and Bao，2015；梁增贤和保继刚，2015）。

11.3.2　因地制宜有所差异

主题公园连锁品牌总是存在同质化特征，这也是一些企业的竞争优势。一方面，相同的游乐设备和成熟的演艺项目在不同地区复制，能够最大限度地降低企业设计、采购和人员培训成本；另一方面，企业在不同地区采用统一品牌必须有统一的文化主题，才能发挥连锁效益和品牌影响力。在全球资本的推动下，连锁主题公园的复制多于创新，呈现同质化趋势。然而，与其他城市空间不同，主题公园的同质化呈现两大特点。

第一，主题公园复制的过程是迪士尼式的空间生产过程，它通过将单一的审美主题复杂化，同质空间破碎化，展现时空的穿越效果以营造奇幻的氛围，让游客身临其境，不易察觉其相同之处。华侨城集团主题公园的建设也采用类似的手法，将深圳欢乐谷性价比高且最受游客欢迎的项目复制到北京、成都、上海和武汉的欢乐谷，见表 11-1。

表 11-1　深圳、北京、成都、上海、武汉的欢乐谷连锁项目活动一览表（2015 年）

欢乐谷	主题分区	游乐器械	节庆活动	大型演出
深圳欢乐谷	西班牙广场、魔幻城堡、冒险山、金矿镇、香格里拉、阳光海岸、飓风湾、玛雅水公园、欢乐时光	欢乐剧场、魔幻剧场、四维影院、发现者、尖峰时刻、太空梭、雪山飞龙、完美风暴、飓风滑道等	国际滑稽节、时尚文化节、玛雅狂欢节、国际魔术节、流行音乐节	欢乐无极、彩车巡游

续表

欢乐谷	主题分区	游乐器械	节庆活动	大型演出
北京欢乐谷	峡湾森林、亚特兰蒂斯、爱琴海、失落玛雅、香格里拉、蚂蚁王国	魔幻剧场、聚能飞船、特洛伊木马、玛雅天灾、丛林飞车、雪域金翅、天地双雄、花镜漂流、尖峰时刻等	玛雅狂欢节、国际滑稽节、时尚文化节、国际魔术节、流行音乐节	金面王朝、彩车巡游
成都欢乐谷	阳光港、欢乐时光、加勒比旋风、魔幻城堡、飞跃地中海、欢乐森林	飞行岛、雪域飞龙、天地双雄、能量风暴、天旋地转、大摆锤等	新春嘉年华、国际滑稽节、国际魔术节、流行音乐节、加勒比狂欢节、万圣狂欢节	加勒比海盗、彩车巡游
上海欢乐谷	阳光港、欢乐时光、飓风湾、金矿镇、蚂蚁王国、香格里拉	谷木游龙、金银岛、魔幻剧场、矿山历险、完美风暴、激流勇进、能量风暴、飞旋驼峰等	国际魔术节、狂欢节、动漫嘉年华	欢乐大巡游、加勒比海盗
武汉欢乐谷	欢乐时光、飓风湾、魔幻城堡、渔光岛、极速世界	谷木游龙、大摆锤、能量风暴、双塔太空梭、激流勇进、四维影院等	未定	未定

注：作者据相关资料和实地考察整理

尽管是相同的游乐器械，但游乐的主题不同，项目的名称也不同，如深圳欢乐谷的矿山车在金矿镇区；北京欢乐谷的矿山车在失落玛雅区，以玛雅文化为主题，称为丛林飞车；成都欢乐谷的矿山车在巴蜀迷情区，以巴蜀文化为主题，称为雪域飞龙；上海欢乐谷的矿山车在金矿镇区，以美国西部矿区为主题，称为矿山历险。同一个游乐器械经过不同的主题包装，空间结构和布局也富于变化，给游客以奇幻的体验。

第二，欢乐谷在不同城市布局时，尽可能考虑各个城市的文化特质和市场需求，挖掘地方文化来包装主题公园项目。上海欢乐谷命名了一个主题分区为"上海滩"。借助上海市民对上海滩的集体记忆，上海欢乐谷开发了上海滩主题分区，游乐器械以大型刺激性项目为主，如大摆锤、绝顶雄风（无底板跌落式过山车）。同时，特别设计了《上海滩》影视特技表演，再现当年上海滩的风云事件，游客亦可参与其间表演，互动性很好。此外，成都欢乐谷的巴蜀迷情区、武汉欢乐谷的欢乐江城都呈现了地方文化。

11.3.3 持续不断更新改造

创新是主题公园发展的动力来源，战略创新是现代主题公园实施战略管理的根本。深圳欢乐谷先后制定了三年形象工程和五年发展战略。随着经营环境与市场竞争的日益严峻，欢乐谷通过全新的资源整合、产品发展空间的延伸、经营模式的拓宽，由一个日间经营的乐园成为一个全天候经营的乐园。从企业发展的战略高度出发，欢乐谷对外的宣传已提高到为企业品牌服务，对企业品牌进行维护及管理；欢乐谷每年投入 3 000 万~5 000 万元资金用于改造和新建项目，提高景区产品、环境品质，不断为游客提供新奇的游乐体验和安全优质的游乐服务；欢乐谷努力开发新业务，在核心游客产品方面，融合多种娱乐元素，开发健康、阳光的都市娱乐生活方式，在附加产品方面充分利用欢乐谷网站资源，开发与乐园产品相配套的网络游戏等。

策划创新是一个主题公园立足市场的重要因素，系列化的大型体验性活动的开展是市场制胜的法宝，以此培育市场之买点、消费之热点和利润之增长点。欢乐谷的策划创新体现在主题节庆活动的策划方面。多年来，欢乐谷坚持把五大节庆活动作为大品牌下的子品牌来经营，注重把握国际娱乐潮流和脉搏，将"时尚文化"与"本土文化"有机结合；每一个主题活动都结合欢乐谷品牌内涵的某一个元素来展开，如新春国际滑稽节体现欢乐吉祥、暑期玛雅狂欢节体现激情狂欢、国际魔术节体现神秘与梦幻等。按照"一项活动、一个品牌、一家媒体"的办节思路，将主题活动做出声势和特点，进一步丰富、强化和再现主题，达到"大节造影响、小节做市场"的拉动效果，从而做大、做强欢乐谷品牌。

管理创新是主题公园发展的基础，执行是关键。深圳欢乐谷导入ISO9001质量管理标准，构建公司管理体系；导入国际先进的顾客服务圈理念，建立服务标准体系；导入"领班行动"战略，搭建人才培养体系。深圳欢乐谷通过规范管理制度，统一经营理念，强化过程监督，有效提升企业执行力；围绕管理创新和企业发展两大主题，先后实施三个导入，搭建三个体系，构筑了一个利于持续改进的管理平台，以提高景区管理水平和核心竞争力。

欢乐谷系列主题公园从1998年深圳欢乐谷开业算起，走过了20多年的历程。这个产品尽管每年不断更新，在不同城市布局时也有所创新，但其核心吸引力仍是乘骑器械，主题体验的作用很小。随着欢乐谷系列在全国范围进一步布局，加之其他主题公园企业也开发了类似的主题公园，欢乐谷系列主题公园将面临更为激烈的竞争。从全球主题公园产业演化的规律看，主题公园企业在经历一轮连锁后，一般有三种出路。

第一，主题化。通过开发主题，将主题公园的核心吸引力从乘骑器械转向主题体验。通过动漫影视等线上和线下的互动，增加和丰富游客体验。这条道路相当于要求企业在建设好主题公园后，回过头来孵化主题。

第二，产业化。主题公园的产业链很长，目前华侨城集团和国内大多数主题公园企业集团一样，仅仅关注产业链中的景区部分，对上下游业态并不重视。例如，中国每年建设很多主题公园，需要大量的大型过山车和乘骑器械，而这些设备的研发、设计和建设其实有相当高的利润。中国在高端主题公园乘骑器械的设计和生产上存在短板。

第三，横向拓展。既然欢乐谷系列产品固化，市场针对性单一，就开发其他品牌系列的主题公园。这一方向是目前华侨城集团采取的策略，从早期开发欢乐海岸、麦鲁小城，到现在顺德华侨城欢乐海岸PLUS的开发，华侨城集团都在尝试新的娱乐形式。

通向罗马的道路千万条，可能没有最优的路线，却有最适合的。华侨城集团创造了一个时代。我们乐见其开创一个新的时代，尽管前路充满挑战。

- 主题公园发展
- ——中国案例

第12章 华强方特瞄准二三线城市

华强方特是一家真正想着对标华特迪士尼公司的中国主题公园企业集团。当然,一开始它并没有这样的计划。在过去20年中国主题公园产业快速发展的大风口下,很多企业都"飞"起来了。华强方特就是其中一个,因为它真正长出了自己的翅膀,所以飞得比别人更高、更远,已经足以与国内老牌主题公园企业集团平起平坐,甚至很多方面超越了它们。华强方特越来越迪士尼化。这是因为,一方面,华强方特及其关联公司有着与华特迪士尼公司类似的产业链,从动漫、电影、电子和周边产品到主题公园,甚至酒店一应俱全。难能可贵的是,华强方特近年来还成功地将一些动漫作品转化为主题公园产品。尽管跟华特迪士尼公司仍具有一定差距,但至少已经往这个方向努力了。相比之下,国内其他主题公园企业集团则很少做这样的尝试。另一方面，华强方特的投资合作模式越来越迪士尼化，从原来的自投、自建、自营的重资产开发，到现在的技术入股、文化主题 IP 入股，而政府提供土地和部分投资，双方形成 PPP（public-private partnership，政府和社会资本合作）模式。华强方特负责建设和运营，在成功经营一段时期后，政府有偿收回，并委托华强方特继续管理，政府获得运营收益。

华强方特已在芜湖、青岛、株洲、沈阳、郑州、厦门、天津、宁波、大同、南宁、长沙、邯郸等地投入运营"方特欢乐世界""方特梦幻王国""方特东方神画""方特水上乐园""方特东盟神画""方特丝路神画""方特国色春秋"等 20 多个品牌主题乐园。2018年，华强方特以 4 207.4 万人次的游客量位列全球第五，在国内与华侨城集团、长隆集团形成三足鼎立之势。2020 年，华侨城集团仅有 8 座欢乐谷，海昌集团公司有 10 个公园，而华强方特则有 20 多个公园（表 12-1），并计划到 2023 年至少拥有 30 个开业的主题公园。

表 12-1　华强方特主题公园项目一览表（部分）

城市	项目名称	开园日期	项目分期
重庆	重庆金源方特科幻公园	2006年4月30日	一期
芜湖	一期：方特欢乐世界	一期：2008年4月18日	四期
	二期：方特梦幻王国	二期：2010年12月8日	
	三期：方特水上乐园	三期：2014年6月28日	
	四期：方特东方神画	四期：2015年8月16日	
汕头	汕头方特欢乐世界·蓝水星主题公园	2010年1月28日	一期
泰安	泰安方特欢乐世界	2010年4月27日	一期
沈阳	沈阳方特欢乐世界	2011年9月29日	一期
青岛	青岛方特梦幻王国	2011年7月28日	一期
株洲	一期：方特欢乐世界	一期：2011年9月12日	二期
	二期：方特梦幻王国	二期：2016年8月18日	
郑州	一期：方特欢乐世界	一期：2012年6月28日	三期
	二期：方特梦幻王国	二期：2015年7月9日	
	三期：方特水上乐园	三期：2014年7月6日	
厦门	一期：方特梦幻王国	一期：2013年4月28日	三期
	二期：方特东方神画	二期：2017年4月16日	
	三期：方特水上乐园	三期：2017年6月23日	
嘉峪关	一期：方特欢乐世界	一期：2015年4月28日	二期
	二期：方特丝路神画	二期：2019年7月18日	
济南	济南方特东方神画	2015年4月29日	一期
大同	大同方特欢乐世界	2016年7月26日	一期
宁波	宁波方特东方神画	2016年4月16日	一期
南宁	南宁方特东盟神画	2018年8月8日	一期
长沙	长沙方特东方神画	2019年7月6日	一期
邯郸	邯郸方特国色春秋	2019年8月1日	一期
荆州	荆州方特东方神画	2019年9月12日	一期

资料来源：作者根据相关资料整理

如果说迪士尼乐园打造的是目的地级主题公园，欢乐谷树立的是区域性主题公园的榜样，那么华强方特就瞄准中国的二三线市场，甚至四线市场，致力于打造城市级主题公园，其项目的吸引范围总体要比目前的欢乐谷小，一般在 1~2 小时车程范围内，以本城市及近郊居民为主。投资的规模不会很大，单个主题公园的实际投资（不含其他配套）一般控制在 10 亿元以下，其经营门槛较低，较为容易收回投资。即使主题公园无法收回投资，华强方特也能够从公园设计、建设及周边土地的开发中获得足够收益。当然，华强方特在个别城市建设多个城市级主题公园，也形成区域性主题公园的吸引能力，如芜湖。芜湖方特集合了欢乐世界、梦幻王国和东方神画三个城市级主题公园，构建了一个区域性主题公园的集群。

华强方特瞄准二三线城市，与其说是有意针对二三线城市设计主题公园产品，避开华侨城集团等企业在一线城市的正面竞争，主动选择布局，不如说是二三线城市为华强方特的落地提供了可能性，是二三线城市选择了华强方特。今天，很多人谈到华强方特，总会有一系列问题：华强方特会发展成为中国的华特迪士尼公司吗？华强方特真的不开发房地产项目就能做好主题公园吗？华强方特能够继续在二三线城市生存，并进军一线城市吗？华强方特模式有哪些方面可以借鉴？华强方特的核心竞争力是什么？

12.1　华强收购深圳远望城

华强方特的核心竞争力是人，至少一开始是的。这要从收购深圳市远望智能系统有限公司说起。

20世纪90年代，城市游乐还处在游戏机、电玩城时代。日本的各种卡机、游戏机通过中国香港进入内地，深圳作为中转站，当然也生产部分设备。1993年4月，深圳远望城多媒体电脑有限公司（简称深圳远望城）在深圳市福田区八卦岭八卦六路533栋成立，原隶属于国防科学技术工业委员会，现隶属广东省电子信息产业集团，是一家台港澳合资企业。企业的办公空间不大，只有4楼一层，跟大多数深圳初创的企业一样，艰难起步。深圳远望城主要做电子游戏、视频游戏和简单的游戏设备设计和生产，从最初为日本和欧美游戏企业代工生产到自己模仿创作做起，应市场需求，逐渐接触游乐设备，积累了一批理工科技术人才，形成了自己的产品线，在当时的华南地区具有一定的影响力。戎志刚、刘道强[①]等就是从这家公司走出来的。

20世纪90年代中期，中国主题公园迎来一波浪潮，深圳欢乐谷、苏州乐园、锦江乐园基本都是这一时期建成开业的。与前一阶段主题公园不同，这一阶段的主题公园主要以乘骑器械为主，需要大量的游乐设备。显然，大量新建的主题公园完全依靠进口设备不可能支撑后来的发展，于是，它们培育了一批国内的视频游戏、乘骑器械的设备设计和生产商，深圳远望城便是其中之一。

针对当时游乐市场对乘骑器械设备的需求，深圳远望城通过已有的技术能力，凭借自己的数码影视、游戏视频制作平台，结合相关软件、机械、自动控制的技术能力，开发影视游乐项目，设计了一系列的虚拟仿真项目，包括影视互动剧场、故事屋、魔幻剧场、球幕影院等中型游乐设备，以及太空之旅、紧急下潜、铁鹰行动、城市英豪、仿真飞船、防空英雄等小型游乐项目，广泛应用于大型购物中心、游乐场、科技馆和主题公园。深圳欢乐谷和北京石景山游乐园都购买了远望城的设备。20世纪90年代末，华侨城集团决议向全国进军，在北京、上海等城市布局新的欢乐谷，深圳远望城有意让华侨城集团收购，以搭上华侨城集团扩张的便车，但当时的华侨城集团似乎不看好深圳远望城。这才有了深圳华强集团有限公司（简称深圳华强集团）的收购。

---

① 戎志刚现为华强方特董事长；刘道强现为华强方特副董事长、总裁。

深圳华强集团是一个综合发展的国有大型企业集团,是广东省属国有企业。该集团创建于1979年,由粤北山区小三线三个军工厂抽调人员到深圳经济特区组建而成,专门从事电子产品的生产和销售。20世纪90年代,由深圳华强集团开发生产的"华强"牌彩电在短短3年时间里便实现了规模经营,产销量连年翻番,部分产品还出现了供不应求的喜人局面。深圳华强集团以品牌捍卫中国的彩电工业,是当时国内最大的彩电生产企业之一。据了解,日本三洋电机株式会社年销彩电近700万台,其中大约1/5就是在深圳华强集团生产的。十几年合资给深圳华强集团带来资金、技术、人才、管理方面的优势,也使得深圳华强集团逐步将业务拓展到其他领域。

1999年4月,深圳华强集团(当时称深圳华强实业股份有限公司)收购深圳远望城持有的深圳市远望智能系统有限公司70%股权,并对专门生产视频游戏和游乐设备的深圳市远望智能系统有限公司增加投资1 300万元,成立新的深圳华强远望智能系统有限公司[深圳华强智能技术有限公司的前身,后来就成了华强方特(深圳)智能技术有限公司(简称华强智能)]。从此,戎志刚、刘道强等就从八卦岭搬到了华强北商业区,也是只有一层楼,但格局完全不同了,深圳华强集团的投资,使得华强方特要进军全国,放眼世界。

12.2　从卖设备到卖游乐园

放眼世界,就要走出去。2000年,华强智能的游乐设备已经运用到了深圳少年宫、深圳世界之窗和深圳欢乐谷的体验项目中。同年,刘道强等带着自主研发的环幕立体电影技术,也就是后来的4D影院,到美国参加由IAAPA(International Association of Amusement Parks and Attractions,国际游乐园及景点协会)主办的国际游乐园及景点设备展览会(图12-1)。本来是凑热闹的学习心态,结果居然有人出钱购买了他们的产品,一下子就有了两个订单,合计50万美元。这似乎给了华强智能很大的信心,好东西还是具有全球市场的。

2000年后的华强智能进一步在立体视觉系统、多屏同步播放系统和虚拟仿真坦克等游乐设备和视频游戏领域深耕,开发出一系列产品。虽然没有获得直接经济效益,但为华强方特后来发展主题乐园奠定了技术基础。

迪士尼乐园有一个非常著名的项目叫作"飞跃地平线",在美国加利福尼亚州迪士尼乐园,叫作"Soarin' Over California"(《翱翔,飞跃加州》),而在上海迪士尼乐园叫作"Soarin' Over the Horizon"(《翱翔,飞跃地平线》)。这个项目就是利用立体视觉系统和4D场景仿真技术,结合乘骑设备做成的虚拟现实体验。华强

图12-1 2000年刘道强带领团队到美国参加国际游乐园及景点设备展览会
资料来源：刘道强（2018）

智能当时基本具备上述技术储备，模仿迪士尼乐园的《翱翔，飞跃加州》（图 12-2），利用自己的主题文化场景，开发出了华强方特自己的"飞跃地平线"——《飞跃极限》，见图 12-3。

图12-2 美国加利福尼亚州迪士尼乐园的《翱翔，飞跃加州》
资料来源：Courtesy of Disney Resorts，https://www.ocregister.com/2020/02/03/soarin-over-california-returns-for-another-limited-run-during-disney-california-adventure-food-wine-festival/

图12-3　方特欢乐世界的《飞跃极限》
资料来源：华强方特提供

华强智能的《飞跃极限》项目非常成功，国内许多主题公园、游乐园都购买了这个项目。第一个《飞跃极限》项目就卖给了当时的北京石景山游乐园。尽管第一个《飞跃极限》项目只是胶卷片，还不是后来的数码片，但也引起了轰动。今天，《飞跃极限》项目几乎在所有华强方特的乐园都有，成为华强方特最成功的项目之一。南宁方特东盟神画中，《飞跃极限》改名叫《伴你飞翔》，使用的是东盟十国的山川与河流、古迹与现代景观。随后，华强智能也依托华强方特，进一步强化了在计算机控制、液压传动、大型结构、机电一体化、影视制作、同步控制等方面的技术储备，开发出了一系列乘骑器械和影视娱乐设备，在国内的销售也一直不错，甚至其开发的数字电影系统、环幕电影系统已经远销欧洲、美洲、东南亚等地。

光卖设备，赚钱还是慢。一是新进的竞争者多了起来，销售价格上不去；二是市场上的购买者主要还是那几家大型主题公园企业集团，处于买方市场；三是2003年"非典"过后，全国逐渐兴起了地产热潮，房地产项目很容易挣钱，而同在深圳的华侨城集团凭借主题公园在全国攻城略地，赚得盆满钵满，刺激了不少游乐器械设备商，包括华强智能。积累了一定游乐设备的华强智能谋划着可否开发自己的主题公园。然而，从游乐设备供应商到主题公园开发和运营商的转型，需要两个条件：土地和资金。

土地容易搞到，资金有点难。重庆、汕头很快就"送来"了土地。大概在

2001年底2002年初，旅菲华侨创办的重庆金源房地产开发有限公司（后来的世纪金源集团）在重庆江北区的董家溪有一块很小的三角地，正好在购物中心（现为世纪金源购物中心）边上，周围都是房地产项目。金源房地产开发有限公司按照拿地的规划要求，要用这块50多亩的土地建设一个游乐园。显然，50多亩土地建设一个主题公园是很小的。当时主流的主题公园品牌不会看上这块土地，何况这些品牌企业那时候也不缺开发主题公园的土地。世纪金源集团自己也没有相应的开发资源和技术积累。2002年左右，华强智能（后更名为深圳华强文化科技集团）与世纪金源集团合作投资，开发重庆金源方特科幻公园。这个号称投资3.9亿元的游乐园，实际上当时合作双方并没有那么多资金。世纪金源集团对这个配套项目投入不多，而试水游乐园的华强智能也没有足够的资金实力，加上华强智能没有前期游乐园的规划设计积累，摸索不可避免。因此，一个只有50多亩地的游乐园硬是开发了4年，2006年4月30日才正式开业，算是华强方特投资的第一个主题公园，并且是与企业合作的项目。

建设周期更长，并且也是与企业合作的是汕头蓝水星方特乐园（又称汕头方特欢乐世界·蓝水星主题公园）。这个项目是"起了个大早，赶了个晚集"，本来动工是在芜湖方特欢乐世界之前的，结果比芜湖项目晚了差不多两年时间才开业，最主要的原因也是资金问题。进入21世纪，汕头着力开发当时的海湾大桥北岸，作为汕头东海岸新城的起点，希望开发房地产项目。然而，作为新城地块，没有经济引擎，土地很难卖上好价钱。深圳华侨城的主题公园+房地产模式受到了汕头当地政府和主要开发企业的青睐。因此，早在1998年，汕头新城地块的投资方就敏锐地意识到汕头居民节假日和夜晚缺少新鲜、合适的休闲项目，汕头想发展旅游城市也缺乏拳头项目，经过几年的市场调研和论证，决定把一个浪漫的"童话"故事化为现实，即"开发高科技且集互动、参与、娱乐等于一身的大型主题公园"。

2003年，汕头市蓝水星乐园有限公司的林焕杰[①]到深圳找到了华强方特。当时的华强方特已经在跟芜湖市人民政府谈芜湖方特欢乐世界的开发，而且重庆金源方特科幻公园也在建设中。一个项目八字还没一撇，一个项目规模太小起不了品牌效应。汕头新城地块有595亩，比当时深圳欢乐谷（483亩）还大，又在汕头经济特区。一方面，项目都在广东，地头熟悉，市场了解，资源丰富；另一方面，华强方特有意在汕头奠定主题乐园的品牌基础。

双方一拍即合。2004年10月，双方在汕头签约，预算总投资81 827万元，建设工期为18个月，计划2006年开业。汕头方特欢乐世界·蓝水星主题公园

---

① 现为华强方特独立董事。

最初规划建设 7 个融参与性、观赏性、娱乐性、趣味性于一体的主题区域及新奇、刺激的互动型游乐设施，包括迪斯科天地、世界级的骑乘设施、景点和两个可容纳万人的大型表演舞台，以及富有特色的主题零售和餐饮街。签约后，该项目迅速进入规划设计阶段。由于华强方特没有任何大型主题公园的规划设计经验，大量借鉴迪士尼乐园和欢乐谷的规划设计，项目前期就摸索了很久。然而，这并不是项目建设周期超长的主要原因，而是因为芜湖方特欢乐世界要开工，华强方特资金紧张。

芜湖方特欢乐世界是华强方特的奠基之作，本来"第一"应该是汕头方特欢乐世界·蓝水星主题公园的。尽管华强方特与芜湖市人民政府接触比较早，但是由于华强方特没有现成的样本项目，很难让政府给予那么多投资优惠和土地。芜湖方特欢乐世界所在地濒临长江，临近长江三角洲地带，也是通往黄山、九华山、太平湖风景区的"北大门"，交通便利。2001 年 12 月，芜湖长江大桥综合经济开发区在安徽省人民政府的批准下成立，面积达 900 万平方米左右。然而，该开发区的定位成为棘手的问题，因为"这几乎是一块废地，900 万平方米土地被长江大桥、铁路、公路与水面切割，而且临近机场，建筑高度受严重限制"。根据芜湖长江大桥综合经济开发区管理委员会初步规划，大桥开发区功能分为四块，即旅游娱乐区、商贸商务区、高品质住宅区、高新技术产业区，其中，计划将旅游娱乐区打造为芜湖的"迪士尼乐园"，但招商工作不太顺利。起初，英国一家公司曾计划斥资 2 亿美元兴建一个占地 150 万平方米的"诺弟童话世界主题公园"，后来由于复杂的原因，投资方取消计划。为了解决"诺弟童话世界主题公园"落空的难题，2003 年 11 月 23 日，时任芜湖长江大桥综合经济开发区管理委员会主任葛国良与深圳华强集团就开发旅游项目进行商谈。2004 年 3 月 11 日，芜湖成立专门领导小组正式开始与深圳华强集团洽谈。2004 年 9 月 4 日下午，在芜湖铁山宾馆，深圳华强集团与芜湖市人民政府隆重举行"芜湖华强旅游城"（后更名为芜湖方特欢乐世界）项目签约仪式。12 月，芜湖市华强旅游城投资开发有限公司成立（简称芜湖华强），并通过挂牌方式竞得项目用地。芜湖方特欢乐世界计划总投资 15 亿元，总面积约 125 万平方米，是一个大型的主题公园。

拿了地，就得马上开发。芜湖项目是华强方特与政府直接合作的第一个项目。政府项目就意味着不开工建设，不按期完成，土地有可能被收回。因此，拿到土地的华强方特于 2005 年立马着手规划设计。按照汕头项目的经验，规划设计的周期不会短。于是，最现实的方式就是芜湖方特欢乐世界直接就用了当时还在规划设计中的汕头方特欢乐世界·蓝水星主题公园的设计图。因此，今天游客到芜湖方特欢乐世界和汕头方特欢乐世界·蓝水星主题公园，就会感觉很多项目似曾相识。芜湖方特欢乐世界就是一个拉长放大了的汕头方特欢乐世界·蓝水星主题公园。

缺乏资金的华强方特当时没有能力同时建设汕头和芜湖项目，只能暂缓汕头项目。因此，汕头方特欢乐世界·蓝水星主题公园拖到2006年11月26日才开工建设，而芜湖方特欢乐世界于2006年9月开工，2007年10月18日建成试营业，用时仅仅13个月。芜湖方特欢乐世界让华强方特一举成名。芜湖方特欢乐世界由阳光广场、方特欢乐大道、渔人码头、太空世界、神秘河谷、维苏威火山、西游传说、精灵山谷、聊斋、恐龙半岛、海螺湾、嘟比农庄、儿童王国、水世界、火流星等15个主题项目区组成，包含主题项目、游乐项目、休闲及景观项目300多项。2008年"五一"3天中，共接待游客6.5万人次，跻身安徽游客接待量5万人次以上的8个景区之一；门票收入达到950万元，跻身安徽门票收入突破百万的8个景区之一，超过黄山，仅次于九华山，位居第二。在这样的势头下，该公园在短短的两年时间内就收回了全部15亿元的投资（这里指的是华强方特收回其自己部分的投资），并保持良好的经营势头。2014年，芜湖方特欢乐世界接待游客量为225.3万人次，位列亚太地区的第20名（TEA/AECOM，2015）。

毋庸置疑，芜湖方特欢乐世界对芜湖这个在旅游业默默无闻的长江三角洲边缘区城市而言，意义是重大的。在芜湖方特欢乐世界5年发展取得巨大成功的背后，芜湖尝到了旅游文化产业的甜头，而依托主题公园发展文化产业的模式，也成为行业的标杆。200万人次，对于一个城市级主题公园而言是一个非常好的经营成绩，而高达200元以上的门票价格则说明了华强方特品牌的号召力和吸引力。然而，仍需注意的是，城市级主题公园的主要市场是1~2小时车程范围内的本地居民，芜湖尽管位于泛长江三角洲地区，但城市的经济实力有限，居民可自由支配收入较低，高价门票则会进一步制约出游率和重游率。对于追求经济性和多样性的本地游客而言，降低入园门槛，丰富参与项目，提供多样消费选择，是芜湖方特欢乐世界未来可持续的发展之路。同时，芜湖方特欢乐世界必须长期不懈地通过大规模更新改造来保持持续吸引力。毕竟，芜湖周边的主题公园建成，对其也会造成一定的冲击，如南京水魔方、常州中华恐龙园、嬉戏谷、淹城春秋乐园、苏州乐园、南京欢乐谷、淮南志高神州欢乐园、六安金领欢乐世界、上海迪士尼乐园等，这些都会使芜湖方特欢乐世界面临挑战。

汕头方特欢乐世界·蓝水星主题公园于2010年1月28日终于开业，这个先行后到的主题公园的意义和影响力就比不上芜湖方特欢乐世界了。

12.3 从企业转向与政府合作

在芜湖尝到成功的甜头后,华强方特一方面坚定了以发展主题公园为主要业务的战略,另一方面也坚定地选择了直接与政府合作的模式,放弃了之前与世纪金源集团和汕头市蓝水星乐园有限公司等企业的合作开发的模式。显然,直接与政府合作开发主题公园有很多好处:一是直接与政府合作取得土地可以获得较多的优惠和配套,没有"中间商赚差价";二是企业都是以营利为目的,与企业合作时,双方都精打细算,加上如果双方资源和能力不能互补匹配,合作起来很困难,后期矛盾也多;三是华强方特可以与地方政府谈判,形成特殊的政企合作关系,不仅政府及其下属国有企业可以参与投资,拿到政府的相关优惠和投资补贴,而且从规划、设计、建设施工到运营管理,甚至经营收益分成也是华强方特为主。对于缺少资金的华强方特而言,这是最佳选择,也是与企业合作无法得到的优势。

树立了样本公园的华强方特就好比有了欢乐谷的华侨城集团,特别受到二三线城市政府的青睐。一方面,二三线城市基本请不来华侨城集团这种当时的一线名牌主题公园;另一方面,一线城市也不可能给予华强方特那么高的投资优惠。因此,华强方特布局中国二三线城市是双向选择的结果,而华强方特也应市场需求和投资环境,对产品进行了不断的优化,相继推出了梦幻王国、水上乐园、东方神画等系列主题公园。只要地方政府愿意开发,给予的投资条件满足要求,华强方特就在那里建设,而对同一城市(如芜湖)多个主题公园之间的市场分流和产品竞争,以及多个主题公园之间的整体效益和目的地开发模式,华强方特刚开始是考虑不多的。

华强方特不仅在芜湖进一步建设了多个主题公园。2010年,除了汕头方特欢乐世界·蓝水星主题公园开业外,还有泰安方特欢乐世界和芜湖方特梦幻王国开业。2011年,青岛方特梦幻王国、株洲方特欢乐世界、沈阳方特欢乐世界开业。2012年,郑州方特欢乐世界开业。2013年,厦门方特梦幻王国开业。2014年,芜湖方特水上乐园和郑州方特水上乐园开业。2015年,嘉峪关方特欢乐世界、芜湖方特东方神画、济南方特东方神画、郑州方特梦幻王国开业。2016年,宁波方特东方神画、株洲方特梦幻王国和大同方特欢乐世界开业。2017年,厦门方特东方神画和方特水上乐园开业。2018年,南宁方特东盟神画开业,而借此华强方特旗下主题乐园当年入园人数位居全球第五。2019年,长沙方特东方神画、嘉峪关方特丝路神画、邯郸方特国色春秋、荆州方特东方神画开业。截至2019年,华强方特集团已连续 9 次获评"中国文化企业三十强"。

华强方特以每年 2~3 个乐园开业的速度席卷全国，靠的是不断提升和完善的核心游乐技术，也有赖于类似香港迪士尼乐园和上海迪士尼乐园相同的政企合作模式。当然，这种模式并非一开始就能用。用刘道强自己的话说，"刚开始，我们拿着一本很大的宣传册去找合作商，到过南京，到过合肥，但人家都觉得我们没做过，有失败的可能性"（刘姝媚和马侨仪，2018）。然而，有了芜湖的成功样板，再去跟政府谈判拿地就容易多了，而且投资优惠和补贴更大。

华强方特的政企合作模式基本参照香港迪士尼乐园和上海迪士尼乐园的模式，当然要价肯定没有它们高。该模式早期的基本思路是，政府提供免费或廉价土地，华强方特直接投资，政府或其下属企业以某种方式返还土地费用并给予华强方特一定的投资补贴。在一些城市，地方政府还会给予华强方特更多的低价土地用于开发房地产项目，以弥补华强方特的投资。当然，这部分低价补偿的房地产用地通常不直接转到华强方特的名下，自然也就在华强方特的账面上看不到房地产业务，但并不意味着华强方特的母公司深圳华强集团不涉及房地产开发。

随着华强方特在主题公园领域的品牌价值不断提升，向地方政府的要价自然越来越高，加之国家出台了相关政策，杜绝地方政府的土地返还款和不合理的投资补偿。因此，从 2016 年底开始，华强方特采取了轻资产投资政策，土地不要了，也不需要购买，由政府自己的下属企业承担。于是就产生了更接近于迪士尼乐园模式的政企合作模式。在这个模式下，华强方特在地方项目中的名义占股很小，而地方企业占股非常大（部分超过 90%），见表 12-2。在投资结构中，华强方特和地方国有企业通常各占一半，但是华强方特的那一半投资并非全是资金，而是包括较大份额的知识产权投资、技术入股，而地方国有企业的那一半投资则是实投资金。在项目规划、设计和建设中，所有投资资金全部交给华强方特支配使用。因此，承担实际建设的华强方特可以通过规划、设计、施工建设环节赚取足够的利润。在大多数公园投资额普遍虚高，实际投资额并没有预算投资那么高的情况下，华强方特一方可以不需要投入太多资金，就可以把公园做好。如果建成后的公园能够赚钱盈利，营业利润也是相当可观的。当然，营业利润的分配不是按照股权结构比例分配，华强方特实际承担的后期运营风险也比较低，相当于旱涝保收。在一些地方项目中，地方企业甚至承诺经营 6 年后，从华强方特手中赎回投资额，这就更大程度地降低了企业投资风险。

表 12-2　华强方特在合营安排或联营企业中的权益比例

合营企业或联营企业名称	经营地	注册地	业务性质	持股比例 直接	间接
济南滨河文化发展有限公司	济南市	济南市	文化产业项目投资	45.00%	
嘉峪关文化科技产业投资有限公司	嘉峪关市	嘉峪关市	文化项目投资	40.00%	
郑州华宇文化发展有限公司	郑州市	郑州市	文化产业项目投资	2.48%	
宁波华复文化科技开发有限公司	宁波市	宁波市	文化项目投资	45.00%	
安阳殷商文化旅游投资有限公司	安阳市	安阳市	文化产业项目投资	6.43%	
南宁东盟文化博览园有限责任公司	南宁市	南宁市	文化产业项目投资	2.08%	
汕头市方特欢乐世界蓝水星发展旅游有限公司	汕头市	汕头市	汕头公园经营		50.00%
芜湖江丰文化投资发展有限公司	芜湖市	芜湖市	文化项目投资		49.00%
邯郸交建文化科技有限公司	邯郸市	邯郸市	文化项目投资	5.79%	
洛阳华夏文化科技开发有限公司	洛阳市	洛阳市	文化项目投资	45.00%	
长沙炎黄文化科技有限公司	长沙市	长沙市	文化项目投资	4.35%	
芜湖华复文化投资发展有限公司	芜湖市	芜湖市	文化产业项目投资		45.00%
嘉峪关丝绸之路文化科技有限公司	嘉峪关市	嘉峪关市	文化项目投资	5.63%	
绵阳华飞文化科技有限公司	绵阳市	绵阳市	文化项目投资	4.33%	
太原市国槐文化科技有限公司	太原市	太原市	文化项目投资	6.21%	
赣州华园文旅开发有限公司	赣州市	赣州市	文化项目投资	6.23%	
荆州强楚文化有限公司	荆州市	荆州市	文化项目投资	6.94%	
大同市平城文化科技有限公司	大同市	大同市	文化项目投资		0.72%
自贡市城投华龙文化发展有限公司	自贡市	自贡市	文化项目投资	9.62%	
淮安惠泽文化科技有限公司	淮安市	淮安市	文化项目投资	7.83%	
淮安鑫泽文化科技有限公司	淮安市	淮安市	文化项目投资	50.00%	
台州东部新区文化旅游发展有限公司	台州市	台州市	文化项目投资	50.00%	
荆州强海文化科技有限公司	荆州市	荆州市	文化项目投资	50.00%	

资料来源：华强方特 2018 年年度报告，报告对合营企业或联营企业投资采用权益法的会计处理方法

12.4　华强方特文化与科技互补

与华侨城集团等主题公园品牌企业相比，华强方特不仅拥有自己的乘骑设备研发和生产链，还有文化创意的主题故事线。2007 年，深圳华强集团在确定发展主题公园业务后，就整合华强方特（深圳）智能技术有限公司、华强方特影业投资有限公司、方特投资发展有限公司等多家公司，正式成立"华强方特文化科技

集团股份有限公司"，确定将文化科技旅游产业作为集团的发展方向。华强方特在影视技术、乘骑器械、高科技娱乐领域还成立了自己的研究院。

同时，2008年，华强方特（深圳）动漫有限公司（简称方特动漫）成立，正式全面进入动漫领域。到2011年，方特动漫的动漫产量达到全国第一。今天，方特动漫作为国内大型动漫公司，拥有员工超过500人，总部坐落于深圳，在北京、芜湖和厦门均设立了分公司，国内、国外各有一支团队，负责发行、授权等市场运作。十多年来，方特动漫相继推出了许多优秀的动漫作品，如《海螺湾》《小鸡不好惹》《十二生肖总动员》《十二生肖闯江湖》《十二生肖快乐街》《恐龙危机》等多部作品。其中，《海螺湾》系列第一部《童年海螺湾》曾获得国家广播电影电视总局（现国家广播电视总局）"2008年全国优秀国产动画片"、广东省"五个一工程奖"。《小鸡不好惹》曾获得国家广播电影电视总局2010年度第一批优秀国产动画片荣誉称号。《生肖传奇之十二生肖总动员》《生肖传奇之十二生肖快乐街》《小鸡不好惹》《猴王传》等多部动漫作品先后获得国家广播电影电视总局优秀国产动画片、广东省"五个一工程奖"，以及白玉兰奖、金龙奖、金熊猫奖、中国动画学会"优秀动画片推荐作品"、日本TBS[①]大奖赛中国区专业组、意大利海湾卡通节提名等多项殊荣。

最为著名的是《熊出没》。2012年开始，方特动漫创作动画系列片《熊出没》，在央视少儿频道等全国200多家电视台和新媒体热播，收视率多次在央视频道夺冠，一跃成为中国知名的动漫品牌，出口美国、意大利、俄罗斯等100多个国家和地区，并进入尼克、迪士尼儿童频道等全球知名主流媒体频道平台。同时，从2014年开始连续几年推出的《熊出没》系列动画电影，在豆瓣动漫电影排行榜的排名中，领先于不少知名的外国动画片。今天，方特动漫已经可以实现"一年一部电影"。一年一部动画电影，时间上是比较紧张的，如2018年要上映的动画电影，在2016年上半年就要启动创作，从创意的提案、故事大纲到整体剧本，形成完善的创意流程，再加上庞大的中后期制作团队，可以保证在有限的时间内完成精品创作。这说明方特动漫产业链已经基本形成。根据《华强方特文化科技集团股份有限公司2018年年度报告》，公司文化科技主题公园收入所占比例达82.95%，其中包含创意设计（所占比例为24.69%）、文化科技主题公园建设（所占比例为0.90%）、文化科技主题公园运营（所占比例为57.35%）；文化内容产品整体所占比例为16.83%，其中包含特种电影（所占比例为9.31%）、数字动漫（所占比例为7.53%）；其他业务收入所占比例为0.22%[②]。

---

① TBS：Tokyo Broadcasting System, Inc.，株式会社东京放送，中文译称东京广播公司。

② 由于舍入修约，数据有偏差。

游乐技术和影视动漫的发展反过来促进了华强方特主题公园的发展。今天，在任何一个方特乐园游客都可以见到华强方特的乘骑设备和影视动漫形象。当然，从一个成功的影视动漫转化成一个优秀的主题体验也需要另一个系统的转化能力。中国拥有大量的优秀影视作品，近年来也涌现了不少优秀的动漫作品，但是绝大多数都没有很好地转化为主题体验和主题产品。这是一个需要集成数十个学科，数百人团队配合的系统工程。目前，包括华强方特在内的中国企业，仍然处于探索阶段，与欧美迪士尼乐园和环球影城相比，还有较大差距，这或许是华强方特下一阶段需要发展的能力。

近年来，在技术和主题 IP 的加持下，积累了 20 多个主题公园开发和建设经验的华强方特已经占据中国主题公园产业的重要市场份额，部分产品甚至销售到了国外。由于华强方特近年来尝试上市，相关的财务数据与大多数主题公园的游客量都是公开的。例如，2018 年，华强方特旗下游客量最高的主题公园是郑州方特欢乐世界（380 万人次）和宁波方特欢乐世界（374 万人次）（TEA/AECOM，2019）。2018 年，郑州方特项目所属的郑州华强文化科技有限公司营业收入为 4.14 亿元，但净利润仅有 2.78 万元，这可能与郑州其他在建项目有关。2018 年，宁波项目所属的华强方特（宁波）文化旅游有限公司营业收入为 2.30 亿元，净利润 3 827 万元。

华强方特所有主题公园中，那些新开业不久，且所在城市主题公园同行业竞争较小，城市潜在消费市场较大的项目会有比较好的游客量和绩效表现，如宁波、郑州、南宁等，而一些偏远地区的方特乐园，在经历了首期效应后，游客量会下降到 100 万人次左右，部分可能更低。由于采取了前面所述的投资模式，华强方特基本在新建项目上轻资产运营。

复盘华强方特过去十几年的发展，多少有些让人意外。一个名不见经传的设备供应商硬是发展了 20 多个主题公园，坐上全球前五的位置，其背后自然有过人之处，值得尊敬和赞誉。从主题公园产业可持续发展而言，今天我们或许可以给华强方特提出几个更高的期许。

第一，着力发展影视动漫转化为主题体验的能力或许是企业未来的核心竞争力之一。尽管今天的方特乐园已经有不少自主 IP 的动漫转化产品，但是转化的水平和程度仍有待提升，而更多的影视动漫作品实际上仍缺乏有效的转化。这种能力未来不仅可以为企业提供源源不断的创意源泉，亦可成为企业技术输出的方向。

第二，大型乘骑器械一直是中国主题公园产业的短板，每年需要从欧美国家大量进口。华强方特在中小型设备上已经有相当积累，未来向技术含量更高、安全要求更高的大型刺激性设备发展是一个不错的选择。事实上，华侨城集团也曾经尝试研发和生产，但在经历一系列失败后就停止了，甚是可惜。中国大多数乘骑器械都采用安全系数较高的中小型设备。虽然该类设备只要主题化程度高，也能实现很好的体验，但毕竟大型乘骑设备的利润更高，往往是主题公园的标志性项目。中国主题公园产业在这个领域没有核心技术和知识产权，始终难以说我们做到了世界先进水平。

第三，如前文所述，华强方特布局二三线城市主要是一种投资合作导致的被动选址。主题公园开发选址并未完全遵循市场选址的一般规律，加之部分城市集中建设了多个主题公园，这必然导致部分主题公园经营绩效不良。尽管从华强方特自己投资的角度看，可以收回成本、获得一定的利润，但从乐园品牌的可持续经营和长期声誉来看，是存在风险的。

第四，华强方特尽管在影视动漫和游乐设备上有产业链支持，但并没有在旅游和度假相关配套的产业链上有足够的支持。例如，华强方特缺乏主题酒店（尽管有，但远未达到要求）、主题餐厅、旅游购物、旅游交通等旅游多业态。因此，尽管华强方特在芜湖、郑州和厦门有多个主题公园，但是由于缺乏统一规划和多业态配套，实际上多个乐园各自为战，难以形成度假区体系，难以发挥整体效应。主题公园度假区的整体开发和整体运营又是另一项综合的系统能力，需要积累和长期培育。

中国主题公园企业从走向世界到立足世界，仍有较长的路要走，多少企业曾经上榜而今又落榜。选择做赚快钱的暴发户，还是可持续的百年老店，都掌握在企业自己手中。

- 主题公园发展
- ——中国案例

第13章 海昌从沿海走向内陆城市

大连海昌集团成立于 1992 年。20 世纪 90 年代初，海昌集团从经营石油贸易起步，经过近 30 年来的不懈努力，已经发展成为集石油贸易、船舶运输、房地产投资、商业旅游四大支柱产业为一体的国际化企业，并与香港、海南、广东、福建、浙江、上海、河北、山东、北京、天津等地，以及英国、韩国、日本、新加坡、中东等国家和地区的专业公司建立了良好的合作关系。1997 年，海昌集团开始从沿海走向内陆城市，开展"陆地项目"，在房地产、商业地产、旅游地产中，已建成的海昌华城、海昌欣城、海昌枫桥园、海昌名城、大连老虎滩海洋公园极地馆及大连金石滩主题公园和青岛、烟台、杭州、重庆、成都、武汉等地的主题旅游地产项目都以与众不同的气质树立起崭新的专业标杆。2001 年，在大连市人民政府明确提出打造休闲经济的时机下，海昌集团涉足主题公园。房地产项目提供充足现金流和开发资金，主题公园带动房地产附加价值，两者相互依托。2002年，海昌集团与国有景区虎滩乐园合作修建的大连老虎滩海洋公园开园，一举成为大连的重要旅游景点。"极地海洋"的概念由海昌集团首次引入，并由沿海城市推向内地，复制到成都、武汉等南方内陆城市。凭借"极地海洋馆""发现王国""渔人码头""加勒比公园"几大品牌，海昌主题公园业务发展迅猛。自2001年开发大连老虎滩海洋公园以来，海昌集团几乎以每年1家的速度发展。2018年11月16日和2019年1月20日，上海海昌海洋公园和三亚海昌梦幻海洋不夜城相继开业。根据官网资料，目前海昌海洋公园已经在上海、三亚、大连、青岛、成都、天津、武汉、重庆及烟台经营了10个综合主题公园，每年游客接待量超2 000万人次，累计游客接待量超1.2亿人次。此外，正在规划和建设中的郑州海昌海洋公园也即将成为中原地区首度巨献的海洋主题公园，加快了海昌集团从沿海走向内陆的速度。

第 13 章　海昌从沿海走向内陆城市

13.1　海昌上市

2014年3月13日9时30分，海昌海洋公园控股有限公司在香港联合交易所挂牌交易（股票代码：02255.HK），海昌海洋公园控股有限公司成为中国首家在香港上市的主题公园运营商。其中，最为赚钱的房地产业务并未纳入上市公司，而主题公园及配套酒店投资规模较大、盈利相对较弱。海昌集团这一操作模式相当于把主题公园开发压力抛给上市公司，而主题公园为房地产带来的额外的溢价则留给了非上市的房地产公司。

除了直接投资开发海洋公园，海昌集团近年来还采取轻资产策略，拓展轻资产业务。例如，接管横店梦幻谷项目，协助设计开发湘江欢乐城海昌欢乐海洋公园和南宁融晟天河海悦城极地海洋世界项目，以及小型的苏州海昌萌宠乐园。2018年，海昌海洋公园控股有限公司总收入为174 572.9万元（含物业发展，即房地产开发收入），比2017年增长7.9%，其中门票业务收入为127 439.7万元，比2017年增长7.7%，见图13-1和表13-1。海昌海洋公园控股有限公司运营状况良好，收入总体呈上升趋势。

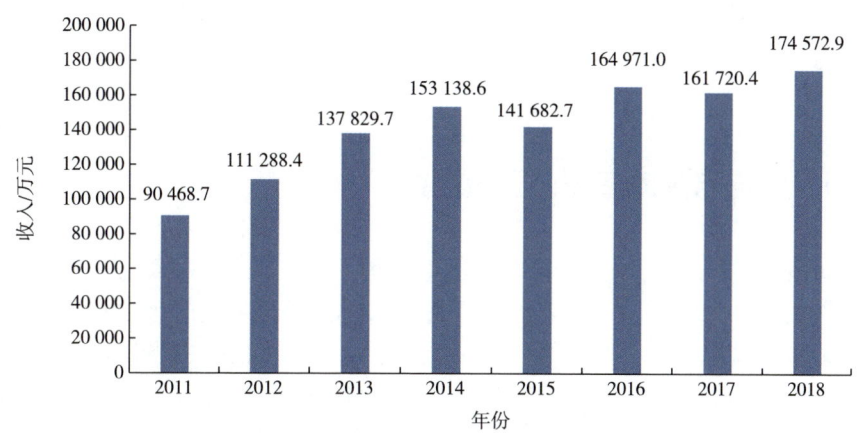

图13-1　海昌海洋公园控股有限公司2011~2018年收入情况
资料来源：海昌海洋公园控股有限公司年度报表（2016~2018年）

表 13-1　海昌海洋公园控股有限公司经营性收入表　　　单位：万元

收入	2018年	2017年
门票销售	127 439.7	118 273.9
物业销售	4 442.8	6 301.7
食品及饮料销售	13 414.9	11 907.4

续表

收入	2018年	2017年
货品销售	6 609.8	5 741.0
园内游乐收费收入	8 352.2	9 339.4
来自酒店运营的收入	2 886.2	1 557.7
咨询、管理及游乐收入	6 425.3	5 307.5
租金收入	9 444.8	9 593.5
总计	179 015.7	168 022.1

资料来源：海昌海洋公园控股有限公司2018年年度报告

13.2 走向内陆

海昌集团目前在上海、三亚、大连、青岛、天津、烟台、武汉、成都及重庆分别经营着10个主题公园。除了上海和三亚两个新公园外，已经运营成熟的包括大连老虎滩海洋公园极地馆、成都海昌极地海洋公园、青岛海昌极地海洋公园、武汉海昌极地海洋公园、天津海昌极地海洋公园、大连海昌发现王国主题公园、烟台海昌渔人码头、重庆海昌加勒比海水世界。海昌集团不仅运营主题公园，也经营周边商用物业，为游客提供游乐、休闲、餐饮、购物、主题度假酒店等一系列配套服务。

13.2.1 大连老虎滩海洋公园极地馆

1999年，海昌集团与大连老虎滩公园合作，建造了当时中国唯一的一个极地海洋动物馆，2002年开业之时在全国引起了不小的反响。大连老虎滩海洋公园位于大连南部海滨风景区，是中国内地第一个展示海洋文化的主题公园，占地面积118万平方米，海岸线长4 000余米，是国家首批5A级旅游景区。大连老虎滩海洋公园包括大连老虎滩海洋公园极地馆、欢乐剧场、海兽馆等。大连老虎滩海洋公园极地馆是集南北极地、海洋动物展示、表演于一体的大型现代化展馆，拥有各种各样的珍稀极地动物及海洋动物。2007年，大连老虎滩海洋公园极地馆被国家旅游局授予国家5A级旅游景区称号，是中国首批66家5A景区中唯一一家以海洋文化当选的人文景观。

大连老虎滩海洋公园极地馆是以南极、北极极地动物展示为特色的现代化展馆，这里有白鲸、海象、北极熊、企鹅等极地动物。以动物为主题的主题公园，动物是最重要的吸引物。以动物为主题的主题公园，一般具有以下特点：第一，动物具有持续吸引力，尤其是那些稀缺的、大型的、可表演的动物，更是具有绝对吸引力，如虎鲸。当然，许多动物是有价无市的，甚至是许多公园生存的根本，有钱也不一定能买到。第二，动物资源如果不能做好繁育、训练等一条龙产业，就有可能成为公园的折旧品。动物从引进公园后就会不断贬值，直至成为负资产，除非动物能够不断繁殖，并能够训练为观赏或表演所用，成为公园的正资产。第三，以动物为主题的主题公园的季节性并不明显，通常一年四季都能够观赏。大连老虎滩海洋公园极地馆在过去的十几年中，不断培育这样的能力，使之成为企业重要的资源和核心竞争力。

13.2.2　大连海昌发现王国主题公园

大连海昌发现王国主题公园坐落于国家 5A 级景区大连金石滩国家旅游度假区内。2006 年 7 月 16 日建成开园，为海昌集团投资兴建，占地 47 万平方米（图 13-2）。大连海昌发现王国主题公园共有八大主题区，每个景区都融入了不同历史时期和不同地域文化的各类建筑、歌舞表演、商品、餐饮、娱乐设施等，吸引了来自各地的游客。金石滩旅游资源丰富，包含大连世界名人蜡像馆、十里黄金海岸、老大连民俗馆、金石赏石馆、毛泽东像章纪念馆、狩猎场、金石缘公园、中华武馆、金湾高尔夫俱乐部、万福园、马术基地等旅游景点。自 2006 年 7 月 16 日开园至同年 11 月 27 日闭园进行冬季二期改造，大连海昌发现王国主题公园在四个月时间接纳了国内外近百万人次游客（韩婷婷，2008）。游客在娱乐过程中也能增加对欧美文化的了解，得到教育、娱乐的双重体验。大连发现王国主题公园基本参照迪士尼乐园的空间布局结构，2019 年公园的白天门票为 210 元，夜间门票为 140 元，全年只有 4 月 1 日到 10 月 31 日运营，经营时长较短。

目前，制约大连海昌发现王国主题公园进一步提升游客量的因素中，除了自身运营管理问题外，还有两个方面的因素：第一，相较于大连老虎滩海洋公园极地馆，大连海昌发现王国主题公园更加远离大连市区，距离大连市区约 50 千米，距离大连经济技术开区 15 千米。目前只有三种方式到达：一是乘坐快轨列车，50 分钟到达终点换乘大连海昌发现王国主题公园专线 2 分钟抵达公园；二是乘坐旅游巴士，大连市区内一些旅行社或自营旅游巴士在火车站前设有停车点，大约 40 分钟可以到达公园；三是自驾车。第二，由于冬季无法运营，客观上制约了游客量的增长。因此，在中国东北地区，维持一个以户外器械为主的主题公园，需要付出更多的成本。

图13-2　大连海昌发现王国主题公园
资料来源：大连海昌发现王国官网

13.2.3　青岛海昌极地海洋世界

青岛海昌极地海洋世界由海昌集团投资近12亿元兴建，2006年7月22日正式开业。项目坐落于青岛石老人国家旅游度假区，东邻崂山、南接大海。青岛海昌极地海洋世界集吃、住、行、游、购、娱为一体，以海洋公园为主题，拥有极地海洋馆和欢乐剧场两个场馆，内设极地冰雪人文区、极地海洋生物区、极地海洋科普区及极地海洋互动区四大板块。青岛海昌极地海洋世界开业第一年就接待游客120多万人次，开业头五年接待游客总数超过800万人人次（曲先文，2015）。因此，其开园营业的同时，周围的旅游项目受到了较大的打击，如青岛海底世界。青岛海昌极地海洋世界以极地海洋馆为核心，主要展示来自南北极的极地海洋动物，在这里游客可以欣赏白鲸、海豚、海狮等大型海洋哺乳动物的精彩表演（图13-3）。青岛海昌极地海洋世界基本上复制了大连项目的模式。青岛海昌极地海洋世界是海昌集团经营较好的几家主题公园之一，年均游客量保持在130万~150万人次。一方面，青岛海昌极地海洋世界紧邻市区，城市公共交通轻易可达；另一方面，作为一个滨海旅游城市，海昌极地海洋世界是青岛少数可以集中看到海洋动物的公园，具有独特吸引力。

第 13 章 / 海昌从沿海走向内陆城市

图13-3　青岛海昌极地海洋世界
资料来源：青岛海昌极地海洋世界官网

13.2.4　重庆海昌加勒比海水世界

　　重庆海昌加勒比海水世界是海昌集团走向内陆发展的重要一步，项目位于国家 4A 级景区重庆南山旅游核心地，分为室内、室外主题水乐园两部分，是西南地区拥有全国旅游景区质量等级评定委员会 4A 级称号的水主题公园。该主题公园由海昌集团投资兴建，投资额达到 10 亿元，占地 20 万平方米，2009 年 6 月 10 日正式开园。重庆海昌加勒比海水世界就是一个水公园，每年运营时间为 5~10 月，标准门票为 150 元，单人年卡需要 380 元 / 年。由于该公园面积不大，一年中运营时间较短，单纯以水公园为核心的产品容易受到其他游泳馆和水上项目的竞争，加之门票较高，对于消费能力相对较弱的重庆市民，该公园的入园量和重游率都不会很高。由于年开业时间比较短，重庆海昌加勒比海水世界每年的游客量在 50 万人次左右。

13.2.5　成都海昌极地海洋世界

　　成都海昌极地海洋世界是海昌集团内陆计划的第二站，这次是带着动物来的。成都海昌极地海洋世界是海昌集团在西南内陆投资建设的第一家综合性海洋主题游乐项目，位于成都市华阳镇天府大道南段，总投资宣称近20亿元，占地面积24万平方米，其中极地主题公园面积7万平方米，一期商业街面积4万平方米。该主题公园集旅游、休闲、度假、购物、娱乐等多种方式为一体，以南极、北极动物展示、表演、科普为主题，于2010年7月28日破冰起航。成都海昌极地海洋世界由极地动物展示区、鲸豚表演场、欢乐剧场、海洋动物展示区、风情小岛休闲区五大核心板块组成，每个板块分别由若干个以动物为主题的分馆围合而成，看似各自独立却又紧密相连。成都海昌极地海洋世界运用高科技技术，使极地动物也能在内陆悠然生活，为游客带来梦幻极地的全新感受。

13.3 核心优势

海昌系列主题公园未来会朝什么方向发展？海昌海洋公园控股有限公司执行董事兼行政总裁王旭光认为，第一，对现有的主题公园项目持续进行产品和服务改造，将部分营业收入用于园区建设，增加周边配套，并增加不同类型的主题项目，如婚庆、海洋、温泉等，以及增加游客在园区的停留时间。第二，外延式扩张，不一定是按照传统的模式自身投资自己来做，可以通过一些创新型的金融安排或者合作的模式，通过结构性财务上的安排，保证企业的发展有一个比较好的财务杠杆安全。第三，创新业务发展模式，通过输出管理，依托企业在海洋主题公园场馆建设运营的经验和能力，以及动物保育的技术经验和能力，转化为产品和技术的输出。管理输出是企业实现人才晋升、员工福利和管理出口的重要方式。

海昌集团主要运营城市级的两种类型主题公园：水公园＋海洋动物公园。事实上，如果不需要购买价格昂贵的动物，这两类主题公园的实际投资都不会很大，且运营成本相对固定，游客流受季节性影响较小（水公园除外），随着公园的成熟，游客流应该保持相对稳定。只要控制好总体投资规模，这两类主题公园的投资风险不会很大。根据海昌海洋公园控股有限公司2017年年度报告，海昌海洋公园控股有限公司作为上市公司，2017年，全年集团下属各个主题公园接待游客880.9万人次（8个公园），平均每个公园约100万人次。如果按照2017年减去物业以外的营业收入161 720万元计算，单位游客收入仅为183.6元。要知道，各个海昌海洋公园的门票均高于150元，上海海昌海洋公园更是高达246元（成人票）。显然，这是低于实际门票价格的。这一方面反映了海昌海洋公园控股有限公司旗下公园的门票优惠幅度很大，另一方面说明各个公园的营利能力非常有限，各个公园有非常大的增收空间。尽管如此,海昌集团多年来也积累了许多优势,这些优势也成为企业的核心竞争力。

13.3.1 海洋动物是核心资源

"海洋动物"是海昌海洋公园控股有限公司的核心竞争力,中国大型海洋公园为数不多,香港海洋公园、珠海长隆海洋王国等为其代表。发展至今,海昌海洋公园控股有限公司已建立鲸豚类、鳍脚类、企鹅类繁育中心和北极熊人工育幼中心,与科研中心合作开展动物繁育相关课题,成功繁育出150多只海洋动物(包括帝企鹅、王企鹅、巴布亚企鹅、跳岩企鹅、南美海狮、加州海狮、南非/澳大利亚毛皮海狮、斑海豹、伪虎鲸及瓶鼻海豚等)及大型鲨鱼(包括黑鳍鲨和白鳍鲨)。海昌海洋公园控股有限公司拥有全球数量最多的人工繁育帝企鹅和北极熊,分别为16只和7只。根据《中国水生野生动物》杂志,海昌海洋公园控股有限公司繁殖了75只南美海狮,被公认为南美海狮繁育方面世界领先的组织。同时,海昌海洋公园控股有限公司首次成功繁育跳岩企鹅及世界首只伪虎鲸。与机械类和影视类主题乐园不同,海洋类主题公园的特点在于其有科普、传播知识的功能,目标游客较为宽泛,老少皆宜。然而,它的运营更为繁杂,一方面,其核心内容是动物养殖,另一方面又受制于选址、基础设施及动物保护等诸多风险因素,"不是有了土地和资金就能做出来"。

13.3.2 轻资产道路的探索

以往的主题公园发展大都走重资产的道路,其相对较大的资本投入使得企业往往需要较长的时间才能收回成本。为了避免走上低水平重复建设的老路子,企业只能通过增加额外的业务(如地产开发等)实现盈利。

可见,重资产战略并不可持续,只能在一定时间内缓解企业的经营压力。相较之下,轻资产战略对于企业的发展更加有利。对于海昌海洋公园一类的主题公园来说,轻资产是改善企业的资产结构和盈利模式。海昌海洋公园控股有限公司具备走轻资产战略的优势,首先,多年的经营使得企业具有海洋文化主题规划设计的能力;其次,通过不断地投入和扩散,企业具有足够庞大的海洋生物种群;再次,企业具备一定的动物保育技术;最后,企业在经营中积累了丰富的管理经验。

13.3.3　管理输出模式的创新

除了自建自管海洋公园，海昌集团还通过管理输出、技术输出及动物租赁等方式实现轻资产运营，不承担风险，不担保客流人次，只收取咨询设计和运营管理的费用。目前，海昌集团承担4个项目（如广州正佳广场）的管理输出，向购物中心、酒店餐厅、其他主题公园进驻管理团队，收取咨询服务费用。这种管理输出的市场潜力巨大，中国的其他运营商目前的输出能力相对有限。海昌集团没有门票分成，单个项目240万~260万元/年的管理运营费用为集团收入，毛利在70%~75%。海昌集团于2016年签署了总价值为6 100万元的管理输出合同，为客户提供海洋馆营运咨询及水族技术管理输出服务，管理输出合同将从2016年起，分5年逐年确认约1 000万元的收入[①]。

上述优势增加了海昌集团走轻资产战略的资本。轻资产道路有利于企业压缩投资，发挥既有的优势，将其转化为经营的资本。在此基础上，企业可以避免单纯依靠大规模投资，发挥自身在动物保育技术和主题公园运营方面的优势，为业界提供咨询，输出其技术、管理经验；开发具有海洋文化内涵的娱乐产品；研发海洋主题娱乐产品及文化演艺等。此外，轻资产战略还体现在模式创新上，如2014年海昌集团与同程网络科技股份有限公司、上海携程商务有限公司、北京趣拿信息技术有限公司、浙江淘宝网络有限公司等企业合作，探索O2O（online to offline，线上到线下）发展模式。

---

① 国金证券：后迪士尼时代掘金 荐海昌海洋公园. https://stock.qq.com/a/20160223/045450.htm，2016-02-28.

- 主题公园发展
- ——中国案例

第14章 长隆的广州和珠海双城记

长隆集团大概是不会上市的,习惯了自由决策、快速反应、稳健发展的苏志刚先生,既不缺少资本的支持,也不希望长隆集团的决策过程太慢、太复杂。长隆集团已经发展了30多年,目前已经开业并成熟运营的长隆度假区布局在广州和珠海,未来还可能布局在清远。创始人苏志刚的故事极具魅力,而其创业历程对主题公园企业发展而言,具有很大的借鉴价值。

14.1 广州长隆的成长记

14.1.1 从猪肉佬到酒店老板[①]

长隆集团创始人苏志刚从不避讳自己的农民出身。1958年,苏志刚生于广州近郊番禺的大石水乡。至今,他履历上的文化程度还是小学,实际上他是中学毕业,但他觉得在"文化大革命"期间没学到啥东西。作为家中第五代农民,他很小就开始给当时的生产队放牛。改革开放初期,在"孔雀东南飞"的风潮下,广东有很多的发展机会,一部分番禺人去了深圳,还有更多的番禺人开始到广州搞副业,做民工,做小买卖。

中学毕业的苏志刚没有资本,也没有一技之长,在广州最先做建筑。后来他认识了一位贩卖猪肉的商贩,便跟妻子和弟弟一起创业,开始回番禺大石卖猪肉。因此,外界经常调侃地说,苏老板就是一位卖猪肉的(图14-1)。经过几年的经营小有积蓄后,1988年,不甘心做一辈子"猪肉佬"的苏志刚,用全部身家在番禺大石105国道边买了两亩地,并大胆向农村信用社贷款5万元,建起了香江酒家。1989年8月28日,香江酒家开业,说是酒家,其实就是一个海鲜大排档。按照现在流行的说法,就是农家乐。香江酒家的位置极佳,位于广州到番禺的必经之地。当时番禺像样的酒家不多,有名气的就更少。香江酒家因味道鲜美、待客周到,生意旺到甚至没办法接待所有顾客。1994年,番禺新建一条更宽阔的城市干道——迎宾路,连接广州和番禺。苏志刚率先在路边建了一座8层高的香江大酒店,成为广州南入口的一座地标。为满足广东人好吃的需求,他开始养殖鸵鸟和鳄鱼。没多久,香江大酒店成了中山、珠海、澳门人驾车进入广州之前吃饭的首选。到1998年,苏志刚的香江大酒店年营业额已经达到6 000多万元,跻身广州餐饮行业30强之列。

[①] 部分资料来源于《改革开放的风采——苏志刚》,http://www.gzzxws.gov.cn/gxsl/zts/ggkfssn/ggkfdfc/201001/t20100120_17198_1.htm。

图14-1　苏志刚先生当年卖猪肉使用过的自行车和摩托车
资料来源：作者提供

14.1.2　养鳄鱼养出了动物园

　　香江大酒店的一大卖点就是鳄鱼肉和鸵鸟肉。因此，苏志刚养了很多鳄鱼和鸵鸟。20世纪90年代初期，珠江三角洲地区经济发展很快，居民的收入水平不断提高，出游能力和消费能力大大增强，到番禺"觅食"的食客逐渐增多，要求也更高。当时到番禺的交通并不是很方便，大多数人到番禺来不仅为了"觅食"，还希望有其他体验。当时一位经常到香江大酒店吃饭的客人向苏志刚建议，可以把搞养殖的经验用来办一个野生动物园。此时的苏志刚在餐饮业已经获得很高的地位，也算是一方富豪。对于大多数小富即安的广东农民而言，没有必要再冒风险去做一个动物园。然而，此时的苏志刚决定冒险一试。1996年，苏志刚获得林业部的批准，在番禺大石投资3亿多元兴建了香江野生动物世界。他用了近两年的时间，在一片荒地上开发出一个动物与自然和谐共存的绿色世界，其中的艰辛外人难以想象，光种树就足足花了8个月时间，结果整个动物园的绿化面积达到了 90%。1997 年底，经过不懈的努力，投入 3 亿多元，集动植物保护、研究、养殖、旅游观赏、科普教育为一体的香江野生动物世界正式对外开放，一期工程占地 2 000 亩，有动物 300 多种，总数超过 2 000 只。

香江野生动物园的白虎繁殖开创了全国各类动物园区的先河，形成了中国最大的一个白虎珍稀群落；来自全球各大洲的虎狮、鳄鱼、食蚁兽等乘飞机落户番禺掀起阵阵轰动效应；8 万条鳄鱼，促成了中国最大的鳄鱼养殖基地。因为环境和动物的特色，香江野生动物世界被列为国家首批 4A 级旅游景区，也是全国唯一的 4A 级野生动物园。香江野生动物世界在鼎盛时期创造了日接待游客 8 万人次和日接待春游学生 3 万人次的全国纪录。2000 年，苏志刚又在离广州市区更近的番禺东涌地区投入 2 亿元兴建长隆夜间动物世界。这个仅用 8 个月便建起的世界上最大的夜间动物园区占地 3 000 亩，同时也是世界上仅有的两个夜间动物世界之一，另一个在新加坡，规模只有长隆夜间动物世界的 1/3。为了给游客看新奇，苏志刚花上百万元进口了一对食蚁兽，还请来新加坡专家，根据当地的条件调整饲料，为野生动物园提供保障。2015 年，苏志刚的广州长隆野生动物世界（原香江野生动物世界）在 3 年内成功繁育了 5 只大熊猫幼崽。这是北回归线以南地区连续 3 年成功繁殖大熊猫，创下了动物繁育史新纪录。一家农民办的民营野生动物园干成了一件国营动物园强大科研机构多年没干成的事情，这不得不说是一个奇迹。香江野生动物世界和长隆夜间动物园共饲养 700 多类动物，水、陆、空动物家族已繁殖 10 万成员，中国珍稀野生动物南方救护中心也设在园内，成了野生动物安居、繁殖的天堂。长隆集团至今已有一支 200 人的饲养和管理队伍，在动物研究上也有不少突破性的进展。

14.1.3 建设酒店满足过夜游

有了餐厅，有了野生动物园和夜间动物园，有得吃、有得玩还不够，还得有得住。苏志刚的产品发展策略是紧随市场需求而来的。他采取一种非常稳健的投资方式，根据现有市场的需求，不断延伸业务，把核心市场的体验做足。这种做法显然比许多国有企业求大、求全的旅游开发思路更胜一筹。2001 年，他斥资 5 亿元仿照非洲太阳城，在两家"动物世界"之间的位置修建了有 340 多间客房的酒店——广州长隆酒店。站在酒店阳台上，就能看到非洲长颈鹿、斑马在草地上徜徉。该酒店的生意十分兴隆，香港广播电视有限公司 2002 年的国际华裔小姐颁奖活动的接待工作就被安排在这里。2009 年新建了酒店后，广州长隆酒店拥有 1 500 间主题客房，有全国唯一放养白虎、火烈鸟的中庭花园和放养雪虎、天鹅等珍稀动物的巨型动物岛景观，有华南地区最大的酒店会议中心，汇聚全球多国美食，酒店配套和服务享誉业界，连续多年荣获"中国最佳生态主题酒店"大奖。

那个时候的长隆，基本形成了白天逛动物园，晚餐吃在香江大酒店，夜宿广州长隆酒店的一日游项目。然而，夜间活动还有待挖掘，因为晚餐到夜宿之间，游客缺乏一个项目可以活动。苏志刚再次发现了这一商机。2005年，苏志刚建设了一个可容纳8 000人的长隆国际马戏大剧院，拥有全球最大的专业表演场地、中国水平最高的专业马戏表演——长隆国际大马戏，长隆国际大马戏成为长隆集团旗下独立发展的文化品牌，并成为名符其实的广州文化名片和广州夜游首选。至此，一个完整的过夜游体验式长隆基本成形。

14.1.4　专注于主题公园开发

进入21世纪，广州及周边地区的交通基础设施得到了极大的改善，从长隆到广州市中心只需要半小时车程，地铁也陆续通达。长隆早已被纳入广州市区的范围。交通基础设施的改善，带来的是流动性的增强。大规模客流当日往返逐渐成为主流。同时，广州甚至番禺周边兴起的大小餐厅、酒店，也大大地分流了香江大酒店的客源。长隆需要一个能够满足新时期旅游需求的核心项目。苏志刚看中了主题游乐公园。

2006年，斥资10亿元，占地1 000多亩，游乐项目超过60项的长隆欢乐世界一期开业。长隆欢乐世界拥有近百项世界顶尖的游乐设施及全球顶尖的特技表演和四维影院，成为当时中国设备最先进、科技含量最高、游乐设备最多的超级游乐园。其中，造价2亿元的垂直过山车是其标志性项目。除了这个以刺激游玩项目为主的主题游乐区外，还有旋风岛、哈比王国、欢乐水世界、中心演艺广场和白虎大街等五大主题园区，其中适合儿童和家庭游玩的哈比王国和开心乐园的设备超过30项，包括疯狂巴士、飞虎队、桑巴热气球等，此外，这五大主题区中还有适合全家同乐的水车大战、双层木马，适合儿童嬉戏的当时国内最大的室内恒温儿童游乐城等。2018年，长隆欢乐世界接待游客468万人次，位列亚太地区的11位（TEA/AECOM，2019）。

2007年5月，长隆集团新建的长隆水上乐园对外营业。长隆水上乐园拥有众多荣获世界金奖的水上游乐设施，是当时全球最大、最先进、水上游乐项目最多的水上乐园，连续多年被评为"全球必去水上乐园"，全年和日均接待游客数量位居全球第一，成为中国在世界主题公园业界的标杆。2018年，长隆水上乐园接待游客274万人次，连续多年位列全球水公园的第1位（TEA/AECOM，2019）。

到2015年，苏志刚建立起拥有长隆欢乐世界、长隆水上乐园、长隆国际大马戏、长隆野生动物世界、广州鳄鱼公园（2016年在此基础上建立飞鸟世界）和广州长隆酒店等众多世界级主题乐园和高端度假酒店，集旅游、休闲、文化三位于一体，中国目前拥有主题公园数量最多和规格领先的超大型主题景区——广州长隆旅游度假区。

值得一提的是，在主题公园+房地产盛行的时代，长隆是极少数不涉足房地产业务，也不依赖于房地产项目就能够很好地维持主题公园运营的企业集团。直到2013年8月6日，长隆集团宣布启动集团旗下的旅游生态城。长隆集团进行的生态城开发中，住宅比重相对较小，其余大部分为娱乐及商业等配套。随后，长隆集团没有在房地产行业发力，继续专注于以主题公园为主的旅游开发。

长隆集团发展简史如图14-2所示。

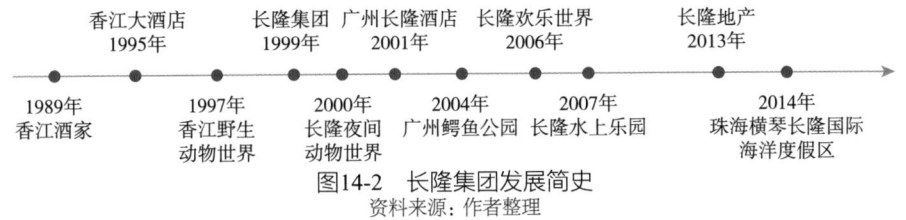

图14-2　长隆集团发展简史

资料来源：作者整理

长隆集团走的是一条稳健的发展道路，围绕已有客源，应对新的市场环境，适时延伸新的产品。长隆集团的每一步走得都比较稳健、踏实，体现了民营企业的特点。因为，每一分钱，都是企业自己的。

14.2　珠海长隆的跃进史

苏志刚是一位聪明的投资人，也是一位谨慎的投资者。长隆集团在广州的成功，引来不少地方政府抛出的橄榄枝。在那个时代，许多企业都谋求扩张，在全国攻城略地。华侨城集团走出了深圳，开启了"锦绣中华"工程，在北京、上海、武汉、成都、天津等城市布局。华强方特更是积极跑马中国几十个二三线城市，圈了不少土地。同样是广东企业，长隆集团似乎比它们都"淡定"。

14.2.1　珠海横琴新区的诱惑

横琴新区位于广东省珠海市横琴岛。横琴岛是珠海146个海岛中最大的一个海岛，位于珠海市南部，珠江口西侧，毗邻港澳地区。横琴新区南濒南海，距国际航线——大西水道4海里；北距珠海保税区不到1 000米；西接磨刀门水道，与珠海西区一衣带水；东与澳门一桥相通，相距不足200米，距香港41海里[①]，处于"一国两制"的交汇点和"内外辐射"的接合部。横琴新区周边有香港、澳门、广州、深圳四大国际机场和珠海、佛山两个国内机场。1992年，横琴岛就已经被广东定为扩大开放四个重点开发区之一。多年来，连珠海这样的经济特区都赶不上珠江三角洲其他城市的发展步伐，横琴的开发自然相对滞后。2004年，时任广东省省委书记张德江同志提出将横琴岛创建为"泛珠江三角洲横琴经济合作区"。2008年12月，国务院通过《珠江三角洲地区改革发展规划纲要（2008—2020年）》，明确要"支持科技创新合作，建立港深、港穗、珠澳创新合作机制。规划建设广州南沙新区、深圳前后海地区、深港边界区、珠海横琴新区、珠澳跨境合作区等合作区域，作为加强与港澳服务业、高新技术产业等方面合作的载体"。2009年6月24日，国务院常务会议通过《横琴总体发展规划》，决定将横琴岛纳入珠海经济特区范围。2009年12月16日，继天津滨海新区和上海浦东新区之后，中国第三个国家级新区在珠海市横琴挂牌成立，同时该区投资总额逾726亿元的首批四大工程也宣布启动。

与滨海新区、浦东新区齐名的横琴新区有了不一样的吸引力。谁会愿意错过下一个浦东新区呢？横琴新区由澳门和珠海共同开发，这块相当于三个澳门土地面积的土地之价值不可估量。如此大面积的开发项目必须由足够吸引人的项目来带动，长隆集团以其多年良好的经营口碑获得了政府的注意。在那个大家都跑马圈地建设房地产的年代，草根出身的苏志刚也拿地、搞贷款，但是他拿地、搞贷款是为了搞旅游，而不是做房地产业务。这显然备受地方政府的欢迎。广东省人民政府和当地银行为启动横琴新区的开发，给予长隆集团相应的优惠条件，助其顺利拿下了很大面积的旅游综合用地开发权，见图14-3。

14.2.2 珠海长隆国际海洋度假区开发

在如此巨大的发展前景及诸多方面的游说支持下，长隆集团终于决定带着它的动物及战略出远门，尽管走得并不很远。现在看来，长隆集团选择珠海横琴主要有几方面的考虑：第一，珠海横琴新区是与天津滨海新区、上海浦东新区齐名的国家级开发区，后面两个新区的发展都很不错，横琴的政策优惠和发展潜力也很大；第二，横琴紧邻澳门，横琴新区是珠海与澳门特别行政区政府合作开发的

---

① 1海里=1 852米。

第 14 章 / 长隆的广州和珠海双城记

图14-3 广东珠海横琴新区规划图
资料来源：珠海市横琴新区政府门户网站

新区，未来有可能享受特区通关优惠，这就有希望吸引香港、澳门大规模的市场；第三，港珠澳大桥的修建，将从根本上改善香港、澳门和珠海的交通区位，横琴显然位置极佳；第四，政府层面从中央到地方的支持力度很大，给予极大政策便利，都希望引进长隆项目，助推横琴新区的发展。

有上述几方面的考虑，加之长隆集团多年来积攒的资金、技术和人力，在横琴建设一个新的大型度假区是完全有可能的。长隆集团的这次决策，甚至没有找太多的专家学者论证。与广州长隆项目的特点相同，珠海长隆项目延续其"大手笔"的作风。珠海长隆国际海洋度假区一期项目总投入约200亿元，包含国际马戏城、横琴湾酒店、海洋王国三大项目，集观光、休闲、度假、酒店、会展等为一体，有"世界级旅游巨无霸"之称，见图14-4。澳门博彩业发达，囿于土地之局限，难以拥有大型主题公园，珠海长隆项目的修建则无疑弥补了澳门休闲市场的空白。

在多方支持下，长隆集团在苏志刚的带领下第一次走出广州，将品牌、项目推广到珠海。2014年1月7日，长隆集团以13.5亿元拿下横琴3宗旅游、住宅用地，总面积达63万平方米，累计370多万平方米的土地储备使长隆集团一跃成为横琴岛上最大的"地主"。2014年1月28日，位于珠海横琴新区，全球最大的海洋主题乐园——珠海长隆海洋王国进入试营业阶段，这使得原本无人问津的横琴岛顿时迎来众多游客。仅在当年春节期间，处于试营业阶段的10天时间里，长隆海洋王国便累计接待游客超过46万人次（黄璨，2014）。长隆横琴国际马戏城位于珠海长隆国际海洋度假区内，东临珠海长隆海洋王国，西与长隆横琴湾酒店相连，于2014年1月18日开业。横琴湾水上乐园于2014年6月28日开业，隶属于长隆横琴湾酒店，这是国内首个也是唯一的酒店水上乐园，占地面积约12 000平方米，分室内与室外两部分。

长隆横琴湾酒店拥有1 888间豪华客房，是中国最大的海洋生态主题酒店，单个酒店客房数量位居内地首位。珠海长隆海洋王国拥有大量珍稀的海洋动物、顶级的游乐设备及新奇的大型演艺。不仅如此，珠海长隆海洋王国还拥有亚洲第一台飞行过山车、亚洲第一台水上过山车及最为庞大的海洋主题花车巡游路线。此外，珠海长隆海洋王国更是获得5项吉尼斯世界纪录的殊荣：最大的水族馆——水体总容量为48 750 000升；最大的水族箱——单个水池水体总容量为22 700 000升；最大的亚克力板——单块亚克力板尺寸为39.6米×8.3米；最大的水族馆展示窗，单个展示窗尺寸为39.6米×8.3米；最大的水底观景穹顶——直径为12米。一个公园同时拥有5项吉尼斯世界纪录，这在全球主题公园发展史上也是罕见的。

长隆横琴国际马戏城东临珠江长隆海洋王国，西连长隆横琴湾酒店，是专门为承办中国国际马戏节而打造的"马戏乐园"。第一届、第二届"中国国际马戏节"

第 14 章 / 长隆的广州和珠海双城记

图14-4 珠海长隆国际海洋度假区首期总平面图（2008年方案）

资料来源：长隆集团有限公司提供的《珠海长隆项目概念规划》，该规划于 2008 年完成，实际开发后进行了调整

分别于2013年、2015年在珠海长隆国际海洋度假区成功举办。法国戛纳电影节、德国慕尼黑啤酒节都为当地带来了相当可观的旅游效应和经济效益。中国国际马戏节在珠海的成功举办，不仅有利于弘扬历史悠久的中国杂技，向世界展示中华民族优秀的传统文化，更是珠海市打造其文化品牌，提高城市知名度的有效尝试。

2014年，珠海长隆海洋王国接待游客550.4万人次，创下了开门红，首期效应非常显著。2015年，珠海长隆海洋王国再创新高，接待游客748.6万人次，位列亚太地区第4名、全球的第13名（TEA/AECOM，2016）。那么，过了首期效应，珠海长隆海洋王国的游客量还会继续上升吗？2018年，珠海长隆海洋王国接待游客1 083万人次，位列亚太地区第5名、全球第10名（TEA/AECOM，2019）。

珠海长隆项目的总体投资很大，仅珠海长隆海洋王国的投资来说也是相当惊人的，这就意味着公园的运营承担着很高的经营门槛。以目前的游客量和门票价格来看，达到盈亏平衡没有太大问题。然而，珠海长隆项目的风险也是客观存在的。

第一，区位既是优势，也是劣势。横琴所在的位置，其实很尴尬。珠海本地市场一定不是珠海长隆项目重点考虑的目标市场，以广州、深圳、东莞、香港和澳门为核心的广义上的珠江三角洲市场，才是其目标市场。然而，珠海长隆项目距离广州市场130分钟；距离深圳市场160分钟；距离东莞市场150分钟，这三个城市市场当日往返几乎不可能。香港和澳门在没有获得特别通关政策的情况下，到达珠海长隆国际海洋度假区所需要花费的时间不会比上述3个城市短多少。更为要紧的是，即使是珠海本地居民，从市区到横琴，也需要很长时间，公共交通目前并不是很方便。区位制约了珠海长隆项目大规模持续客流的发展，自驾车出游和旅行社团队出游成为最主要的到访方式。

第二，人均花费很高，制约出游率和重游率。2020年，珠海长隆海洋王国单日全价票平日为395元，两日全价票更是高达595元。长隆剧院的票价也很贵，一等票是350元，VIP（very important person，贵宾）座票680元。由于珠海长隆项目用地是一块旅游飞地，开业之初周边没有社区，要住宿要么在度假区的酒店，要么就得去很远的市区。游客大多数餐饮、住宿花费基本要在度假区内。近年来，随着周边房地产项目和周边社区民宿、家庭旅馆、精品酒店的建设，才缓解了这一问题。粗略估计，开业之初游客人均日游玩花费要在千元以上。这样的花费对于追求经济实惠的珠江三角洲地区居民而言是比较高的，一定程度上制约了出游率和重游率。

如今，珠海长隆二期工程已经在建。按照2020年3月5日广东省发展和改革委员会公布的《广东省2020年重点建设项目计划》，作为重点项目的珠海长隆国际海洋度假区（二期）计划建设海洋科学馆、动物王国、冒险乐园、大横琴山体育休闲公园、交通观光缆车、深井基地、长隆旅游学院和珍稀植物园等，预算总投资500亿元，到2027年完成。其中，珠海长隆海洋科学馆及珠海长隆海洋科学酒店的两大项目组合外形酷似一艘向东航行的高科技"船舰"，已经在建设当中，见图14-5。珠海长隆海洋科学乐园建筑面积近50万平方米，轮廓长604米、宽204米，建筑最高点59.9米，相当于20层楼高，集珍稀海洋生物展览、环保科普保育、大型演艺节目和互动游乐设施四大综合性功能于一体，将是目前全球最大规模的室内海洋科普主题乐园。珠海长隆海洋科学酒店以环保、科技为设计理念，打造六大特色主题共1250间客房，与珠海长隆海洋科学乐园、珠海长隆海洋王国无缝对接。该酒店楼高29层，占据珠海长隆国际海洋度假区最高点。

(a) 设计方案

(b) 施工情况

图14-5 珠海长隆海洋科学馆和珠海长隆海洋科学酒店的设计方案和施工情况
资料来源：珠海长隆国际海洋度假区二期设计方案、付晓萌（2019）

同时，作为二期重要项目之一的珠海长隆冒险乐园也于2018年竞得珠海横琴

630亩（容积率小于0.8）旅游用地，目前已经动工。珠海长隆国际海洋度假区二期基本放弃了之前计划开发部分房地产项目的计划，全面着力开发旅游项目。如此巨额的重资产投资，势必会给长隆集团带来不小的投资和经营压力。作为未来能够带动区域土地增值、产业发展、人流和商业流的引流项目，珠海地方政府应该通过其他方式给予珠海长隆项目以补偿和激励。

14.3　长隆发展的启示

珠海长隆国际海洋度假区项目的迅速发展得益于长隆集团丰富的发展经验和巨大的资本投入，珠海长隆项目的开业不仅为长隆集团拓宽了发展业务，使其从野生动物园、游乐园、酒店等领域拓展到海洋公园的领域。对于区域发展来说，长隆集团的崛起有利于改变粤港澳地区的旅游格局，使粤港澳三地形成互补关系。从长远看，这对于粤港澳地区经济的一体化及横琴产业多元化也将产生深远影响。长隆集团发展的秘诀何在？

14.3.1　关联延伸拓展策略

长隆集团是一家民营企业，最初的资本不多，经验有限，人才也相对缺乏。长隆集团早期采用比较稳健的关联延伸拓展策略，从企业最成熟的业务开始拓展，其拓展路径为：香江酒家（餐饮）——香江大酒店（住宿、餐饮）——香江野生动物园（观光）——广州长隆酒店（住宿、餐饮）——广州鳄鱼公园（观光）——长隆国际大马戏（夜间休闲娱乐）——长隆欢乐世界（游乐）——长隆水上乐园（游乐），走的是先做配套，再做景区的路线，逐步形成一个相对独立、完善的目的地体系。这是由企业自身特殊的资源、能力结构所决定的发展策略。当然，我们也要看到，长隆集团的关联延伸是一种平行的产业延伸，并没有对上下游产业链进行延伸，延伸的逻辑是市场逻辑，不是经济产业逻辑。

14.3.2　目的地的整体构建

长隆集团的目的地体系构建是逐步发展并走向成熟，最后在珠海横琴一体化开发。长隆集团的目的地体系构建一直把握着重要的市场逻辑原则，即围绕现实市场和可能的潜在市场做足文章，通过开发相应的产品和服务，最大限度地吸引这些市场。因此，长隆集团的市场策略比较稳健，整个目的地围绕的是一个相对集中的家庭市场做完善的旅游体验。当然，长隆集团的目的地体系构建中还有许多欠缺的部分，包括购物、一般的外围观光、休闲设施等。总体上，长隆集团的目的地体系构建还处于一种景点式旅游向目的地式度假的转型阶段。

14.3.3　自主投资运营模式

与华特迪士尼公司不同，早期长隆集团的扩张策略比较稳健，不采用合作投资开发的模式，而是采用自主投资运营的模式，既不接受外来投资合作开发，也不采取收购现有景区的模式。自主投资运营的模式能够有效控制开发、规划、设计和管理运营的全过程，对品牌的维护、质量的提升有着积极作用。然而，自主投资运营的模式发展较慢，通过自身融资，又不依靠房地产开发，很难滚动。这种模式并不适用于致力于快速全国布局的企业。

14.3.4　善于营销的民营企业优势

善于市场营销是长隆集团的优势，尤其是善于通过事件、活动来营销，通过"以点带面"，放大正面事件的影响和盈利。例如，2004年，巴西国家足球队访华，指定长隆集团作为接待基地，世界足球先生罗纳尔多对长隆集团的产品和服务推崇备至；2006年，香江野生动物世界从澳大利亚引进6只澳大利亚国宝——考拉；国际超模大赛、国际华裔小姐大赛等盛事也选择在广州长隆度假区举办；甚至《爸爸去哪儿》等节目在广州长隆度假区取景拍摄，也成为重要的宣传工具。相比许多旅游国有企业，长隆集团作为民营企业在很多方面表现出灵活性，具有很强的优势。

长隆集团书写了自己的传奇，也书写了中国主题公园产业的传奇，更留下了许多悬念和期待。长隆集团会走出广东，甚至走向世界吗？长隆集团可否突破传统家族企业的局限做成百年老店？我们期待着！

主题公园发展
——中国案例

第15章 引进国际品牌主题公园的评审

因为"非典",2003年成为不平凡的一年。在中国主题公园发展史上,2003年也是不平凡的一年。从2月28日开始到3月31日,作者应中国国际工程咨询有限公司邀请,分别到上海、北京和天津参加了上海环球影城、北京环球影城、天津影视派拉蒙主题公园的评审,并在上海担任专家组副组长,在北京和天津与当时国家旅游局规划财务司张吉林司长共同担任专家组组长。这是作者参加过的最规范、最严谨的评审。一是时间最长,每次评审基本都是4个工作日。二是评审专家多且来自不同领域,一般15人左右。三是每名专家都在自己擅长的领域提出专业意见,之后由专家组组长汇总讨论出专家组意见。意见一般都很全面。例如,北京环球影城主题公园和天津影视派拉蒙主题公园的专家组意见大约达10 000字。四是专家组的接待工作不由被评审方接待,而是由中国国际工程咨询有限公司安排。

第 15 章　引进国际品牌主题公园的评审

15.1　上海环球影城主题公园

上海一直对迪士尼乐园情有独钟，而迪士尼作为全球主题公园第一品牌，谈判条件也是相当苛刻的。华特迪士尼公司在与上海市人民政府谈判的同时，也在与香港特别行政区政府谈，目的是以最小的付出得到最大的回报。从香港迪士尼乐园最后达成的投资协议就可看出，141 亿港元的直接投资中（配套专用铁路及高速公路等基础设施 136 亿港元不计算在内），华特迪士尼公司只负责 24 亿港元的商业贷款，并且还要香港特区政府担保，却占 43% 的股份，以及拥有香港迪士尼乐园的管理权和经营权。如果不是上海市人民政府退出与华特迪士尼公司的谈判，24 亿港元的商业贷款华特迪士尼公司也不愿意负担。华特迪士尼公司固然是精明的，这也无可厚非，任何以营利为目的的企业，都会利益最大化。

上海不得不转向全球第二大主题公园品牌环球影城，从 2001 年初开始上海就与美国环球影城公司约定各出 75 万美元进行调查研究。2002 年，双方初签合作意向书，上海同时与华特迪士尼公司和美国环球影城公司谈。与华特迪士尼公司的谈判终止，是上海方面主动提出的，估计一方面是避免与香港竞争，使得鹬蚌相争，渔翁得利；另一方面是华特迪士尼公司要求开放电视频道，除了上海，还要求北京和广东同时开放，上海方面做不到。

上海环球影城聘请了在主题公园研究方面非常著名的美国经济研究事务所（Economic Research Association，ERA）做市场研究。市场研究是投资可行性研究最重要的部分，作者在评审其可行性研究报告时（图 15-1）发现，ERA 作为一个国际著名主题公园研究咨询公司，对中国国内主题公园几乎没有研究，重要参数，如合格市场的收入、渗透率、普及率等均是参考美国和日本的，并不适合中国国情。

(a)

(b)

图15-1 "上海环球影城主题公园项目建议书专家评估会"现场及《上海环球影城主题公园项目建议书》(2003年)

资料来源:作者拍摄

ERA 对游客量的预测值过于乐观。由此推算出来的投资规模、预期盈利、设施估算和功能结构是存在很大问题的。根据 ERA 的测算结果,在人均支出 25 美元的假设下,ERA 对上海环球影城主题公园参观量的预测如下(中方案):2007 年将有 750 万人次,2012 年将有 1 180 万人次,2017 年将有 1 680 万人次,预测的市场结构如表 15-1 所示。

表15-1 合格收入市场及上海环球影视主题公园参观量初步预测(假设人均支出 25 美元)

单位:万人次

市场细分	合格收入市场			普及率			参观量		
	2007年	2012年	2017年	2007年	2012年	2017年	2007年	2012年	2017年
居民市场									
主要居民市场(0~1小时)	1 030	1 460	1 820	32%	32%	33%	330	470	600
次要居民市场(1~2小时)	620	830	1 000	15%	17%	19%	90	140	190
公司外出市场	360	290	220	15%	15%	15%	50	40	30
居民市场小计	2 010	2 580	3 040				470	650	820
国内游客									
国内休闲游客	810	1 220	1 680	18%	22%	26%	150	270	440
国内探亲访友/其他游客	730	1 130	1 560	12%	16%	19%	90	180	300
国内商务/会议游客	1 070	1 590	2 160	2%	3%	3%	20	50	60
国内游客小计	2 610	3 940	5 400				260	500	800
国际游客									
国际休闲游客	140	190	260	12%	15%	17%	20	30	40
国际探亲访友/其他游客	20	30	40	10%	13%	15%	0	0	10
国际商务/会议游客	150	200	270	2%	2%	2%	0	0	10
国际游客小计	310	420	570				20	30	60
总计	4 930	6 940	9 010				750	1 180	1 680

资料来源:《ERA 上海环球影城主题公园可行性研究报告》

ERA 对合格收入市场的界定为"指家庭年收入达到 3.8 万元,能支付人均 25 美元的主题公园支出"。这就是说,如果一个家庭夫妇两人工作,每人平均月工资约为 1 583 元(按 2003 年的估计),以 200 元的门票计算,约相当于个人月工资的 1/8。同时,ERA 假定主要市场的普及率是 32% 左右,这意味着上海合格收入市场每三年就要到主题公园参观一次;如果合格收入市场只有 2/3 会到主题公园,那么按照假定的市场普及率,上海合格收入市场每两年到主题公园参观一次。

以环球影城的吸引力,可以假定有一定支付能力的人群都有意愿参观环球影城。在环球影城开业的前几年,普及率会较高,但当参观过一次后,以当时深圳华侨城主题公园的经验来看,重复参观的普及率会急剧下降,主要原因就是门票价格太高。如前所述,门票相当于合格收入市场平均月收入的 1/8,而美国迪士尼乐园当时的门票价格为 40 美元左右,相当于 3 000 美元月收入(中产阶级人均税后月收入)的 1/75。拿美国这样发达经济体的基本参数套用中国市场,显然是不合理的。ERA 的市场普及率的假定来自美国和日本的经验,如表 15-2 所示,对我们不一定适用。

表 15-2 美国、日本目的地主题公园市场普及率对照

所选公园	居民市场		旅游市场	
	主要居民市场 (0~1小时车程)	次要居民市场 (0~2小时车程)	国内游客	国际游客
好莱坞环球影城	15%	38%	15%	34%
冒险港环球影城	32%	17%	61%	11%
日本环球影城	42%	45%	32%	21%
巴黎迪士尼乐园	19%	21%	15%	58%
加利福尼亚迪士尼乐园	45%	38%	37%	59%
东京迪士尼乐园	46%	29%	23%	27%
环球影城平均值	30%	33%	36%	22%
环球影城加权平均值	33%	39%	32%	23%
迪士尼乐园中心平均值	36%	29%	25%	48%
迪士尼乐园加权平均值	38%	30%	25%	46%
所有公园中心平均值	33%	31%	31%	35%
所有公园加权平均值	36%	32%	27%	39%

资料来源:《ERA 上海环球影城主题公园可行性研究报告》

因此,针对上海环球影城开业 3 年后上海主要市场的预测值偏于乐观,而这

部分市场占到全部市场的40%左右。要知道，直到2018年，上海全市居民（包括城镇和农村居民）人均可支配收入为64 183元[①]，上海迪士尼乐园的平日门票为399元，高峰日门票为575元，分别相当于居民月收入的1/13和1/9。显然，到了2018年，上海普通市民（注意ERA测算的只是合格市场，规模更小）购买力更强，潜在市场规模更大。然而，上海迪士尼乐园的游客量也仅为1 180万人次，远未达到上海环球影城预测的2017年的1 680万人次。难道上海环球影城要比上海迪士尼乐园更有吸引力？

作为中方评审专家，作者还指出，中国正处于旅游发展的黄金时期，国外的旅游业巨头都在觊觎中国这块市场，特别是华特迪士尼公司和美国环球影城公司。它们会凭借其世界第一、第二的地位，在输出项目时提出很高要求。上海投资引进环球影城主题公园，对上海旅游业而言是一项锦上添花的好事，但高投入伴随的是高风险。作者评估当时的框架协议，主要的投资风险在中方，外方的风险从资金方面看几乎已全部规避。从宏观战略分析，上海旅游市场对外方具有极大的吸引力。因此，宜尽可能多地在谈判中争得中方的利益，将风险共同分担。此外，关于门票定价，中国当时大型主题公园门票价格在80元以上的，门票价格几乎无弹性。因此，上海环球影城主题公园预设的25~30美元对市场的接受程度没有大的差别。由此估算出来的其他方案，参考价值不大。

15.2　北京环球影城主题公园

"上海环球影城主题公园项目建议书专家评估会"是2003年3月3日结束的，2003年3月14~17日，在北京又召开了"北京环球影城主题公园项目建议书专家评估会"（图15-2）。来自北京、天津、广东等地的17名专家组成的评估专家组在踏勘北京环球影城主题公园选址现场，听取北京首都旅游集团有限责任公司、北京市工程咨询有限公司、北京市计划委员会（现北京市发展和改革委员会）、美国环球影城公司对项目建议书的介绍，并认真充分讨论后才做出评估意见。需要特别指出的是，美国环球影城公司来做项目概念介绍的代表与在上海介绍的代表是同一人，这引起了评估专家组的注意，是否又是"一女嫁二夫"的谈判策略？

---

① 《2018年上海市国民经济和社会发展统计公报》。

图15-2 作者在"北京环球影城主题公园项目建议书专家评估会"现场（2003年）

图片来源：作者提供

作者在评估北京环球影城主题公园项目时才了解到，评估上海环球影城主题公园的专家意见是有缺陷的，因为在投入产出分析中没有考虑特许费和管理费的扣除。北京环球影城主题公园项目美国合作方提出要收取特许费和管理费，特许费分特许费1和特许费2，特许费1为门票和广告收入的10%（税前费前），特许费2为商品及餐饮收入的5%（税前费前），并且对两项费用有保底要求，还要随时间增长。管理费分为管理费和管理服务激励费，管理费为所有收入的2%（税前费前），管理服务激励费也是2%。因此，在这部分评估意见中，专门针对这个条件给出了意见。

中国主题公园建设从20世纪80年代开始，从发展历程看，已经历了三代发展。第一代，静态陈列观光型，以深圳锦绣中华为代表。第二代，静态陈列观光加表演型，以深圳世界之窗、番禺香江野生动物园为代表。第三代，主题游乐型，以深圳欢乐谷为代表，其特征是高科技加娱乐，具有很强的参与性，为游客提供现代游乐的体验。深圳欢乐谷1998年第一期开业，2002年第二期开业，均深受游客欢迎，而深圳世界之窗也不断增加主题游乐项目，以吸引游客。2003年，纯粹的静态陈列观光型主题公园的吸引力已难以与主题游乐型主题公园竞争。中国已到了发展主题游乐型主题公园阶段。

同时，我们也要看到2003年前中国旅游发展的大环境。当时中国正处在旅游消费急剧扩张的阶段，1978~2002年，中国接待入境旅游者由180.92万人次增加到9 790.83万人次，旅游创汇由2.63亿美元增加到203.85亿美元。到2001

年，中国接待入境过夜旅游者人数和旅游创汇均跃居世界第五位。2002年，中国国内旅游总人次数达到8.78亿人次，总花费达到3 878.36亿元，旅游业总收入达5 566亿元，相当于GDP的5.20%。旅游业被确定为中国国民经济新的增长点和很多地区的支柱产业或重点产业。世界旅游组织当时预测，到2015年前后，中国将成为全球最大的旅游接待国和第二大客源输出国。2002年，中国人均GDP达到849.0美元，国内旅游者及城镇旅游者和农村旅游者的人均花费分别达到441.8元、739.7元和209.1元。

因此，基于上述两点时代背景和增长预期的乐观判断，专家组一致认为中国有发展超大型主题公园的市场机会，但同时指出风险也很高。

之所以说投资风险也很高，是因为超大型主题公园投资巨大，迪士尼乐园和环球影城投资规模一般都在10亿美元以上，以中国的消费标准，需要高消费、大流量的客源做保证，风险很高。按照专家评估组当时的初步测算，一个投资近85亿元的中外合作主题公园，假定开园第一年游客量900万人次（第二年1 100万人次，第三年1 100万人次，第四年800万人次，第五年700万人次，第六年600万人次），游客人均消费360元（门票200元，餐饮60元，旅游商品100元），外商提取的费用（特许费、管理费等）为10%，则财务内部收益率仅为6%~7%；如果投资增加10%（92亿元左右），其他条件不变，财务内部收益率将降到6%以下；如果收入下降5%，其他条件不变，财务内部收益率也会降到6%以下。从上述测算结果可以判断，中国该阶段投资10亿美元左右的超大型主题公园，已经有市场机会，但投资风险很高。

ERA也继续犯了上海环球影城主题公园项目在投资开发参数估计上的错误，把美国和日本的超大型主题公园市场规律简单地套用到了中国。美国和日本超大型主题公园的主要居民市场（0~1小时车程范围内）普及率为33%，次要居民市场（1~2小时车程范围内）普及率为31%，也就是说，主要居民市场的所有居民每年均有33%的人到主题公园，次要居民市场的所有居民每年均有31%的人到主题公园，重游率非常高。并且，主要居民市场和次要居民市场占到总游客量的60%~70%。美国、日本的超大型主题公园近距离游客重游率高，最重要的因素是门票价格相对于居民的人均收入比较低，如迪士尼乐园门票只相当于月收入3 000美元的居民（美国标准中产阶级的税后月收入）的1/75。然而，200元的门票，在当时相当于月收入2 000元（2007年北京市民的预计月人均收入）居民的1/10。因此，根据当时北京社会经济发展水平和居民消费能力来判断，当时中国主题公园的游客重游率是比较低的，一个超大型主题公园要成功，开业几年后将主要依赖主要居民市场和次要居民市场之外的三级客源市场。换言之，北京环球影城主题公园的开发需要全国性的市场来支撑一个超大型主题公园。这意味着，在当时的中国国情下，超大型主题公园布局不宜过多，尤其是主题内容相同的超大型主题公园不能重复布局。直到今天，迪士尼乐园这类超大型的主题公园在中国也只布局了两个，它不可能像欢乐谷那样布局那么多。

那么，在全国只适合布局一个环球影城的情况下，到底是上海还是北京呢？北京有北京的优势，因为北京有中国当时最大、最有效的三级客源市场。相比较中国其他特大城市，北京由于其政治中心功能和具有的不可替代的旅游资源，到北京的国内游客全国最多。2002年，以外地游客为主的故宫、八达岭长城和颐和园分别接待游客713万人次、648万人次和661万人次，以单个旅游地计算，名列全国旅游点接待游客量前3名。显然，北京对全国中远程市场的旅游吸引力是当时全国任何城市都无法企及的，选址北京有其合理性和优势。当然，作为专家，只是从专业的角度把各自的利弊和问题呈现出来，供决策者参考。

ERA的估算是比较乐观的，还体现在对环球影城生命周期的预测上。我们知道，主题公园有首期效应，随后会进入一个增长缓慢甚至停滞期，如果没有进一步的更新改造或提升，就有可能走向衰退（保继刚，2015；梁增贤，2018）。然而，ERA的预测并不符合我们对主题公园生命周期规律的基本认知。ERA的预测认为，北京环球影城游客量从2007年开业到2010年分别为650万人次、800万人次、900万人次、1 000万人次，并从2011年起，每年均保持1 100万人次的游客量。为此，专家组根据生命周期规律重新测算了游客量，认为在开园初期会很快火爆，经历两三年后会回落，然后走平，2012年后游客量会稳定在600万人次左右，见表15-3。

表15-3　专家组建议调整的游客量预测值

年份	2007	2008	2009	2010	2011
游客量/万人次	900	1 100	1 100	800	700

项目建议书的价格定位也存在问题。项目建议书中参考国外环球影城游客消费构成中门票、餐饮、商品消费1∶1∶1的比例，将门票、餐饮、商品消费定为门票200元，餐饮和商品消费人均分别为100元、200元，即每天人均消费水平为500元。以三口之家算，去一次环球影城要消费1 500元。事实上，从当时北京各个景点的消费结构（表15-4）来看，ERA对未来北京环球影城园内二次消费（指除门票外的餐饮和购物消费）的预测是过于乐观的。

表15-4　2002年北京部分旅游景点消费构成

景点	门票收入/万元	营业收入/万元	接待人数/万人	人均门票消费/元	人均综合消费/元
故宫	31 357.00	31 357.00	713.58	43.94	43.94

续表

景点	门票收入/万元	营业收入/万元	接待人数/万人	人均门票消费/元	人均综合消费/元
八达岭长城	14 768.46	28 001.32	661.44	22.33	42.33
颐和园	15 376.30	18 920.00	648.30	23.72	29.18
天坛	10 032.23	13 186.00	434.40	23.09	30.35
北京海洋馆	7 462.87	9 025.83	90.61	82.36	99.61
北京动物园	4 451.15	5 433.48	541.76	8.22	10.03
北京世界公园	5 002.13	5 397.72	115.03	43.49	46.92

资料来源：专家组报告（2003年）

从表15-4可知，2002年在北京七大景点的人均综合消费中，除八达岭长城外，其他公园的门票消费仍占80%以上。因此，环球影城短期内达到1：1：1的比例难度较大。事实上，即使是园内二次消费做得比较好的东京迪士尼乐园，其2016年门票收入所占比例也高达44.5%，而主题商品销售收入所占比例35.2%，餐饮收入所占比例20.3%，也远未做到1：1：1（梁增贤，2018）。再拿比较相近的香港海洋公园比，2016年香港海洋公园门票收入占营业收入的70.3%，2015年为70.8%（梁增贤，2018）。显然，ERA对环球影城的园内二次消费所占比例做了过高的估计，这直接导致了对营业收入的乐观估计。因此，当时的专家组就建议将人均消费水平调至360元，即人均门票200元、餐饮60元（根据2001年底对北京中高收入居民餐饮消费状况的调查，在外就餐的消费频率为每周2~3次，每次人均消费50~70元），商品消费人均100元（以旅游纪念品为主。按单价100~150元的商品计算，三口之家一次游环球影城可以买两件或三件旅游纪念品）。

由于上述几个关键基础参数的使用错误，项目建议书的财务指标肯定需要重新测算。根据ERA在项目建议书中的测算，所得税后财务内部收益率为10.07%，财务净现值（折现率为6%）为344 821万元，投资回收期为11.9年，投资利润率为12.29%，投资利税率为14.25%，贷款偿还期为13年，盈亏平衡点为50.7%。此外，当时的专家组还认为项目建议书对于项目与首钢集团结构调整相结合，土地费用负担较大，由此对项目自身财务效益带来的影响也缺乏定量的分析论证。因此，专家组会商后，给出5个调整方案，供业主方参考。这种情况是很少见的，也反映了当时专家组对这个关系中国主题公园产业的关键项目的重视程度和认真态度。

方案一：按项目建议书提供的客源分析结论进行调整。

测算调整依据：各年客流量按项目建议书的预测结论，门票价格不变，仍按

200元/人计，餐饮收入由100元/人调整为60元/人，与之相关的餐饮成本率改按70%计算，商品收入由200元/人调整为100元/人，固定资产折旧按综合折旧年限15年考虑，递延资产摊销由10年调整为5年，营业税和增值税等内容与计算方法也进行了调整并重新计算。

调整后评价指标：所得税后财务内部收益率为8.81%，财务净现值（折现率为6%）为232 350万元，投资回收期为12.6年，投资利润率为11.2%，投资利税率为13.1%，贷款偿还期为12年，盈亏平衡点为50.0%。

方案二：按专家组预测的客源分析结论进行调整。

测算调整依据：在上述价格体系的基础上，将运营期各年的客流量调整为，第一年（2007年）900万人次（考虑到当年赠票会较多），第二年（2008年）达到设计接待能力1 100万人次，第三年（2009年）1 100万人次，第四年（2010年）800万人次（主要考虑上海世界博览会对来京客流的影响），第五年（2011年）700万人次，以后稳定在每年600万人次（基本上与北京其他著名景点的客流量持平）。

调整后评价指标：所得税后财务内部收益率为6.04%，财务净现值（折现率为6%）为2 562万元，投资回收期为14.4年，投资利润率为5.1%，投资利税率为6.0%，贷款偿还期为13年，盈亏平衡点为60.0%。

方案三：考虑场地费用影响的调整分析。

测算调整依据：方案二的客流量变化趋势与当时中国的旅游消费市场的状况比较吻合，但效益指标不够理想，这是由于项目选址在首钢园，其投资中土地费用所占比例明显高于项目能够承受的限度，方案三是将土地费用调整到项目正常支出的数额。

调整后评价指标：所得税后财务内部收益率为8.60%，财务净现值（折现率为6%）为129 458万元，投资回收期为11.9年，投资利润率为8.7%，投资利税率为9.9%，贷款偿还期为11年，盈亏平衡点为53.0%。

方案四：考虑外方专利权属费影响的调整分析。

测算调整依据：上述几个方案的测算中，计入成本的外方专利及管理费用均按项目建议书提出的经营收入的2%计算，这一计算依据主要是参考了当时中国合资经营的商业项目，但主题公园与一般商业项目的专利或专有技术是不同的，外方在上海环球影城主题公园项目提出的收费比例约为经营收入的10%，方案四暂按这一比例进行调整预测。

调整后评价指标：所得税后财务内部收益率为6.64%，财务净现值（折现率为6%）为31 012万元，投资回收期为13.6年，投资利润率为5.8%，投资利税率为6.9%，贷款偿还期为12年，盈亏平衡点为63.0%。

方案五：全面调整经营价格的预测分析。

测算调整依据：如果上述方案中的情况发生，项目的经营风险显而易见。为此，专家组建议采用调整价格的手段使项目能够正常经营，专家组认为可以将人均消费360元的结构进行如下调整：门票250元（对于一次性消费的游客而言是完全能够接受的，而对于有能力重游的人来说，增加50元也不成问题），餐饮60元，商品销售50元，其中门票的增加收入基本上是净收入，而商品收入减少时成本也随之减少。

调整后评价指标：所得税后财务内部收益率为9.22%，财务净现值（折现率为6%）为163 147万元，投资回收期为11.5年，投资利润率为9.7%，投资利税率为10.9%，贷款偿还期为10年，盈亏平衡点为56.0%。

该项目的建设无疑将促进首钢集团的产业结构调整并带来周边地产升值和相关产业繁荣等间接经济效益，专家组还建议在科研阶段对该项目的土地投入方式与相关政策及其产生的作用进行具体的量化分析与评价，以便给政府部门对该项目的决策提供依据。

好事多磨，直到2014年11月，北京市发展和改革委员会才宣布，环球影城主题公园正式确定落户北京，建设地点位于通州区文化旅游区，规划占地120公顷，总投资超过200亿元，预计2019年建成营业，后又更改为2021年开业。当然，2014年的市场条件比2003年已经有了较大的改善，投资的风险有所降低，但同时也面临北京纾解非首都功能等新的城市发展和社会经济问题。项目的可行性提高了，必要性却可能下降了。

15.3　天津影视派拉蒙主题公园

天津是中国近代史上一座非常重要的城市，在今天看来又是一座"怀才不遇"的城市，在北京这棵"大树"之下，草要长的茂盛实在不容易。天津影视派拉蒙主题公园项目对于天津来讲是一个发展旅游业极好的机会，并且与上海环球影城主题公园和北京环球影城主题公园相比，资金主要由国外合作方出，天津主要以土地作价入股，投资风险不高。给天津影视派拉蒙主题公园冠名的派拉蒙影业公司，其经典影片如《泰坦尼克号》《古墓丽影》《阿甘正传》等，早已为中国观众所熟知。作者参加了2003年3月29日"天津影视派拉蒙主题公园项目建议书专家评估会"，见图15-3。

图15-3　作者在"天津影视派拉蒙主题公园项目建议书专家评估会"现场（2003年）
资料来源：作者提供

天津方面的准备工作十分仔细，提供的评审材料全面翔实，除了项目建议书之外，还有如《天津影视派拉蒙主题公园选址规划》、ERA 编制的《天津影视主题公园可行性研究》及《ERA 备忘报告——在京津地区兴建多个主题公园的可行性》，还有《公众对拟建中的影视派拉蒙主题公园消费倾向的调查报告》等，见图 15-4。

非常遗憾，不知什么原因，天津影视派拉蒙主题公园没有后续结果。

前面所述，2003 年 3 月（这是一段非常的日子，当时"非典"已在全国蔓延，作者在上海、北京、天津先后论证上海环球影城主题公园、北京环球影城主题公园、天津影视派拉蒙主题公园的可行性，后来上海在 2009 年又转向迪士尼乐园的谈判并取得成功，2016 年上海迪士尼乐园开业，北京 2014 年与美国环球影城公司签约，正在建设的北京环球影城主题公园将于 2021 年开业。天津应该已经没有机会再建设超大型主题公园了。然而，当时专家组对天津影视派拉蒙主题公园项目的评估结果是比较乐观的，给出的意见也相当专业、严谨。

"天津影视派拉蒙主题公园项目建议书评估会"于 2003 年 3 月 28~31 日在天津举行，仍由中国国际工程咨询有限公司主持，邀请来自北京、天津、广东等地的 17 名专家组成评估专家组。评估的程序与上海和北京主题公园项目相似，都是

图15-4 天津影视派拉蒙主题公园项目概念设计方案

资料来源:《天津影视派拉蒙公园项目建议书》

专家组先踏勘天津影视派拉蒙主题公园选址现场，然后听取天津泰达投资控股有限公司、天津环球影视发展有限公司、天津国际工程咨询公司、美国金山娱乐有限公司对项目建议书的介绍，最后给出评估意见。

当时的专家组对天津影视派拉蒙主题公园项目是相对肯定的。第一，它是新型的大型人造主题景观，与之前的锦绣中华等不同，能够填补空白；第二，它能够丰富京津冀地区的旅游资源，突破天津旅游发展的瓶颈；第三，它能够大力促进天津服务业的发展，推动产业结构调整；第四，它有助于发挥天津环渤海地区经济中心的作用，拉动区域经济的增长；第五，它能够创造众多就业机会。

在当时看来，经过20多年的发展，中国的国内旅游已经从初期的观光型转向以短期周末度假为特征的休闲观光旅游，其中以珠江三角洲、长江三角洲、环京津地区最具典型意义。这一阶段，游客的消费偏好更多地集中于都市及都市周边的度假休闲、文化娱乐等产品。天津地处中国的政治、经济、文化中心区域，常住人口规模大，外来游客多，对于娱乐休闲产品的需求强度比较大，但天津主要以观光产品为特色，度假休闲产品的开发尚处于起步阶段，难以满足大众文化娱乐消费的需求。因此，天津影视派拉蒙主题公园能够为天津旅游者提供一种全新的消费体验，是京津地区旅游产品升级换代的一个比较好的切入点。

前面也提到，上海和北京也在争取落地大型影视主题公园，在同一个区域内当时只建议布局一个主题公园。如果北京建设环球影城主题公园，天津再做影视派拉蒙主题公园的风险就很大。因此，2003年2~3月的3场评估会，实际上也是3个城市争取影视主题公园项目的竞赛。花落谁家，专家组的意见就变得尤为重要。唯有从专家的角度给出理性的分析，才能更客观公正地提供建议。

天津影视派拉蒙主题公园项目也有其独特的优势。其中，最显著的优势是，在这个项目合作中，中外双方的合作意愿真诚，合作条件对于中方相对有利，合作的外方具有较强的资金实力，具有建设管理大型主题娱乐产品的品牌、技术与经验，先期启动的条件相对成熟一些。更为重要的是，中方的投资风险相较于北京和上海的两个项目小了很多。因此，这个项目外方以现汇投入，中方以土地入资。相对而言，中方的投资风险比较小。在市场前景不明的情况下以利用外资的方式试探市场的反应，可以使中方最大限度地规避市场风险。合作的外方表现出了积极的意愿，资金实力比较强，产品内容独具特色，市场营销与经营管理的能力较强。当时的专家组一致认为，在该项目的开发过程中，如果能够充分利用外方的技术优势，研究如何贴近中国的市场需求，对于中国开发建设与经营管理该类大型主题娱乐项目具有积极的示范与引导作用。

然而，这个项目存在的劣势和问题也是很明显的。第一，派拉蒙影业公司的知名度不是很高，要像迪士尼乐园那样很快形成全国性的市场影响力不容易，因而该项目对中远程市场的吸引力比较有限；第二，由于与北京拟建的环球影城主题公园存在竞争问题，天津无论在全国的旅游中心性还是社会经济条件，乃至市场消费能力上与北京都不可相提并论。当时的专家组认为，天津在本地居民市场（一级客源市场）上无法跟北京比，但在二级客源市场和三级客源市场上基本是重叠的。然而，由于派拉蒙影业公司和美国环球影城公司知名度的巨大差异，如果两个主题公园同时开业，天津影视派拉蒙主题公司也很难获得足够的二三级客源市场。因此，由于天津的城市规模与影响力不及北京，与北京同时建设超大型主题公园的项目，市场风险要远远大于北京。当时的专家组认为，天津项目各方面条件准备得比较充分，有可能先期建设成功，可以充分利用长期累积的市场需求，缩短还本付息的时间，抢先进入良性发展时期。这就好比，香港迪士尼乐园开业后，香港海洋公园游客量不降反升。这是因为香港海洋公园在香港迪士尼乐园开业前，抢先进行重大的更新改造。因此，天津影视派拉蒙主题公园宜早上，不仅要早于北京环球影视主题公园，而且最好要早于上海环球影城主题公园。此外，天津项目要扬长避短，突出特色，更有针对性地分析研究市场需求，确切核算市场的边际规模，做好差异化发展，避免与北京环球影城主题公园项目的正面竞争。

天津影视派拉蒙主题公园项目是奔着一站式主题公园综合度假区去的。整个项目的规划布局宏大，仅一期工程就占地228公顷，并确定了三大景观主题：①中国历史和文化主题；②高新技术和未来主题；③派拉蒙影业公司公园角色产品主题。三个主题通过规划中的18个功能分区来实现，18个功能分区中有12个大景区，34个景点及游乐设施。12个景区是世纪大道、中国主题区、西部风情区、美国主题区、非洲主题区、亚洲神话及传统主题区、神秘岛、雨林岛（儿童乐园）、影视主题高新科技区、太空主题高新科技区、影视摄影棚乘车游、露天圆形剧场及特殊场合园地等。一期工程还配有10公顷人工湖和配套辅助设施，以及商品零售店、快餐和行政用房。一期工程总建筑面积约12万平方米，景区外置33万平方米的交通区域和占地25万平方米可停近10 000辆车的停车场。

然而，一次性建成一个综合度假区需要很多方面的共同努力，在当时的中国没有先例。2002年珠海海泉湾度假区才刚刚启动，到2006年1月22日才真正开业，其中花了4年时间去摸索。另外，影视派拉蒙主题公园没有在中国的开发建设经验，甚至缺乏海外开发经验，其产品能否适应中国市场也是未知数。因此，当时的专家组给了一个相对稳健的建议，认为天津近期以一日游或两日游项目起步，逐步发展形成规模。

在主题公园使用中国历史文化主题还是全盘引进国外文化主题上，专家组出现了分歧。一种意见认为主题公园要引进国外文化，就应原汁原味，完全采取美国主题，才能达到如期效果，采用中国主题不伦不类，不如不做。另外一种意见认为中国有丰富的类似主题，过去失败是由于投资和科技含量不够，如果加大力度、认真对待，会产生好的效果。事实上，这两种意见在日后的上海迪士尼乐园建设中也存在。好在迪士尼乐园本来就有中国元素的动漫作品，在上海迪士尼乐园的建设中也使用了一些中国建筑和景观元素。事实证明，如果项目在文化主题上能够扬长避短、多元融合，形成成熟的主题体验，使用一些中国文化主题也无妨。但是，如果建设中国文化的主题项目，一定要吸收中方专家共同创作设计，找到适宜的题目与适宜的表现方式，单纯依赖外方很难找准项目的切入点。

项目的选址和市政配套建设是一个讨论得比较多的议题。一方面，天津项目要与北京项目在选址上有一定的距离；另一方面，天津项目还要能够借助北京的旅游中心性争取北京的居民和游客市场。项目建议书建议天津项目选址在天津市武清区杨村镇，规划用地228公顷。该选址位于京津走廊之间，邻近京津塘高速公路，西距北京市区约70千米，东距天津市区约25千米。项目建议书未提出其他选址。然而，当时专家组认为，原则上同意选址武清区，但当时的具体地块是有问题的，建议在区域内再做比选。因为当时的选址远离天津主要旅游资源，远离市中心区，甚至不在旅游大动线上，不利于充分利用天津已有的旅游资源优势，难以形成集聚效应，加之周边没有商业配套，起不到带动消费的联动效应。同时，该地块紧邻居民区，却又整体位于工业区内，作为城市一般休闲绿地更合理。专家组还认为，虽然当时的地块能够借助京津唐高速公路带来的北京客源，但当时的京津唐高速公路已经饱和，尚无扩建计划，而当时高铁建设并未考虑在武清区。该地块对大规模游客的流动不是很有利。

如前所述，天津项目与上海和北京两个项目的最大不同之处在于外方为主要投资方，而中方仅仅是将土地折股投入，这确实应该说是该项目与其他两个项目相比较的优势所在。天津项目一期投资总额为5亿美元，注册资本为3亿美元，其中中方以228公顷土地及配套设施和部分现金入股1亿美元，外方以现金入股2亿美元。投资总额与注册资本的差额部分由外方融资解决。项目合资年限为40年。该主题公园的具体运营与管理将委托独立的管理公司进行，该管理公司将由上述合资公司与派拉蒙影视公司共同遴选的管理公司同派拉蒙影视公司一起组建。因此，在评估中，专家组更多地考虑如何为外方提供好的投资条件，以确保项目投资及时到位，从而达到中方招商引资，促进相关产业跟进发展的目的。同时，专家组也给了中方两项建议：一是中方的现金投入比较少，所占股份比率小，将来从项目的内部收益方面得到的利益少，因此应该注重项目的外部收益。实践表明，旅游的"吃、住、行、游、购、娱"六要素中，作为"游"要素的主题公园不仅会带动本行业的其他五个要素，还会带动房地产业等其他行业。因此，中方在约定和规划天津影视派拉蒙主题公园项目周边的土地和项目时，在考虑项目的二期建设时，一定要充分吸收项目的外部收益；二是中方在交通、通信、水电、环境等配套方面要适度，不要过量，要结合自己在项目中的综合收益确定配套的标准和规模。

专家组对项目建议书投资估算也做了调整，主要是调增了总投资估算，由原来的412 344万元（折合49 800万美元）增加到419 770万元（折合50 697万美元），增加了7 426万元，主要上调了工程费用和预备费用的预算。由于天津项目的市场客源与北京环球影视主题公园项目的客源存在市场竞争与覆盖的问题，天津项目客流定量分析确实存在很大的不确定性。专家组对该项目的财务评价进行了最低客源量的风险分析，调整后的财务评价结果为：所得税后财务内部收益率为6.6%，财务净现值（折现率为6%）为13 846万元，投资回收期为14年，投资利润率为4.5%，投资利税率为5.9%，贷款偿还期为6年，盈亏平衡点为82.0%。这个结果要求项目进入平稳经营期后，年游客量不得少于250万人次。

专家组最终认为，该项目的市场机会已经出现，立项研究论证和有关准备工作基本达到目标，可以通过项目建议书评审，建议国家计委批准立项。

15.4　中国主题公园的引进来与走出去

近年来，已经进入或者打算进入中国市场的国际品牌主题公园越来越多。

一类是诸如华特迪士尼公司、美国环球影城公司这样有鲜明主题和完整配套，且已经在海外有大量成功主题公园的企业集团。这些企业集团开发的主题公园管理比较专业，产品吸引力好，谈判中议价能力强，往往要求地方政府或企业给予较高的优惠。它们倾向将大多数开发和投资风险转嫁给地方，但又不希望完全失去对公园的掌控而仅仅收取特许经营费。

一类是诸如六旗（Six Flags ING）、派拉蒙（Paramount）、默林娱乐（Merlin Entertainments PLC）、雪松会娱乐（Cedar Fair Entertainment Company）这样的二线品牌企业。它们或拥有产业链支撑，或具有影视动漫IP，或有成熟的主题公园产品，但产品吸引力略弱于迪士尼和环球影城。在赢者通吃的时代，该类二线品牌企业在与地方政府和企业直接谈判和议价中不具有绝对优势，对中国情况缺乏足够研究，甚至没有在海外布局过，因而倾向与中国国内的企业，尤其是房地产开发商和投资公司合作，借助落地建设，如山水文园投资集团有限公司与六旗游乐园的合作。

一类是海外的影视、动漫或节事活动企业。它们手上往往有很好的主题动漫、影视或赛事作品，但大多数没有孵化出较为成熟的主题公园。在全球范围内，中国是少数能够拿出资金和土地给它们转化产品体验的试验场的国家。然而，从一部好的影视动漫作品衍生出整个主题公园体系所需要的不仅仅是资金和土地，而是一个系统的主题体验的转化能力。如果具备这样的能力，为什么不去好好转化我们自己的民族文化主题呢？

最后一类是海外的乘骑器械设备商和娱乐科技企业。它们手上只有技术和设备，大多数没有文化主题。该类企业早期选择与国内主题公园企业合作，销售设备和技术，近年来部分企业想依托自身技术设备建设完整的游乐园。

显然，不同类型的海外企业开价自然不同。派拉蒙影业公司的开价就与华特迪士尼公司和美国环球影城公司完全不同。作为评估专家，要坚守底线，给出专业意见。一是从整个中国主题公园产业发展的角度出发，积极引进国际品牌主题公园，学习它们好的东西，促进民族品牌的发展。迪士尼乐园进入中国市场后，对中国主题公园产业带来的积极作用还是很明显的（保继刚，2005b）。二是不要给予外方过高的投资激励，不要让中方承担过高风险。最为重要的是，中国各个地方城市之间不要盲目竞争海外品牌，给予外方议价的筹码。三是要给予中国主题公园企业一个相对公平的竞争环境，从根本上促进中国民族品牌的发展。

可以预见，下一阶段，将会有中国主题公园品牌走出去，布局全球。今天的中国主题公园产业，已经具备了相对完整的产业链和全球竞争的实力，在全球排名前十的主题公园企业集团中，中国就占了三席，而其他位居前十的主题公园或多或少都已经涉足中国市场。中国市场具备孕育全球品牌的条件，中国企业要找到自身优势和全球竞争力，勇敢地走出去。

参考文献

主题公园发展
——中国案例

参考文献

保继刚 . 1994a. 大型主题公园布局初步研究 . 地理研究，13（3）：83-89.

保继刚 . 1994b. 深圳、珠海大型主题公园布局研究 . 热带地理，14（3）：266-272.

保继刚 . 1995. 主题公园的发展及其影响研究——以深圳市为例 . 中山大学博士学位论文 .

保继刚 . 1996. 深圳市主题公园的发展、客源市场及旅游者行为研究 . 建筑师，(70)：4-20.

保继刚 . 1997a. 主题公园发展的影响因素系统分析 . 地理学报，52（3）：47-55.

保继刚 . 1997b. 主题公园发展的影响因素 . 城市规划，(4)：59.

保继刚 . 2000a. 珠江三角洲主题公园发展回顾 . 桂林旅游高等专科学校学报，(2)：15-19.

保继刚 . 2000b. 旅游开发研究——原理·方法·实践 . 北京：科学出版社 .

保继刚 . 2005a. 广州主题公园何以纷纷倒闭？风景园林，(3)：78-80.

保继刚 . 2005b. 中国主题公园的发展反思及国际主题公园进入中国的透视 . 风景园林，(2)：19-21.

保继刚 . 2015. 主题公园研究 . 北京：科学出版社 .

保继刚，梁增贤 . 2011. 基于层次与等级的城市旅游供给分析框架 . 人文地理，26（6）：1-9.

保继刚，龙江智 . 2005. 城市旅游驱动力的转化及其实践意义 . 地理研究，(2)：274-282.

保继刚，彭华 . 1996. 韶关市旅游发展规划研究 . 广州：广东省地图出版社 .

保继刚，朱竑 . 1999. 珠海城市旅游发展 . 人文地理，14（3）：7-12.

保继刚，朱竑，陈虹 . 1999. 基于双赢战略的澳门-珠海旅游互动发展 . 热带地理，19（4）：348-352.

保继刚，左冰 . 2008. 旅游招商引资中的制度性机会主义行为解析——西部A地旅游招商引资个案研究 . 人文地理，(3)：1-6.

陈仲达 . 1998. 福禄贝尔科幻乐园倒闭引发的几点思考 . 江苏统计，(3)：34.

付晓萌 . 2019-04-22. 年接待游客破千万，珠海长隆三大新项目2019年全面开放 . http://news.163.com/19/0422/14/EDCFE8VU000189DG.html#.

韩婷婷 . 2008. 以游客体验为基础的产品开发——ASEB栅格分析法——以大连金石滩发现王国主题公园为例 . 哈尔滨商业大学学报（社会科学版），(5)：93-96.

韩秀琪，王云峰 . 1995. 中国蛇王钱龙飞传奇 . 侨园，(6)：14-16.

侯新冬，楼嘉军 . 2006. 主题公园与历史文化名城互动发展研究——以开封市清明上河园为例 . 桂林旅游高等专科学校学报，(3)：355-360.

胡强 . 2008. 苏州乐园经营模式分析 . 民营科技，(12)：68-69.

华侨城集团 . 2009a. 你给我一天，我给你一个世界 . 华侨城，(23)：14-21.

华侨城集团 . 2009b. 大众的欢乐，文化的欢乐 . 华侨城，(27)：64-68.

华侨城集团 . 2009c. 佘山，十年等来欢乐谷 . 华侨城，(27)：46-50.

黄璨 . 2014-03-31. 全球最大海洋主题度假区 珠海长隆惊艳开业 . 羊城晚报，A07G版 .

黄海云 . 2004-09-08. 东方乐园昨日告别悄然退出 . 羊城晚报 .

蒭迪岸 . 2000. 试论人造旅游景区的建设经营与创新发展——写在深圳世界之窗开业六周年之际 . 旅游学刊，(4)：28-32.

江式高 . 1998. 昨日深圳 . 北京：中国青年出版社 .

蓝澜. 2005-03-24. "世界大观"首拍失利前景更加扑朔迷离. 中国商报.

李慧云. 2004. 长沙世界之窗现状分析及其发展策略——兼析主题公园发展中的几个问题. 湖南农业大学学报（社会科学版），5（2）：27-29.

李雯洁. 2015-10-16. 一个热帖拉回世界大观的忆与谜. 羊城晚报.

李艳平. 2011. 国际饭店集团在华扩张战略之比较——以洲际集团和香格里拉酒店集团为例. 宜宾学院学报，11（5）：40-42.

梁增贤. 2016. 主题公园理性发展的市场逻辑——对中国主题公园开发的批判性反思. 旅游规划与设计，19：94-103.

梁增贤. 2018. 主题公园开发与管理. 重庆：重庆大学出版社.

梁增贤. 2019. 主题公园与城市发展. 北京：科学出版社.

梁增贤，保继刚. 2012a. 主题公园黄金周游客流季节性研究——以深圳华侨城主题公园为例. 旅游学刊，27（1）：58-65.

梁增贤，保继刚. 2012b. 主题公园周边非正规就业管制的堵与疏——以北京欢乐谷为例. 城市问题，31（4）：67-72.

梁增贤，保继刚. 2014. 大型主题公园发展与城市居民就业——对华侨城主题公园就业分配的考察. 旅游学刊，29（8）：62-69.

梁增贤，保继刚. 2015. 文化转型对地方意义流变的影响——以深圳华侨城空间文化生产为例. 地理科学，35（5）：544-550.

刘道强. 2018-10-29. 用"文化+科技"创造中国"神画". 深圳晚报.

刘姝媚，马侨仪. 2018-10-29. 刘道强：用"文化+科技"创造中国"神画". 深圳晚报.

潘要忠，郑耀星. 2011. 清明上河园景区客源市场空间结构演变初探. 亚热带资源与环境学报，（1）：78-86.

曲先文. 2015. 主题公园盈利模式分析——以青岛极地海洋世界为例. 中国海洋大学硕士学位论文.

日京. 2015-06-16. 广州主题公园何以纷纷落马. 羊城晚报，A9.

商琦，吕新. 2004-07-14. 欠债5000万 森美反斗乐园关停. 南方都市报.

唐军. 1989. 深湾畔世界最大微缩实景文化旅游区. 东南文化，（Z1）：255-257.

王桂云. 2004-06-16. 打造中国主题公园第一品牌——深圳世界之窗十年创新发展之路. 人民日报海外版.

吴伟农. 2004. 锦绣中华公园在美关张. 中国经贸导刊，（4）：51-52.

肖华. 2013. 清明上河园体验式旅游发展研究. 河南科技学院学报，（3）：13-16.

徐红罡，相阵迎. 2007. 珠海旅游产业集群的案例研究. 人文地理，22（6）：76-80.

徐菊凤. 1998. 中国主题公园及其文娱表演研讨会综述. 旅游学刊，（5）：18-22.

徐君亮，梁明珠. 2001. 广州飞龙世界游乐城关闭的原因与启示. 热带地理，（2）：156-159.

许心元，杨耿. 1998. 苏州乐园二期工程欢乐世界规划设计札记. 建筑学报，（10）：28-32.

叶萌. 2004. 中旅失意海外投资. 商务周刊，（4）：24.

参 考 文 献

张丽，顾苗苗，段圣奎 . 2015. 苏州乐园门票价格影响因素及定价模型研究 . 价格月刊，（11）：31-35.

曾义 . 2004-09-09. 恩怨情仇 20 年 谁打垮了东方乐园 . 南方网旅游新闻 .

詹雨鑫 . 2004-09-09. 谁打垮了东方乐园 . 南方日报，C02 版 .

郑鑫，谢娟 . 2008. 旅游区客源市场结构特征实证分析——以开封清明上河园为例 . 郑州航空工业管理学院学报（社会科学版），（2）：177-179.

周伟民 . 2011-09-30. 苏州乐园迈入深度游时代 . 中国旅游报 .

朱竑，保继刚 . 1999. 广东文化中的弊端对广州都市旅游的负面影响 . 岭南文史，（3）：59-61.

Botterill J. 1997. The "fairest" of the fairs: a history of fairs, amusement parks, and theme parks. Master of Arts Thesis.

Butlier R W. 1980. The concept of a tourist area cycle of evolution: implications for management of resources. Canadian Geographer, 24（1）: 5-12.

Liang Z X, Bao J G. 2015. Tourism gentrification in Shenzhen, China: causes and socio-spatial consequences. Tourism Geographies: An International Journal of Tourism Space, Place and Environment, 17（3）: 1-21.

TEA/AECOM. 2013. The Global Attractions Attendance Report for 2012, Themed Entertainment Association（TEA）.

TEA/AECOM. 2014. The Global Attractions Attendance Report for 2013, Themed Entertainment Association（TEA）.

TEA/AECOM. 2015. The Global Attractions Attendance Report for 2014, Themed Entertainment Association（TEA）.

TEA/AECOM. 2016. The Global Attractions Attendance Report for 2015, Themed Entertainment Association（TEA）.

TEA/AECOM. 2019. The Global Attractions Attendance Report for 2018, Themed Entertainment Association（TEA）.

Zhang C, Xiao H. 2013. Destination development in China: towards an effective model of explanation. Journal of Sustainable Tourism, 22（2）: 214-233.